HEYNE BÜCHER

HEYNE KOCHBÜCHER

PETER REUSS

Die gesunde Kräuter-Küche

230 Rezepte mit frischen Kräutern

Originalausgabe

WILHELM HEYNE VERLAG
MÜNCHEN

HEYNE KOCHBUCH
07/4495

Printed in Germany 1988
Umschlaggestaltung: Atelier Ingrid Schütz, München
Umschlagfoto: Studioh! Sigi Bumm-Hengstenberg
Satz: Schaber, Wels
Druck und Bindung: Ebner Ulm

ISBN 3-453-00913-4

INHALT

Kräuterküche — würzig und gesund 9

Die wichtigsten Inhaltsstoffe der Gewürzkräuter 12
Das Einfrieren von Kräutern 14
Kräuter in Essig oder Öl eingelegt 16
Frische Kräuter im Winter 17
Kräutermischungen 18
Bezugsquellen 20

Gewürzkräuter, nach Pflanzenfamilien geordnet 21

Lippenblütler 22

Basilikum 22
Bohnenkraut 48
Gundelrebe 54
Lavendel 58
Majoran 61
Minze 68
Oregano 74
Rosmarin 79
Salbei 84
Thymian 89
Ysop 95
Zitronenmelisse 99

Doldengewächse 103

Anis 103
Bibernelle 107

Dill ... 109
Engelwurz ... 127
Fenchel ... 130
Kerbel ... 136
Koriander ... 147
Kümmel ... 151
Liebstöckel ... 155
Pastinak ... 159
Petersilie ... 161
Schnittsellerie ... 199
Süßdolde ... 202

Korbblütler ... 205
Salat-Chrysantheme ... 205
Beifuß ... 209
Eberraute ... 212
Estragon ... 212
Löwenzahn ... 218
Marienblatt/Balsamkraut ... 222
Ringelblume ... 226
Wermut ... 227

Kreuzblütler ... 228
Barbarakraut ... 228
Garten-, Brunnen- und Bitterkresse ... 232
Löffelkraut ... 252
Meerrettich ... 254
Rauke ... 258
Senfsprossen ... 259

Liliengewächse ... 262
Bärlauch ... 262
Knoblauch ... 269
Schnittlauch ... 273

Schmetterlingsblütler 288
Bärenschote/Süßer Tragant 288

Rauhblattgewächse 291
Borretsch 291

Gänsefußgewächse 297
Wohlriechender Gänsefuß 297

Kapuzinerkressengewächse 298
Kapuzinerkresse 298

Rosengewächse 304
Pimpinelle/Wiesenknopf 304

Portulakgewächse 307
Portulak 307

Knöterichgewächse 310
Sauerampfer 310

Dickblattgewächse 317
Tripmadam/Fetthenne 317

Labkrautgewächse 320
Waldmeister 320

Rautengewächse 323
Weinraute 323

Gerichte mit gemischten Kräutern 325

Salate mit frischen Kräutern 326
Kräutersuppen 330
Kräutersaucen 336
Fleisch und Geflügel mit Kräutern 340
Fisch mit Kräutern 352

Beilagen und kleine Gerichte mit Kräutern 358
Getränke mit Kräutern 361

Alphabetisches Register 364

Register nach Sachgruppen 374

Die Rezepte sind, wenn nicht anders angegeben, jeweils für 4 Personen berechnet.

Abkürzungen

TL = Teelöffel
EL = Eßlöffel
l = Liter
g = Gramm

Kräuterküche – würzig und gesund

Die verschiedenen Gewürzkräuter sind in diesem Buch nach Pflanzenfamilien geordnet. Alle Kräuter einer Familie haben eine gemeinsame aromatische Grundtendenz. Sie besitzen ähnliche geschmackliche Inhaltsstoffe und harmonieren meist sehr gut untereinander. So ist es möglich, bei den einzelnen Rezepten die Kräuter einer Familie auszutauschen oder in neuen Kombinationen zusammenzustellen. Für die kreative Küche ergibt sich hier ein großer Spielraum.

So besitzen beispielsweise alle Kräuter der Pflanzenfamilie der *Doldengewächse* ein süßlich-würziges Grundaroma, das bei der Petersilie noch eher latent vorhanden ist, während beim Kerbel die süßliche Aromakomponente schon stärker ausgeprägt ist. Bei Fenchel und Anis und vor allem bei der Süßdolde ist die aromatische Süße dann dominierend. Entsprechendes gilt auch bei den Gewürzkräutern anderer Pflanzenfamilien. Man sollte daher die Rezepte nicht als streng bindende Vorschriften betrachten, sondern eher als Vorschläge und fantasievoll mit *den* Gewürzkräutern kochen, die jahreszeitlich im Garten oder in Fensterkästen gerade zur Verfügung stehen oder auf dem Markt erhältlich sind.

Es genügt, die Kräuter auf einer Marmor-, Porzellan- oder Plastikplatte nur grob zu schneiden. Ein sehr feines Zerkleinern der Kräuter bringt keine geschmacklichen Vorteile. Die ätherischen Öle, die ja die charakteristischen Aromen der jeweiligen Kräuter enthalten, verflüchtigen sich dadurch nur rascher und der Pflanzensaft läuft aus. Fein wiegen oder pürieren sollte man die Kräuter nur, wenn es das Gericht tatsächlich erfordert. Beim Pürieren können Gerb- und Bitterstoffe freigesetzt werden. Man sollte dann das Püree mit etwas Süße und mit vollfruchtigem Öl abschmecken. Auf Holzbrettchen, so schön sie auch sind, sollte man aus hygienischen Gründen keine Kräuter schneiden. (Salmonellengefahr!) Steht kein Marmorbrett zur Verfügung, so genügt zum Schneiden auch ein flacher Porzellanteller. Kleinere Kräuter wie etwa die Gartenkresse kann man auch ganz einfach mit der Küchenschere ernten und, wenn nötig, noch mit der Schere klein schneiden.

Die wichtigsten Inhaltsstoffe der Gewürzkräuter

Jedes Würzkraut ist zugleich auch ein Heilkraut und besitzt eine Vielzahl von Substanzen, die alle eine wohltuende Wirkung auf den menschlichen Organismus haben. Wer in richtiger Dosierung seine Speisen mit Kräutern würzt, fördert auch immer zugleich seine Gesundheit.

Ätherische Öle

Sie sind der wichtigste Inhaltsstoff der Kräuter. Die ätherischen Öle, die sich bereits bei Zimmertemperatur verflüchtigen können, enthalten das jeweils typische Aroma eines Würzkrauts. Die Öle haben eine desinfizierende, bakterientötende Wirkung.

Vitamine

Frische Gewürzkräuter enthalten reichlich Vitamine, vor allem Vitamin C und B-Vitamine, aber auch A, D und E.

Glykoside

Dies sind Würzstoffe enthaltende Zuckerverbindungen in den Kräutern. Glykoside wirken anregend, verdauungsfördernd und können vor Infektionen schützen.

Saponine

Die Saponine haben die Eigenschaft, im Wasser zu schäumen. Sie regen die Schleimhäute des Verdauungstrakts an und wirken dadurch leicht harntreibend und abführend.

Schleimstoffe

Sie haben einen günstigen Einfluß auf Entzündungen der oberen Atemwege.

Mineralstoffe und Spurenelemente

Essentiell notwendig für die verschiedenen Stoffwechselvorgänge im Körper.

Gerbstoffe

Sie haben antibakterielle Eigenschaften und besitzen eine adstringierende (zusammenziehende) Wirkung.

Bitterstoffe

Sie steigern über die Geschmacksknospen der Zunge die Speichel- und Magensaftabsonderungen und wirken dadurch appetitanregend und verdauungsfördernd.

Das Einfrieren von Kräutern

Das *Trocknen von Kräutern* ist im Grunde nur eine Notlösung, da dadurch ein großer Teil der ätherischen Öle und die meisten gesundheitlich wertvollen Substanzen der Kräuter verlorengehen. Die ideale Lösung ist das Tiefgefrieren und — vor allem bei Kräutern aus der Familie der Lippenblütler — das Einlegen in Öl. Die tiefgefrorenen Kräuter können ohne Aromaverlust bis zu einem halben Jahr in der Kühltruhe oder im Gefrierfach eines 3-Sterne-Kühlschranks aufbewahrt werden.
Im Prinzip kann man alle Kräuter einfrieren. Kräuter, die reichlich Gerb- und Bitterstoffe enthalten, bleiben stabiler im Aroma, wenn man sie zuvor kurz in kochendem Wasser blanchiert und dann in Eiswasser abschreckt. Kräuter, die nach dem Auftauen matschig werden, püriert man am besten in Salatsaucen oder Suppen. Doch sollten auch die Kräuter wie Obst und Gemüse ihre Saison haben und im jahreszeitlichen Ablauf bei den jeweils typischen Gerichten verwendet werden. Sinnvoll ist das Einfrieren vor allem bei Standardkräutern, die regelmäßig zu vielen Gerichten benötigt werden.

Es gibt zwei Möglichkeiten, Kräuter einzufrieren:

Einfrieren in Gefrierbeuteln

Man friert in den Gefrierbeuteln die Kräuter oder Kräutermischungen am besten gleich in den Portionen ein, die man später für das jeweilige Gericht benötigt. Man verwendet nur die Blätter. Grobe verholzte Stiele und derbe Blattrippen entfernt man. Gewaschen werden die Kräuter nur, wenn sie mit Sand- oder Erdresten verschmutzt sind. Je schneller dann die Kräuter tiefgefroren werden, desto besser ist ihre Konservierung.

Einfrieren in Bechern

Man drückt die vorbereiteten Kräuter unzerkleinert in kleine Gefrierbecher oder in Eiswürfelbehälter und füllt nach Belieben noch mit Wasser auf. Die Kräuterwürfel werden dann in den Behältern vorgefroren, wieder herausgedrückt und in Gefrierbeutel gefüllt.
Die Gefrierbeutel beschriften und datieren!

Kräuter in Essig oder Öl eingelegt

Alle Salatkräuter eignen sich auch gut zum *Einlegen in Essig.* Man nimmt dafür besser keine Flaschen, sondern Schraubgläser, aus denen man die Kräuter mit einer sauberen Gabel leicht herausnehmen und dann kleingeschnitten zu Salatsaucen geben kann. Den *Kräuteressig* für Salatsaucen, Marinaden und Beizen verwenden.
In Schraubgläsern in Öl lassen sich vor allem Kräuter der Familie der Lippenblütler sehr gut konservieren: Basilikum, Rosmarin, Salbei, Thymian und andere. Die Kräuter mit einer sauberen Gabel aus dem Öl nehmen und wie bei den einzelnen Rezepten beschrieben weiterverwenden. Das *Kräuteröl* gibt man zu Salatsaucen, Marinaden und Grillsaucen.
Die Schraubgläser mit den in Essig oder Öl eingelegten Kräutern kühl und dunkel aufbewahren!
Zu den ernährungsphysiologisch wertvollsten Ölen gehört das *Färberdistelöl (Safloröl oder Distelöl).* Es ist besonders reich an den gesundheitlich wertvollen, mehrfach ungesättigten Fettsäuren, die eine den Cholesterinspiegel und erhöhte Blutdruckwerte senkende Wirkung besitzen. Färberdistelöl besitzt mit 78 % Linolsäure unter allen Ölen den höchsten Linolsäuregehalt (= mehrfach ungesättigte Fettsäuren). *Leinöl* enthält 72 % mehrfach ungesättigte Fettsäuren: 14 % Linolsäure und 58 % Linolensäure, die für den menschlichen Organismus essentiell notwendig ist. Von allen Ölen hat Leinöl den höchsten Linolengehalt. Weitere gesundheitlich wertvolle Öle mit hohem Gehalt an mehrfach ungesättigten Fettsäuren sind: Sojaöl (64 %), Sonnenblumenöl (63,5 %), Weizenkeimöl (53 %). Im Vergleich dazu besitzen Palmkernöl und Kokosfett nur 2,5 % mehrfach ungesättigte Fettsäuren.

Frische Kräuter im Winter

- Rosmarin, Lorbeer und andere mediterrane Kräuter, die man eingetopft hat und hell und kühl im Haus überwintert.
- Löffelkraut und Winterpostelein, im Spätsommer ausgesät, dann in Töpfe oder Kästen pikiert; an einem hellen und kühlen Standort kultiviert.
- Möglichst viele Schnittlauchstöcke; auch Chinesischer Knoblauch-Schnittlauch.
- Schlotten und Triebe von Zwiebeln und Knoblauchzehen, die man in Töpfe gesteckt hat.
- Folgesaaten von Gartenkresse und Gelbsenf.
- Im Freien zu ernten: Brunnenkresse, Bitterkresse, Barbarakraut, Wasserminze.

Kräutermischungen

Gewürzkräuter haben bei den meisten Gerichten immer eine eher dienende Funktion; sie dürfen nicht vorschmecken und sollen das typische Aroma eines Gerichts nur verstärken und harmonisch abrunden. Man kann aber den Charakter eines Gerichts kulinarisch auch dadurch herausarbeiten, daß man einzelne Kräuter oder Kräutermischungen leicht dominieren läßt. Daß man dabei ein krasses Überwürzen vermeidet, versteht sich von selbst. Es jedem Geschmack recht zu machen, versucht ja schließlich nur die Restaurantküche, was dann meist zu einer geschmacklichen Nivellierung führt. In der eigenen Küche aber sollte man seinen privaten Kräuter-Vorlieben ruhig freien Lauf lassen.
Da sich die Intensität frischer Kräuter im Verlauf einer Vegetationsperiode vom Austrieb bis zur Blüte ständig ändert, muß man selbst ausprobieren, ob aromatisch nah verwandte Kräuter einer Familie in Mischungen harmonieren oder ob sich geschmackliche Mißklänge ergeben. Es empfiehlt sich, für den Winter portionsweise einen Vorrat an Gewürzsträußchen (Bouquet garni) einzufrieren oder gebündelt zu trocknen. Die genannten Kräuter können auch ganz nach persönlichem Geschmack durch andere der jeweiligen Pflanzenfamilie ersetzt oder ergänzt werden.

Fines herbes

zu Fleischspeisen, Saucen, Salaten, Gemüse: Petersilie, Schnittlauch, Bohnenkraut, Rosmarin, Schnittsellerie, Basilikum o. v. a.

Bouquet garni (Französisches Kräutersträußchen)

Petersilie, Thymian, Lorbeer. Dieser klassische Gewürz-Dreiklang kann nach Belieben noch durch Knoblauch und andere Kräuter erweitert werden.

Zu Salaten und Salatsaucen

Basilikum, Majoran, Thymian, Estragon

Zu Suppen und Eintöpfen

Basilikum, Bohnenkraut, Petersilie, Majoran, Thymian, Estragon

Zu Gemüsesuppen

Liebstöckel, Petersilie, Schnittlauch, Thymian, Bohnenkraut

Zu Kräuter- und Kartoffelsuppen

Petersilie, Majoran, etwas Liebstöckel; Gundelrebe, Bärlauch, etwas Schafgarbe

Zu Geflügelfarcen

Salbei, Thymian, Majoran; ergänzt durch frischgeriebene Muskatnuß und Pfeffer aus der Mühle

Italienische Gewürzmischung zu Hackfleisch

Oregano, Thymian, Bohnenkraut, Rosmarin, Salbei, Basilikum; ergänzt durch Pfeffer aus der Mühle

Bezugsquellen

Alle im Buch aufgeführten Kräuter sind als Samen oder als Pflanze im Gartenfachhandel bzw. im Gartenversandhandel erhältlich.

Fast alle Gewürzkräuter führt

Blauetikett Bornträger GmbH
Heil- und Gewürzpflanzen
6521 Offstein

Sehr empfehlenswert ist die *Gesamtliste* mit Bildern und Kulturangaben. Gegen eine Schutzgebühr von DM 5,— erhältlich, die bei einer Bestellung ab DM 50,— vergütet wird. Die kleine Preisliste für Heil-, Gewürz-, Wildpflanzen ist kostenlos erhältlich.

Willemse
Katharinenstift
Am Bahnhof
4193 Kranenburg

Der Gemüse- und Blumensamenkatalog von Willemse enthält viele Kräuterspezialitäten und vor allem auch asiatische Gewürzkräuter und Gemüsesorten.

Sperli-Samen
Kräuterspezialitäten, die im Samenversandhandel angeboten werden:

B. Gassmann
Im Saal 13
2090 Winsen/Luhe

Gärtner Pötschke
Postfach 2220
4044 Kaarst

Gewürzkräuter, nach Pflanzenfamilien geordnet

LIPPENBLÜTLER (*Labiatae*)

Basilikum (*Ocimum basilicum*)

Zahlreiche Sorten:
Fein-, mittel-, löffel- und großblättriges Basilikum; violett-, rot- und krausblättrige Sorten; Zitronenbasilikum und Kampferbasilikum (*Ocimum canum*).

Inhaltsstoffe und Wirkung

Hoher Gehalt an ätherischen Ölen, verschiedene Gerbstoffe, Mineralsalze, Vitamine.

Nervenberuhigend, appetitanregend, verdauungsfördernd, blähungstreibend, krampflösend.

Verwendung

Basilikum ist wie Petersilie ein Universalgewürz, das außer zu süßen Gerichten zu fast allen Speisen paßt und das sehr gut mit anderen Kräutern harmoniert.

Pesto I
(Italienische Basilikumsauce)

(Zu Nudelgerichten, Gemüse und Gemüsesuppen)

1 Tasse frische Basilikumblätter
einige geschälte Knoblauchzehen, halbiert
Salz
2 EL Pinienkerne
3 EL geriebener Parmesankäse
1 Tasse kaltgepreßtes Olivenöl

In einem Porzellanmörser Basilikum, Knoblauch und Pinienkerne zusammen mit etwas Salz zerstoßen und zu

einer Paste reiben. Dann nach und nach zuerst den geriebenen Käse und anschließend das Olivenöl darunterrühren, bis eine geschmeidige Paste entsteht.
Den Pesto in Schraubgläser füllen und mit etwas Olivenöl übergossen im Kühlschrank bis zur Verwendung aufbewahren.
Die Basilikumpaste läßt sich auch sehr schnell und bequem mit dem Schnellmixstab und den Quirlen eines elektrischen Handrührers im Rührbecher herstellen. Aromatischer aber ist der im Mörser handgeriebene Pesto.

Pesto II

(Ca. 1 l auf Vorrat hergestellt)

500 g frischgeriebener Parmesankäse
100 g frischgeriebener Peccorinokäse
250 g Schafkäse, mit einer Gabel zerdrückt
ca. ¼ l kaltgepreßtes Olivenöl
100 g Pinienkerne
1 sehr großes Bund Basilikum, fein gewiegt
1 Bund glatte Petersilie, fein gewiegt
einige Knoblauchzehen, mit etwas Salz zerdrückt
Saft von 1 Zitrone
Salz
Pfeffer aus der Mühle

Den geriebenen Käse und den zerdrückten Schafkäse in einen Rührbecher geben. Das Ganze mit dem Schnellmixstab eines Handrührers pürieren und dabei nach und nach das Olivenöl dazugießen.
Pinienkerne, Kräuter, Knoblauch und Zitronensaft unterrühren und mit Pfeffer würzen. Den Pesto dann in Schraubgläser füllen und im Kühlschrank aufbewahren.
Pesto reicht man zu Teigwaren, Fleisch und Fisch und zu fast allen italienischen Gerichten.

Basilikumcreme

1 Handvoll Basilikumblätter
2 EL kaltgepreßtes Olivenöl
3 EL Crème fraîche
Saft von ½ Zitrone
Salz
Pfeffer aus der Mühle

In einem Rührbecher Öl, Crème fraîche und Zitronensaft verquirlen. Die Basilikumblätter dazugeben und mit dem Schnellmixstab eines Handrührers pürieren. Mit Salz und Pfeffer abschmecken. Zur angerichteten Creme einige zurückbehaltene Basilikumblättchen geben.
Basilikumcreme paßt zu Fischgerichten, Räucherfisch, Fleisch und Geflügel vom Grill und aus der Pfanne.

Scharfe Basilikum-Mayonnaise

(Zu kaltem Braten und Fleisch und Geflügel vom Grill)

1 Handvoll Basilikumblätter, in Streifen geschnitten und fein gewiegt
1 Eigelb
1 TL scharfer Senf
1 Prise Salz
einige Spritzer Tabasco oder 1 gute Prise Cayennepfeffer
Saft von ½ Zitrone
⅛ l kaltgepreßtes Olivenöl

In einem Rührbecher mit einem Elektroquirl Eigelb, Senf, Salz, Tabasco oder Cayennepfeffer und Zitronensaft verquirlen. Nach und nach in dünnem Strahl das Olivenöl dazugießen und die Sauce cremig rühren. Zum Schluß das feingewiegte Basilikum unter die Mayonnaise rühren.

Pistou

(Französische Knoblauch-Basilikum-Sauce)

(Zu Teigwaren und Eintopfgerichten)

einige geschälte Knoblauchzehen, in Stücke geschnitten
1—2 Handvoll Basilikumblätter
3 EL kaltgepreßtes Olivenöl
2 EL geriebener Parmesankäse

In einem Porzellanmörser Knoblauch und Basilikum zerreiben und das Olivenöl unterarbeiten. Den Parmesan untermischen und die Paste in einem Schälchen zu den jeweiligen Gerichten servieren.

Basilikum-Knoblauch-Sauce

(Zu Fleisch und Geflügel vom Grill)

2 Handvoll Basilikumblätter
3 Sardellenfilets
einige geschälte Knoblauchzehen
Saft von ½ Zitrone
6—8 EL kaltgepreßtes Olivenöl
Salz
Pfeffer aus der Mühle

In einem Rührbecher im Zitronensaft Basilikum, Sardellenfilets und Knoblauchzehen mit dem Schnellmixstab eines Handrührers pürieren. In dünnem Strahl nach und nach das Olivenöl dazugießen und unterrühren. Die Sauce zum Schluß mit Salz und Pfeffer abschmecken.

Tomatensauce mit Basilikum

(Zu Pellkartoffeln und knackig gegartem Gemüse)

3 große Tomaten, blanchiert, geschält und klein gewürfelt
1—2 Handvoll Basilikumblätter, fein gewiegt
1—2 EL Kapern, halbiert
2—3 EL Tomatenketchup
2 EL Weinessig
3 EL kaltgepreßtes Olivenöl
Salz
Pfeffer aus der Mühle

In einem Rührbecher Tomatenketchup, Weinessig und Olivenöl verquirlen. Gewürfelte Tomaten, Kapern und Basilikum untermischen und zum Schluß die Sauce mit Salz und Pfeffer abschmecken.

Warme Basilikum-Weinsauce

2 feingewiegte Zwiebeln
1 Scheibe Butter zum Andünsten
¼ l trockener Weißwein
⅛ l Fleischbrühe
1 Glas Wermut
¼ l Sahne, leicht geschlagen
Salz
Pfeffer aus der Mühle
einige Spritzer Zitronensaft
1 Handvoll Basilikumblätter, in Streifen geschnitten
1 Scheibe Butter zum Unterschlagen

In einem Topf in zerlassener Butter die Zwiebeln andünsten. Mit Weißwein, Fleischbrühe und Wermut aufgießen und das Ganze bei schwacher Hitze auf die Hälfte einkochen lassen. Unter die nicht mehr kochende Sauce die leicht geschlagene Sahne und das Basilikum rühren.

Mit Salz, Pfeffer und Zitronensaft abschmecken und zum Schluß noch eine Scheibe Butter unterschlagen.
Diese Sauce paßt zu Tomaten vom Grill und Gemüse, zu harten und pochierten Eiern, kurzgebratenem Fleisch aus der Pfanne und zu Geflügel.

Provençalische Pistou-Suppe

(Für 4—6 Personen)

ca. 2 l Wasser
500 g junge grüne Bohnen, in Stücke geschnitten
500 g gewürfelte Kartoffeln
250 g Tomaten, blanchiert und geschält
1 Zweig Thymian
2 Lorbeerblätter
Salz
Pfeffer aus der Mühle
200 g Makkaroni, in Salzwasser gekocht, in einem Sieb abgegossen
1 Portion Pistou (siehe Rezept Seite 25)
geriebener Parmesan zum Bestreuen

Grüne Bohnen, Kartoffeln und Tomaten mit 1 Zweig Thymian und 2 Lorbeerblättern in 20—30 Minuten gar kochen. Die Makkaroni dazugeben und Thymian und Lorbeerblätter entfernen. Mit Salz und Pfeffer abschmecken.
Zur Suppe in den Tellern dann einen Klecks Pistou geben und Parmesan darüberstreuen.

Basilikumsuppe

ca. 1/8 l kaltgepreßtes Olivenöl
1 Zwiebel, in Ringe geschnitten
250 g Tomaten, blanchiert, geschält und klein geschnitten
100 g weiße Bohnen, über Nacht eingeweicht
2 gewürfelte Kartoffeln
3 Karotten, in Scheiben geschnitten
Salz
Pfeffer aus der Mühle
1 Handvoll Basilikumblätter
einige Knoblauchzehen, mit etwas Salz zerdrückt
50 g geriebener Parmesankäse

In einem Suppentopf in 2 EL Olivenöl die Zwiebelringe andünsten. Die Tomaten dazugeben und unter Rühren kurz mitdünsten. Mit 1 l Wasser aufgießen. Das Ganze einmal aufkochen lassen und eingeweichte weiße Bohnen, Kartoffelwürfel und Karotten dazugeben. Die Suppe zugedeckt bei schwacher Hitze 30—45 Minuten köcheln lassen, bis die Bohnen weich sind. Mit Salz und Pfeffer abschmecken.
In einem Porzellanmörser die Basilikumblätter mit den Knoblauchzehen und dem Parmesan vermengen, das restliche Olivenöl nach und nach dazugießen und das Ganze zu einer geschmeidigen Paste verarbeiten. Die Basilikumpaste dann in die Suppenteller geben und die Suppe darübergießen.

Tomatensalat mit Basilikum

ca. 8 Tomaten, die Stielansätze herausgeschnitten, in dünne Scheiben geschnitten
1—2 Zwiebeln, in dünne Ringe geschnitten
einige Knoblauchzehen, durchgepreßt oder mit etwas Salz zerdrückt
Salz
Pfeffer aus der Mühle
1 Handvoll Basilikumblätter, in Streifen geschnitten
ca. 6 EL kaltgepreßtes Olivenöl

Auf Salatteller oder auf einer Platte die Tomatenscheiben dachziegelartig anrichten und mit Salz und Pfeffer bestreuen. Die Zwiebelringe, den Knoblauch und das Basilikum darauf verteilen und das Olivenöl darüberträufeln.

Gurken-Tomaten-Salat mit Basilikum

1 kleine Salatgurke, geschält, längs halbiert, die Kerne herausgeschabt, klein gewürfelt
3 kleingewürfelte Delikateßgurken
500 g Tomaten, blanchiert, gehäutet und gewürfelt
1 Handvoll Basilikumblätter, in Streifen geschnitten
3 EL kaltgepreßtes Olivenöl
2 EL Weinessig
1 hartgekochtes zerdrücktes Eigelb
1 TL scharfer Senf
Salz
Pfeffer aus der Mühle

Gurken, Tomaten und Basilikum vermischen. Die Salatsauce mit den genannten Zutaten anrühren und untermengen. Sofort servieren.

Tomaten-Oliven-Salat mit Basilikumsauce

1 kg kleine aromatische Tomaten; die Stielansätze herausgeschnitten, geachtelt
1 Tasse entsteinte oder gefüllte grüne Oliven, halbiert
3 EL Pinienkerne, in einer Pfanne ohne Fett geröstet

Für die Sauce:
Saft von 1 Zitrone
1 gute Prise Zucker
Salz
Pfeffer aus der Mühle
6 EL kaltgepreßtes Olivenöl
1 Handvoll Basilikumblätter, in Streifen geschnitten

Tomaten, Oliven und Pinienkerne vermischen und auf Salattellern anrichten. Die Basilikumsauce mit den genannten Zutaten anrühren und untermischen. Den Salat etwas durchziehen lassen und mit einigen zurückbehaltenen Basilikumblättchen garnieren.

Tomaten mit Mozzarella und Basilikum

8 aromatische Tomaten, die Stielansätze herausgeschnitten, in Scheiben geschnitten
200 g Mozzarellakäse, in dünne Scheiben geschnitten
einige Knoblauchzehen, in einem Porzellanmörser mit etwas Salz zerdrückt und mit 4 EL kaltgepreßtem Olivenöl verrührt
Salz
Pfeffer aus der Mühle
1 Handvoll Basilikumblätter, in Streifen geschnitten

Die Tomaten auf 4 Tellern dachziegelartig anrichten und mit den Mozzarellascheiben dekorativ belegen. Das

Knoblauch-Olivenöl darübergießen und mit Salz und Pfeffer würzen. Die Basilikumstreifen darauf verteilen und den Salat mit einigen ganz belassenen Basilikumblättchen garnieren. Dazu Stangenweißbrot reichen.

Hausgemachter Basilikum-Würzkäse

1 Scheibe Butter
4 EL Sahne
1 Handvoll Basilikumblätter, in Streifen geschnitten
200 g Schmelzkäse
200 g Schaf- oder Ziegenkäse
1 Prise Salz
Pfeffer aus der Mühle
4 EL Pinienkerne, im Mörser grob zerstoßen

In einem Topf in zerlassener Butter die Basilikumblätter kurz andünsten und dann die Sahne einrühren. Den Schmelzkäse stückchenweise dazugeben und unter Rühren auflösen. Das Ganze glattrühren und den Schaf- oder Ziegenkäse daruntermischen.
Den Topf vom Feuer nehmen, die Käsemasse mit Salz und Pfeffer würzen und zum Schluß die Pinienkerne daruntermischen. Den Basilikum-Würzkäse in kleine Schraubgläser füllen, abkühlen lassen und im Kühlschrank aufbewahren.
Dieser Käse eignet sich als Beilage zu Teigwaren, Tomaten vom Grill und knackig gegartem Gemüse, zu Fisch und Salat- und Gemüsesaucen.

Eiersalat mit Basilikum

8 hartgekochte Eier, geachtelt

Für die Sauce:
2 EL Weinessig
1 TL scharfer Senf
Salz
Pfeffer aus der Mühle
3 EL kaltgepreßtes Olivenöl
1 Handvoll Basilikumblätter, in Streifen geschnitten

Die Salatsauce anrühren und die Basilikumblätter untermischen. Die Eier auf Tellern anrichten und mit der Sauce beträufeln. Mit einigen zurückbehaltenen Basilikumblättchen garnieren. Dazu Weißbrot mit Butter reichen.

Eier mit Pesto

10 hartgekochte geschälte Eier, halbiert
ca. ¼ l Pesto (siehe Rezept Seite 23)
einige ganze Basilikumblättchen zum Garnieren

Die noch warmen Eigelb auslösen, zerdrücken und in die Mitte der vier Teller häufen. Die Pesto-Sauce um das Eigelb herum verteilen. Das verbliebene Eiweiß klein schneiden und über den Pesto streuen. Mit einigen Basilikumblättchen garnieren.

Angemachter Frischkäse mit Erdbeer-Basilikum-Sauce

400 g Doppelrahmfrischkäse
100 g weiche Butter
200 g Crème fraîche
2 Eigelb
etwas abgeriebene Zitronenschale
Saft von ½ Zitrone
2 EL eingelegte grüne Pfefferkörner, zerdrückt
1 EL grüne Pfefferkörner zum Bestreuen
500 g Erdbeeren, die Hälfte davon geviertelt
2 TL Zucker
1—2 Handvoll Basilikumblätter, in Streifen geschnitten

In einer Schüssel den Frischkäse mit Butter, Crème fraîche und den Eigelb schaumig rühren. Zitronenschale und -saft und die zerdrückten Pfefferkörner unterrühren. Die Käsemasse in eine Form streichen und einige Stunden im Kühlschrank kalt stellen.
In einem Rührgerät die Hälfte der Erdbeeren zusammen mit 2 TL Zucker mit dem Schnellmixstab eines Handrührers pürieren. Dann das Basilikum und die geviertelten Erdbeeren untermischen.
Die Form mit dem Käse kurz in heißes Wasser tauchen und den Käse auf eine Platte stürzen. Mit grünen Pfefferkörnern bestreuen und mit einigen zurückbehaltenen ganzen Basilikumblättchen garnieren. Die Erdbeer-Basilikumsauce dazu servieren.

Gefüllte heiße Tomaten mit Eiern und Parmesan

4 große Fleischtomaten; beim Stielansatz ein Deckel abgeschnitten, ausgehöhlt
Salz
Pfeffer aus der Mühle
1 Bund Basilikum, grob geschnitten
4 Eier
3 EL geriebener Parmesan, Emmentaler oder anderer Hartkäse
3 EL kaltgepreßtes Olivenöl zum Beträufeln

Die ausgehöhlten Tomaten innen salzen und pfeffern. Etwas Basilikum in jede Tomate geben, jeweils 1 aufgeschlagenes Ei hineingleiten lassen und das restliche Basilikum darauf verteilen. Den geriebenen Parmesankäse darüberstreuen und das Olivenöl darüberträufeln.
Die Tomaten dann auf dem Rost im vorgeheizten Backofen bei 220°C etwa 15 Minuten lang backen, bis die Eier wachsweich gestockt sind. Die heißen Tomaten mit einigen zurückbehaltenen Basilikumblättchen garnieren.

Gefüllte heiße Tomaten mit Eiern und Parmaschinken

4 große Fleischtomaten, beim Stielansatz ein Deckel abgeschnitten, ausgehöhlt
Salz
Pfeffer aus der Mühle
4 Eier
1 Bund Basilikum, grob geschnitten
50 g Parmaschinken, sehr fein gewürfelt
einige Butterflöckchen

Die ausgehöhlten Tomaten innen salzen und pfeffern. In jede Tomate etwas Basilikum geben und 1 aufgeschlagenes Ei hineingleiten lassen. Den gewürfelten Schinken darauf verteilen und einige Butterflöckchen daraufsetzen. Die gefüllten Tomaten dann auf dem Rost im vorgeheizten Rohr bei 220°C etwa 15 Minuten backen, bis die Eier gerade wachsweich gestockt sind. Vor dem Servieren die Tomaten noch mit dem restlichen Basilikum bestreuen.

Eingelegte Paprikaschoten

(Mit Mozzarella und Basilikum serviert)

4 Paprikaschoten, rot und gelb, halbiert, die Kerne entfernt
Salz
Pfeffer aus der Mühle
1/8 l Sonnenblumen- oder Olivenöl
Saft von 1/2 Zitrone
einige Knoblauchzehen, in etwas Salz zerdrückt
einige Basilikumzweige
200 g Mozzarellakäse, in Stücke geschnitten
1 Handvoll Basilikumblätter

Die halbierten Paprikaschoten auf dem Rost im Backofen bei 175°C etwa 50 Minuten lang braun rösten. In einer Schale unter dem Rost den austretenden Saft auffangen. Von den noch heißen Paprikaschoten die Haut abziehen. Die Schoten dann in breite Streifen schneiden, leicht salzen und pfeffern und mit einigen Basilikumzweigen zum Marinieren einige Stunden in eine Schüssel legen oder zur späteren Verwendung in Schraubgläser schichten. Den aufgefangenen Paprikasaft mit Olivenöl, Zitronensaft und dem Knoblauch verrühren und das Ganze über die Paprikaschoten gießen.
Vor dem Servieren dann Mozzarellastücke und Basilikumblätter mit den marinierten Paprikastreifen umwickeln und mit Holzspießchen feststecken. Mit frischem Weißbrot oder Bauernbrot servieren oder zu kaltem Braten reichen.

Zwiebelauflauf mit Oliven und Basilikum

1 kg Zwiebeln, geschält und in Scheiben geschnitten
3 EL kaltgepreßtes Olivenöl zum Andünsten
2 EL Mehl
einige Knoblauchzehen, mit etwas Salz zerdrückt
1 Bund glatte Petersilie, grob geschnitten
1 Handvoll Basilikumblätter, in Streifen geschnitten
1 Tasse schwarze Oliven, entsteint und klein geschnitten
2 EL Crème fraîche mit 3 Eigelb verquirlt
3 Eiweiß, zu Eischnee steifgeschlagen
50 g geriebener Gouda oder anderer Hartkäse

Die Zwiebeln in 2 EL Olivenöl zugedeckt weich dünsten und dann in einem Rührbecher mit dem Schnellmixstab eines Handrührers pürieren.
In einem Topf das Mehl in Olivenöl unter Rühren anschwitzen und dann das Zwiebelpüree unterrühren. Das Ganze kurz erhitzen und salzen und pfeffern. Vom Feuer nehmen und Knoblauch, Kräuter, Oliven und den Eierrahm untermischen. Dann vorsichtig den Eischnee unterheben.
Die Zwiebelmasse in eine hohe ausgefettete Auflaufform füllen und mit dem Reibkäse bestreuen. Den Auflauf im Rohr bei 180°C etwa 45 Minuten lang backen.

Makkaroni in Grüner Sauce

250 g Makkaroni, in Salzwasser gegart und in einem Sieb abgetropft

Für die Sauce:
150 g geputzter feingewiegter Blattspinat
2 gewürfelte Zwiebeln
einige zerdrückte Knoblauchzehen
50—100 g Wurst oder Schinken, klein geschnitten
2 EL Olivenöl zum Andünsten
1/4 l Milch
1/8 l Sahne
etwas abgeriebene Zitronenschale
1 Handvoll Basilikum, in Streifen geschnitten
Salz
Pfeffer aus der Mühle
etwas geriebener Hartkäse zum Bestreuen

In einem Topf die Zwiebeln in Öl glasig dünsten. Knoblauch, Spinat und Wurst oder Schinken dazugeben und unter Rühren kurz mitdünsten. Mit Milch und Sahne aufgießen. Die Hälfte des Basilikums und etwas abgeriebene Zitronenschale daruntermischen und mit Salz und Pfeffer abschmecken. Die Sauce bei schwacher Hitze etwa 10 Minuten köcheln lassen.
Die Makkaroni in den Topf geben und unter die Sauce mischen. Das Ganze anrichten und das restliche Basilikum darüberstreuen. Dazu geriebenen Käse zum Bestreuen servieren.

Nudeln mit Basilikumsauce

4 Portionen Nudeln, in Salzwasser gegart, in einem Sieb abgetropft
2 Handvoll Basilikumblätter, klein geschnitten
1 Bund glatte Petersilie, klein geschnitten
Salz
Pfeffer aus der Mühle
einige geschälte zerdrückte Knoblauchzehen
1 EL Pinienkerne
6 EL kaltgepreßtes Olivenöl
2 EL geriebener Peccorino-Käse (oder Parmesan)

Für die Sauce in einem Rührbecher die genannten Zutaten mit dem Schnellmixstab eines Handrührers cremig pürieren und zum Schluß den Käse untermischen. Oder die Sauce in einem Porzellanmörser anreiben. Zu den Nudeln servieren.

Pilze mit Schinkenspeck und Basilikum

500 g Zuchtpilze, weiße oder braune Champignons (Egerlinge), Braunkappen, Shiitake oder Austernseitlinge, größere Pilze halbiert oder geviertelt
1—2 Scheiben Butter
100 g durchwachsener Schinkenspeck, in dünne Streifen geschnitten
1 Zwiebel oder einige Schalotten, fein gewiegt
Salz
Pfeffer aus der Mühle
1 Handvoll Basilikumblätter, in Streifen geschnitten

Butter und Speckstreifen in eine große Pfanne geben und Zwiebel oder Schalotten darin andünsten. Die Pilze dazugeben und unter gelegentlichem Rühren gar dünsten. Mit Salz und Pfeffer abschmecken und das Basilikum untermischen.

Schweinekoteletts mit Pilzfüllung

4 dicke Schweinekoteletts à ca. 200 g, jeweils 1 tiefe Tasche eingeschnitten
2—3 EL Butterschmalz zum Braten

Für die Füllung:
1 altbackenes Brötchen, eingeweicht und ausgedrückt
50 g gewürfelter durchwachsener Speck
1 kleingewürfelte Zwiebel
250 g Austernseitlinge, Braunkappen, Champignons oder Shiitake, grob gehackt
1 Eigelb
1 Prise frischgeriebene Muskatnuß
Salz
Pfeffer aus der Mühle
1 Bund Basilikum, junge Triebe grob geschnitten, oder die Blätter abgezupft und in Streifen geschnitten

Die Speckwürfel in einer Pfanne auslassen und die Zwiebel und die Pilze im Fett kurz andünsten, bis die Pilzflüssigkeit verdampft ist. Das Ganze mit dem Brötchen und dem Eigelb vermengen. Die Füllung mit Muskat, Salz und Pfeffer würzen und das Basilikum untermischen.
In die Koteletts eine tiefe Tasche schneiden und die Füllung hineindrücken. Mit Küchengarn zunähen. Die Koteletts bei starker Hitze kurz rundum anbraten und dann bei mittlerer Hitze noch etwas braten lassen. Danach das Fleisch auf beiden Seiten salzen und pfeffern.
Dazu passen Kartoffelpüree oder Kartoffelsalat, Grüner Salat und Salate nach Saison.

Rindsrouladen mit Tomaten-Oliven-Farce

4 Rindsrouladen
Salz
Pfeffer aus der Mühle

Für die Farce:
2 altbackene Brötchen, eingeweicht und ausgedrückt
ca. 400 g Tomaten, blanchiert, geschält, entkernt und grob gehackt
Saft von ½ Zitrone
Salz
Pfeffer aus der Mühle
1 EL kaltgepreßtes Olivenöl
einige Knoblauchzehen, mit etwas Salz zerdrückt
50 g schwarze Oliven, entsteint und in Scheiben geschnitten
2 EL Kapern
1 Handvoll Basilikumblätter
4 Sardellenfilets
4 Speckscheiben zum Umwickeln der Rouladen
2 EL Olivenöl zum Anbraten
⅛ l trockener Weißwein
⅛ l Fleischbrühe
1 Scheibe Butter in Flöckchen für die Sauce

Die Rinderrouladen auf beiden Seiten salzen und pfeffern. Für die Füllung die Tomaten mit den Brötchen, den Knoblauchzehen, Zitronensaft und Olivenöl vermengen und mit Salz und Pfeffer würzen. Die Farce auf den Fleischscheiben verteilen und mit Oliven, Kapern, Basilikumblättern und jeweils 1 Sardelle belegen. Die Rouladen dann zusammenrollen, mit einer Speckscheibe umwickeln und mit Spießchen zusammenstecken oder mit Küchengarn zusammenbinden.
In einem Schmortopf die Rindsrouladen in heißem Olivenöl rundum scharf anbraten. Mit Wein und Brühe aufgießen und die Rouladen im geschlossenen Topf bei schwacher Hitze 1½ Stunden lang schmoren lassen. Gelegentlich wenden und etwas Wein nachgießen.

Die Rouladen dann aus dem Topf nehmen und warm stellen. Die Sauce etwas einkochen lassen und mit Wein, Salz und Pfeffer abschmecken. Zum Schluß flöckchenweise die Butter unterschlagen.
Dazu passen Bandnudeln oder andere Teigwaren.

Gekochte Rinderbrust mit Pesto

(Kalt serviert)

ca. 800 g Rinderbrust
1 l Wasser
1 Zwiebel, halbiert
einige Knoblauchzehen, ungeschält halbiert
1 Stück Karotte, Sellerie und Porree
1 Petersilienwurzel
1 Liebstöckelblatt
1 Lorbeerblatt
einige Nelken
Salz

Für den Pesto:
2 Handvoll Basilikumblätter, grob geschnitten
1 Bund glatte Petersilie, grob geschnitten
einige geschälte Knoblauchzehen
Salz
2 EL Pinienkerne, in einer Pfanne ohne Fett geröstet
50 g frischgeriebener Parmesankäse
4 EL kaltgepreßtes Olivenöl

Den Sud einmal aufkochen lassen und die Rinderbrust hineinlegen. Bei sehr schwacher Hitze das Fleisch dann in 2 Stunden gar ziehen lassen. Die Rinderbrust im Sud erkalten lassen.
Für den Pesto die genannten Zutaten in einem Porzellanmörser zerstoßen oder in einem Rührbecher mit dem Schnellmixstab eines Handrühers cremig pürieren.
Das kalte Rindfleisch in Scheiben schneiden und mit dem Pesto überzogen servieren.

Kalbsfilet mit Basilikumsauce

ca. 500 g Kalbsfilet
Salz
Pfeffer aus der Mühle
2 EL Sonnenblumenöl zum Anbraten
1—2 Tassen Fleischbrühe
2 Handvoll Basilikumblätter, grob geschnitten
$\frac{1}{8}$—$\frac{1}{4}$ l Sahne

Das Kalbsfilet mit Salz und Pfeffer einreiben und in einer Pfanne in heißem Öl auf beiden Seiten kurz anbraten. Im vorgeheizten Backofen dann das Filet in einem Bräter noch $\frac{1}{4}$ Stunde braten. Vor dem Anschneiden das Fleisch etwas ruhen lassen.
Den Bratensatz in der Pfanne mit Fleischbrühe ablöschen und Sahne dazugießen. Die Sauce etwas einkochen lassen, dann das Basilikum dazugeben und mit dem Schnellmixstab eines Handrührers pürieren. Mit Salz und Pfeffer abschmecken.
Das Kalbsfilet in Scheiben schneiden und mit der Basilikumsauce anrichten. Mit einigen zurückbehaltenen Basilikumblättchen garnieren.
Dazu passen Röstkartoffeln und Gemüse nach Saison.

Poularde mit Basilikum-Farce

1 große Poularde
Salz
Pfeffer aus der Mühle
2 gewürfelte Zwiebeln

Für die Basilikum-Farce:
150 g Kalbsbrät
1 eingeweichtes und ausgedrücktes Brötchen
1 feingewiegte Zwiebel und einige mit etwas Salz zerdrückte Knoblauchzehen, in Butter kurz angedünstet
Salz
Pfeffer aus der Mühle
1 Handvoll Basilikumblätter, in Streifen geschnitten
2 EL Pistazienkerne, im Mörser zerstoßen
1 Ei
1 Gläschen Cognac
2 EL Crème fraîche
$\frac{1}{8}$ l Fleischbrühe
$\frac{1}{8}$—$\frac{1}{4}$ l trockener Weißwein

Die Poularde innen und außen mit Salz und Pfeffer einreiben. Für die Füllung Kalbsbrät, Brötchen, Zwiebel und Knoblauch vermengen und mit Salz und Pfeffer würzen. Das Basilikum und die Pistazienkerne untermischen. 1 Ei mit Cognac und Crème fraîche verquirlen und untermengen.
Die Poularde mit der Basilikum-Farce füllen, mit Küchengarn zunähen und in einen Bräter legen. Die Zwiebeln dazugeben und die Poularde im vorgeheizten Rohr bei 220°C etwa 1 Stunde lang braten. Nach 20 Minuten etwas Brühe und Weißwein angießen und die Poularde während des Bratens immer wieder begießen. Gelegentlich wenden. Zum Schluß den Bratfond durch ein Sieb passieren und die Sauce mit Weißwein, Salz und Pfeffer abschmecken und, wenn nötig, noch etwas einkochen lassen.

Zitronenhähnchen in Weißwein geschmort

1 großes Hähnchen, in 4 Teile geschnitten
Salz
Pfeffer aus der Mühle
½ Tasse kaltgepreßtes Olivenöl
einige geschälte Knoblauchzehen, ganz belassen
¼–½ l trockener Weißwein
Saft von 1 Zitrone
1 Thymianzweig
einige Frühlingszwiebeln, samt den grünen Schlotten in Ringe geschnitten
3 Tomaten, blanchiert, geschält und geviertelt
1 Tasse entsteinte oder gefüllte grüne Oliven
2 unbehandelte Zitronen, in dünne Scheiben geschnitten, die Kerne entfernt
1 großes Bund Basilikum, grob geschnitten

In einem Schmortopf die Hähnchenteile in heißem Olivenöl rundum goldbraun anbraten. Den Topf dann vom Feuer nehmen und das Olivenöl weggießen.
Zu den Hähnchenteilen im Topf die Knoblauchzehen geben und mit Weißwein und Zitronensaft aufgießen. 1 Thymianzweig dazugeben und das Ganze zugedeckt bei schwacher Hitze ½ Stunde schmoren lassen.
Dann die Frühlingszwiebeln und Tomaten dazugeben und noch 10 Minuten mitschmoren lassen. Zum Schluß die Oliven und Zitronenscheiben dazugeben und noch einige Minuten in der Sauce ziehen lassen.
Die Sauce mit Salz und Pfeffer abschmecken und den Topf vom Feuer nehmen. Zum Schluß das Basilikum unterrühren.
Die Hähnchenteile mit den Zitronenscheiben und den anderen Zutaten dekorativ anrichten und mit einigen zurückbehaltenen Basilikumblättchen garnieren.
Dazu passen Reis und Salate nach Saison.

Gefüllte Hähnchenkeulen

4 große Hähnchenkeulen, am Gelenk eingeschnitten, die Knochen ausgelöst
Salz
Pfeffer aus der Mühle
2 Scheiben Butter zum Anbraten
¼ l Hühnerbrühe
¼ l trockener Weißwein
1 verquirltes Eigelb zum Legieren der Sauce

Für die Füllung:
100 g durchwachsener Räucherspeck, gewürfelt und dann fein gewiegt
1—2 Handvoll Basilikumblätter, grob geschnitten
Salz
Pfeffer aus der Mühle

Speck und Basilikum vermengen, mit Salz und Pfeffer würzen und in die entbeinten Hähnchenkeulen füllen. Mit Holzspießchen feststecken oder mit Küchengarn zunähen.
Die gefüllten Hähnchenkeulen mit Salz und Pfeffer einreiben und in einem Schmortopf in zerlassener Butter rundum anbraten. Mit Hühnerbrühe und etwas Weißwein aufgießen. Die Keulen dann zugedeckt bei mittlerer Hitze ½ Stunde lang schmoren lassen.
Dann die Keulen warm stellen. Den Saucenfond mit etwas Wasser aufgießen und entfetten. Die Sauce etwas einkochen lassen und den restlichen Wein dazugießen. Mit Salz und Pfeffer abschmecken und die nicht mehr kochende Sauce mit 1 Eigelb legieren.
Dazu passen Reis oder Kartoffelpüree, Salate nach Saison.

Gefüllte Hähnchenkeulen mit Pesto

4 Hähnchenkeulen
ca. ¼ l Pesto (siehe Rezept Seite 23)
50 g Mandeln
Salz
Pfeffer aus der Mühle
3—4 EL Butterschmalz zum Braten
¼ l trockener Weißwein
¼ l Fleischbrühe
einige ganz belassene Basilikumblättchen zum Garnieren

Die Haut der Hähnchenkeulen rundum lockern. Den Pesto mit den Mandeln mischen und zwischen Haut und Fleisch füllen. Die Haut am Keulenende mit Küchengarn festnähen.
Die Hähnchenkeulen mit Salz und Pfeffer einreiben und in einer Pfanne in heißem Butterschmalz rundum anbraten. Dann die Keulen bei schwacher Hitze zugedeckt noch etwa 20 Minuten braten. Dabei einmal wenden und immer wieder mit Bratfett begießen.
Die Hähnchenkeulen dann zugedeckt warm stellen. Das Fett aus der Pfanne abgießen, dann den Bratensatz in der Pfanne mit Wein und Fleischbrühe loskochen und etwas einkochen lassen. Die Sauce mit Salz und Pfeffer abschmecken und zu den Hähnchenkeulen servieren. Mit Basilikumblättchen garnieren.

Truthahnfilets mit Thunfisch-Basilikum-Sauce

4 Truthahnfilets à ca. 150 g
Salz
Pfeffer aus der Mühle
etwas Mehl zum Wenden
1 Scheibe Butter
einige Zitronenviertel

Für die Thunfisch-Basilikum-Sauce:
250 g Thunfisch, abgetropft (aus der Dose)
einige durchgepreßte Knoblauchzehen
2—3 EL kaltgepreßtes Olivenöl
Saft von 1 Zitrone
1 Tasse Crème fraîche
einige Spritzer Tabasco
Salz
2 EL Kapern
1 Handvoll Basilikumblätter, in Streifen geschnitten

Die Truthahnfilets salzen und pfeffern und in Mehl wenden. Die Filets dann in einer Pfanne in zerlassener Butter auf jeder Seite etwa 3 Minuten lang braten. Bei sehr schwacher Hitze die Filets anschließend noch einige Minuten nachziehen lassen.
Für die Sauce in einem Rührbecher den Thunfisch mit den anderen Zutaten mit dem Schnellmixstab eines Handrührers pürieren. Mit Tabasco und Salz abschmekken und Kapern und Basilikum untermischen.
Die Thunfisch-Basilikum-Sauce zu den Truthahnfilets servieren und einige Zitronenviertel dazu reichen. Mit einigen Basilikumblättchen garnieren.

Bohnenkraut

Bohnenkraut (*Satureja hortensis*), einjährig
Berg- oder Winterbohnenkraut (*Satureja montana*), ausdauernd

Inhaltsstoffe und Wirkung

Ätherische Öle, Gerb- und Bitterstoffe

Verdauungsfördernd, entzündungshemmend; hilfreich bei Husten und Verschleimung der Atemwege

Verwendung

Das aromatisch-pfefferartige Bohnenkraut kann anstelle von Pfeffer verwendet werden.
Roh oder mitgekocht zu Hülsenfrüchten, vor allem Bohnen; zu Suppen und Eintöpfen; zu Kartoffelgerichten, Pilzgerichten, Rahmsaucen; zu Fisch, Wurst und zu Einlegegurken.

Grüner Bohnensalat

500 g junge grüne Bohnen, geputzt
2 Zweige frisches Bohnenkraut
4 hartgekochte Eier, in Scheiben geschnitten

Für die Sauce:
1 hartgekochtes Eigelb
1 EL scharfer Senf
einige Spritzer Zitronensaft
3 EL kaltgepreßtes Olivenöl
Salz
Pfeffer aus der Mühle
1 feingewiegte Zwiebel

Die jungen Bohnen mit dem Bohnenkraut in Salzwasser gar kochen, dann durch ein Sieb abgießen und unter kaltem Wasser abschrecken.

Die Salatsauce mit den genannten Zutaten anrühren und unter die Bohnen mischen. Den Salat etwas durchziehen lassen und mit Eischeiben garniert servieren.

Räucherfischsalat mit grünen Bohnen und Pilzen

ca. 400 g grüne Bohnen, geputzt
2 Zweige Bohnenkraut, die Blätter gerebelt
Salz
150 g Champignons oder andere Zuchtpilze, blättrig geschnitten, in Butter geschmort, leicht gesalzen
ca. 400 g Räucherfisch (Heilbutt o a.), enthäutet, entgrätet und zerpflückt
1 feingewiegte Zwiebel oder einige kleingeschnittene Schalotten
4 wachsweich gekochte Eier, abgeschreckt, geschält und halbiert

Für die Sauce:
1 EL kaltgepreßtes Olivenöl
3—5 EL Weinessig
1 Prise Salz
Pfeffer aus der Mühle

Die grünen Bohnen mit dem Bohnenkraut in Salzwasser gar, aber nicht zu weich kochen. Durch ein Sieb abgießen und unter kaltem Wasser abschrecken, damit sie ihre Farbe behalten. Die Zwiebel untermischen und die Bohnen mit den Pilzen und den halbierten Eiern neben dem Räucherfisch anrichten. Die Salatsauce anrühren und über die Bohnen gießen. Die Eier schwach salzen und mit etwas zurückbehaltenem feingewiegten Bohnenkraut bestreuen.
Als Beilagen eignen sich Pellkartoffeln oder Toast- oder Weißbrot.

Dicke-Bohnen-Suppe mit Speck

ca. 750 g dicke Bohnen (Puffbohnen), gepalt
¾ l Wasser, leicht gesalzen
2 Zweige Bohnenkraut, klein geschnitten
1 Stück Speckschwarte, am besten von Räucherspeck
100 g geräucherter durchwachsener Schweinebauch, gewürfelt
2 gewürfelte Zwiebeln
Salz
Pfeffer aus der Mühle
1 Prise frischgeriebene Muskatnuß
½ Tasse Sahne
1 Bund Kerbel, grob geschnitten, zum Bestreuen

Die enthülsten dicken Bohnen zusammen mit dem Bohnenkraut und der Speckschwarte in leicht gesalzenem Wasser in etwa ¼ Stunde weich kochen.
Inzwischen in einer Pfanne den gewürfelten Speck auslassen und die Zwiebelwürfel im heißen Fett unter Rühren anrösten.
Die Speckschwarte entfernen und ⅓ der dicken Bohnen mit einem Schaumlöffel als spätere Suppeneinlage aus dem Topf nehmen. Die restlichen dicken Bohnen samt dem Bohnenkraut mit dem Schnellmixstab eines Handrührers pürieren und durch ein Sieb streichen.
Die Suppe wieder erhitzen und die ganzen Bohnen, Speck und Zwiebeln dazugeben. Die Sahne unterrühren und mit Salz, Pfeffer und Muskat abschmecken. Die Bohnensuppe in den Tellern mit Kerbel bestreuen.

Süß-saure Bohnensuppe

(von weißen Bohnen)

250 g weiße Bohnen
2 Scheiben durchwachsener Räucherspeck, gewürfelt
2 gewürfelte Zwiebeln
500 g Tomaten, blanchiert, geschält und geviertelt
½ l Fleischbrühe
¼ l trockener Rotwein
Saft von ½ Zitrone
1 gute Prise Zucker
Salz
Pfeffer aus der Mühle
2 Zweige Bohnenkraut, die Blättchen gerebelt
etwas feingewiegter Thymian
einige Debrecziner Würstchen, in Scheiben geschnitten
1 Becher Joghurt
einige EL Sahne

Die weißen Bohnen über Nacht einweichen und am nächsten Tag mit frischem Wasser und kleingeschnittenem Suppengrün weich kochen.
In einem Schmortopf die Speckwürfel auslassen und die Zwiebeln im Fett unter Rühren anrösten. Die weichgekochten Bohnen samt dem Suppengrün und die Tomaten dazugeben und mit Fleischbrühe und Rotwein aufgießen. Die Suppe zum Kochen bringen und die Wurstscheiben dazugeben.
Die Bohnensuppe zugedeckt bei schwacher Hitze 10 Minuten köcheln lassen. Bohnenkraut und Thymian dazugeben und die Suppe mit Zitronensaft, Zucker, Salz und Pfeffer pikant süß-sauer abschmecken. Zum Schluß Joghurt und Sahne unterrühren.

Grüne Bohnencremesuppe

ca. 300 g grüne Bohnen, geputzt, klein geschnitten
3 gewürfelte Kartoffeln
2 Zweige Bohnenkraut, klein geschnitten
1 l Fleisch- oder Hühnerbrühe
1 Spritzer Zitronensaft
Salz
Pfeffer aus der Mühle
1 Prise frischgeriebene Muskatnuß
2 Eigelb mit ½ Sahne verquirlt
1 Bund Kerbel, klein geschnitten, zum Bestreuen

Die grünen Bohnen mit den Kartoffeln und dem Bohnenkraut in der Fleischbrühe in 20—30 Minuten weich kochen. Die Suppe dann mit dem Schnellmixstab eines Handrührers pürieren und durch ein Sieb streichen.
Die Suppe wieder erhitzen und mit Zitronensaft, Salz, Pfeffer und Muskatnuß abschmecken. Zum Schluß die nicht mehr kochende Suppe mit der Eiersahne legieren. In den Tellern mit Kerbel bestreuen.

Dicke Bohnen mit Speck

500 g gepalte dicke Bohnen (Puffbohnen), von ca. 1 kg dicken Bohnen mit Hülsen
200 g durchwachsener Speck, in Streifen geschnitten
3 Eigelb
1 EL Weinessig
⅛ l Kochwasser vom Speck
Salz
1 Zweig frisches Bohnenkraut, fein gewiegt

Die Speckstreifen in ½ l Wasser 5 Minuten lang kochen und dann mit einem Schaumlöffel herausnehmen.
Die gepalten dicken Bohnen im Speckwasser etwa 15 Mi-

nuten lang kochen lassen. Die Bohnen dann herausnehmen und mit den Speckstreifen mischen.
⅛ l der Speckbrühe ganz schwach erhitzen und Essig, Bohnenkraut und 3 Eigelb dazugeben. Mit einem Schneebesen die Sauce schaumig schlagen, bis sie leicht cremig wird. Die Sauce dann mit Salz abschmecken und unter die Bohnen mischen.

Dicke Bohnen mit Tomaten

(Zu Lamm- und Rinderbraten)

500 g dicke Bohnen (Puffbohnen), gepalt
2 feingewiegte Zwiebeln
500 g Tomaten, blanchiert, geschält, geviertelt
einige Knoblauchzehen, im Porzellanmörser mit etwas Salz zerdrückt
3 EL kaltgepreßtes Olivenöl
⅛ l Fleischbrühe
⅛ l trockener Rotwein
2 Zweige Bohnenkraut, die Blättchen nach Belieben gerebelt
einige Spritzer Tabasco
Salz
Pfeffer aus der Mühle
einige EL Sahne

In einem Schmortopf das Öl erhitzen und zuerst die Zwiebeln und dann die Knoblauchzehen unter Rühren andünsten. Die dicken Bohnen und die Tomaten dazugeben und mit Fleischbrühe und Rotwein aufgießen. Das Ganze einmal kurz aufkochen lassen. Das Bohnenkraut dazugeben und alles zugedeckt bei sehr schwacher Hitze etwa ¼ Stunde köcheln lassen. Zum Schluß die Flüssigkeit etwas einkochen lassen, die Sahne unterrühren und mit Tabasco, Salz und Pfeffer abschmecken.

Gundelrebe/Gundermann

(*Glechoma hederacea*)

Inhaltsstoffe und Wirkung

Bitterstoff Glechomin; ätherisches Öl, Gerbstoffe, Mineralstoffe, Vitamin C.

Appetitanregend, stoffwechselanregend, magenstärkend.

Verwendung

Wegen ihres intensiven scharf-würzigen, an Minze erinnernden Geschmacks mischt man die *Gundelrebe* mit mild schmeckenden Kräutern.
Zu Frühlingssalaten, Kartoffel- und Gemüsesuppen; zu Kräutersaucen und Kräuterbutter; zu Kräuterfüllungen, Käse und Quark; zu Aufläufen und Fleischgerichten.
Mit den kleinen blau-violetten *Blüten der Gundelrebe* können Suppen, Salate und kalte Platten garniert werden.

Gundelrebensalat

1 kleine Schüssel junge Gundelrebentriebe, zerpflückt
1 Handvoll junger Geißfuß (Giersch)
einige Gänseblümchen-Rosetten, zerpflückt
1 feingewiegte Zwiebel

Für die Salatsauce:
2 EL Weinessig
4—5 EL kaltgepreßtes Olivenöl
1 TL scharfer Senf
1 hartgekochtes kleingewürfeltes Ei
1 Bund Schnittlauch, in Röllchen geschnitten
1 Prise Zucker
Salz
Pfeffer aus der Mühle

Gundelrebe, Geißfuß, Gänseblümchen und Zwiebel vermischen und anrichten. Die Salatsauce mit den genannten Zutaten anrühren, abschmecken und erst bei Tisch unter den Salat heben.

Brennesselsalat mit Gundelrebe

1 kleine Schüssel junge Brennesseltriebe, grob geschnitten und in etwas Butter kurz angedünstet
einige Gundelrebentriebe, zerpflückt
einige Bärlauchtriebe oder -blätter, klein geschnitten
1 feingewiegte Zwiebel

Für die Salatsauce:
1 Becher Joghurt
½ Tasse saure Sahne
1 EL kaltgepreßtes Olivenöl
1 Eigelb
1 TL scharfer Senf
einige Spritzer Zitronensaft
1 Spritzer Tabasco
1 Prise Zucker
Salz
Pfeffer aus der Mühle

Brennesseltriebe, Gundelrebe, Bärlauch und Zwiebel vermischen und auf Salattellern anrichten. In einem Rührbecher die Salatsauce mit einem elektrischen Handrührgerät verquirlen, pikant abschmecken und erst bei Tisch über den Salat gießen. Mit etwas zurückbehaltenem Bärlauch bestreuen.

Champignons mit Gundelrebe

500 g Champignons oder andere Zuchtpilze, blättrig geschnitten
1 Scheibe Butter
1 Scheibe durchwachsener Speck, klein gewürfelt
1 kleine feingewiegte Zwiebel
einige Knoblauchzehen, geschält und in Scheibchen geschnitten
einige junge Gundelrebentriebe, grob geschnitten
etwas glatte Petersilie, grob geschnitten
Salz
Pfeffer aus der Mühle
1 Glas trockener Weißwein
1 Spritzer Zitronensaft
⅛ l Sahne

In einer Pfanne die Speckwürfel auslassen. Die Butter zerlassen und Pilze, Zwiebel und Knoblauch dazugeben. Mit Salz und Pfeffer würzen und alles zugedeckt bei schwacher Hitze 10 Minuten schmoren lassen. Dann Gundelrebe und Petersilie untermischen, alles gut durchrühren und mit Weißwein ablöschen. Mit Zitronensaft abschmecken und zum Schluß die Sahne unterrühren.

Rühreier mit Gundelrebe

1 Scheibe Butter
1 feingewiegte Zwiebel
1 Handvoll abgezupfte Gundelrebenblätter oder junge Triebe
1 EL frischgeriebener Hartkäse
8 Eier mit 2 EL Sahne verquirlt
Salz
Pfeffer aus der Mühle
1 Bund Schnittlauch, in Röllchen geschnitten, zum Bestreuen

In einer Pfanne in zerlassener Butter die Zwiebel glasig andünsten. Die Gundelrebe dazugeben und unter Rühren kurz mitdünsten. Den geriebenen Käse darüberstreuen. Die verquirlten Eier salzen und pfeffern, in die Pfanne gießen und stocken lassen. Die Rühreier in den Tellern mit Schnittlauch bestreuen und Toast- oder Bauernbrot mit Butter dazu reichen.

Spaghetti mit Gundelreben-Tomaten-Sauce

400 g Spaghetti
2 Scheiben Butter in Flöckchen
ca. 50 g geriebener Parmesankäse

Für die Sauce:
1 kg Tomaten, blanchiert, geschält, entkernt und klein geschnitten
1 feingewiegte Zwiebel
einige Knoblauchzehen, geschält und klein geschnitten
2 EL kaltgepreßtes Olivenöl und
1 Scheibe Butter zum Andünsten
einige junge Gundelrebentriebe, grob geschnitten
etwas grobgeschnittenes Basilikum
Salz
Pfeffer aus der Mühle

In einem Topf in Öl und Butter die Zwiebel glasig dünsten. Den Knoblauch dazugeben und unter Rühren kurz mitdünsten. Die Tomatenstücke und die Kräuter unterrühren und alles zugedeckt bei schwacher Hitze 15 Minuten schmoren lassen. Gelegentlich umrühren, damit die Sauce nicht anbrennt. Mit Salz und Pfeffer würzen.
Die Spaghetti in Salzwasser bißfest kochen, in einem Sieb abgießen und in eine vorgewärmte Schüssel füllen. Mit den Butterflöckchen und etwas Parmesankäse vermengen. Die Tomatensauce dazu reichen und die Spaghetti in den Tellern mit dem restlichen Käse bestreuen.

Lavendel

Großer Lavendel (*Lavandula latifolia*)
Echter Lavendel (*Lavandula angustifolia*)

Verschiedene Lavendelarten und zahlreiche Sorten

Inhaltsstoffe und Wirkung

Ätherisches Öl, Cumarin, Saponin, Gerbstoffe, Bitterstoffe.

Nervenberuhigend; krampflösend im Bereich des Magen-Darm-Trakts, verdauungsfördernd, durchfallhemmend.

Verwendung

Junge Blattspitzen des Großen Lavendels in kleinen Mengen zu Salaten, Kräutermischungen, Kräuterbutter, Kräutersaucen, Wildmarinaden; vor allem zu fettem Fleisch, zu Hammelbraten, Grillfleisch und Fischsuppen und -saucen.

Überbackene Kräutertomaten

8 Tomaten, quer halbiert
einige durchgepreßte Knoblauchzehen
frische Kräuter: die Blätter von einem Lavendelzweig, einige Estragonblätter, grob geschnitten, 1 Bund Basilikum, Kerbel und Petersilie, grob geschnitten
2 EL Semmelbrösel zum Bestreuen
einige EL kaltgepreßtes Olivenöl zum Beträufeln
Salz
Pfeffer aus der Mühle

Die Tomaten mit der Schnittseite nach oben in eine ausgefettete feuerfeste Form setzen. Knoblauch und Kräuter darauf verteilen und mit Salz und Pfeffer würzen. Mit Semmelbröseln bestreuen und mit Olivenöl beträufeln. Die Kräutertomaten dann im vorgeheizten Rohr bei 200°C etwa 10 Minuten überbacken.

Gebackene Kalbsniere mit Kräuterfüllung

1 ganze Kalbsniere, an der Unterseite eingeschnitten, Fett, Sehnen und Röhren entfernt, gut gewaschen
frische Kräuter:
1 Lavendelzweig die Blätter abgestreift,
1 Estragonzweig, die Blätter abgestreift,
etwas grob geschnittenes Basilikum
einige Salbeiblätter
einige durchgepreßte Knoblauchzehen
Salz
Pfeffer aus der Mühle
einige dünne Scheiben fetter Speck zum Umwickeln

Kräuter und Knoblauch in die Höhlung der Niere füllen und mit Salz und Pfeffer würzen. Die Niere wieder zusammendrücken und mit Speckscheiben umwickeln. Im vorgeheizten Bratrohr bei 220°C 15 Minuten backen. Den Speckmantel dann entfernen und nach Belieben mitservieren. Dazu Kartoffelsalat oder Kartoffelgratin (siehe Rezept Seite 91) und Gemüse nach Saison servieren.

Kaninchen mit Pilzen

1 Kaninchen, der Rücken enthäutet, in Portionsstücke geteilt
Salz
Pfeffer aus der Mühle
etwas edelsüßer Paprika
3 EL Sonnenblumenöl zum Anbraten
1 Zweig Lavendel, die Blätter abgestreift
1 Zweig Thymian, die Blättchen gerebelt

Für die Sauce:
1 Scheibe Butter
einige feingewiegte Schalotten oder 1 feingewiegte Zwiebel
einige durchgepreßte Knoblauchzehen
¼ l trockener Weißwein
¼ l Hühnerbrühe
250 g weiße oder braune Champignons (Egerlinge) oder andere Zuchtpilze, blättrig geschnitten
⅛ l Sahne
Salz
Pfeffer aus der Mühle

Die Kaninchenstücke mit Salz, Pfeffer und Paprika einreiben und in einem Schmortopf in heißem Öl rundum anbraten. Mit den Kräutern bestreuen, etwas Wein angießen und im geschlossenen Topf im vorgeheizten Rohr das Kaninchen 15 Minuten lang schmoren lassen. Das Fleisch dann aus dem Topf nehmen und im Rohr warm stellen.
In den Schmortopf etwas Butter geben und auf dem Herd die Schalotten darin andünsten. Den Knoblauch dazugeben und unter Rühren kurz mitdünsten. Mit Weißwein und Fleischbrühe aufgießen und die Sauce etwas einkochen lassen.
In einer Pfanne die Pilze in zerlassener Butter rösten und dann zur Sauce geben. Die Sahne unterrühren und die Sauce mit Salz und Pfeffer abschmecken. Die Kaninchenstücke anrichten und mit der Sauce übergießen. Dazu Teigwaren servieren.

Majoran (*Majorana hortensis*)

Inhaltsstoffe und Wirkung

Ätherisches Öl, Bitter- und Gerbstoffe.

Verdauungsfördernd, harntreibend, krampflösend, beruhigend.

Verwendung

Besonders geeignet bei fetten Speisen; zu Schweine-, Hammel- und Gänsebraten; zu Kartoffel-, Hülsenfrucht- und Gemüsesuppen; zu Kartoffelgerichten und Pizza; zu Leber, Hackfleisch und Geflügel; zu Kräuterfüllungen und zu Kräutersaucen; unentbehrlich bei der Wurstherstellung, vor allem bei Leberwurst.

Kölsche Kartoffelsuppe

ca. 500 g Kartoffeln, geschält, gewürfelt, in Salzwasser gegart
1 großer säuerlicher Apfel, geschält, entkernt und gewürfelt
1 Scheibe Butter
1/8 l trockener Weißwein
1 Prise Zucker
1 Stange Zimt (Canehl)
2 Zwiebeln, in dünne Ringe geschnitten, in etwas Butter langsam bei schwacher Hitze gebräunt
1 l Fleischbrühe
1 Bund frischer Majoran, grob geschnitten
2 EL Sahne
Salz
Pfeffer aus der Mühle

In einem Suppentopf die Apfelwürfel in Butter andünsten. Mit Wein aufgießen und Zucker und die Zimtstange dazugeben. Das Ganze bei sehr schwacher Hitze 10 Mi-

nuten köcheln lassen, dann die Zimtstange wieder entfernen.
Die gargekochten Kartoffeln zum Apfel geben und das Ganze mit dem Schnellmixstab eines Handrührers pürieren. Mit Fleischbrühe aufgießen. Die Suppe einmal zum Kochen bringen und dann noch einige Minuten bei schwacher Hitze ziehen lassen. Mit Salz und Pfeffer abschmecken und die Sahne unterrühren. Erst zum Schluß den frischen Majoran unter die Suppe mischen. Zur Kölschen Kartoffelsuppe in den Tellern dann noch die Zwiebelringe geben.

Gemüsesuppe mit frischem Majoran

½ Kopf Wirsing, ca. 500 g, in Streifen geschnitten
1 gewürfelte Zwiebel
einige kleingeschnittene Knoblauchzehen
2 kleingeschnittene Karotten
1 Stange Porree, in Ringe geschnitten
3 gewürfelte Kartoffeln
1—2 Scheiben Butter zum Andünsten
ca. 1 l Fleisch- oder Gemüsebrühe
⅛ l trockener Weißwein
einige EL Sahne
1 großes Bund frischer Majoran, grob geschnitten
Salz
Pfeffer aus der Mühle
200 g kleingewürfelte Salami oder andere Wurst
4 EL geriebener Hartkäse (Parmesan, Emmentaler o. a.)

In einem Suppentopf in zerlassener Butter Zwiebel und Knoblauch unter Rühren andünsten. Wirsing, Karotten und Porree kurz mitdünsten. Die Kartoffelwürfel dazugeben und mit Fleischbrühe und Weißwein aufgießen. Die Suppe einmal kurz aufkochen und dann bei sehr schwacher Hitze 45 Minuten lang köcheln lassen. Die Suppe nach Belieben mit dem Schnellmixstab eines Handrührers pürieren. Dann die Sahne, die gewürfelte Salami und den frischen Majoran unterrühren. Die Gemüsesuppe in den Tellern mit Reibkäse bestreuen.

Erbsencremesuppe

1 l Fleischbrühe
1 Stück Räucherspeckschwarte
2 kleingeschnittene Karotten
1 grobgeschnittene Zwiebel
500 g junge grüne Erbsen, frisch gepalt, tiefgefroren oder aus der Dose
einige Majoranzweige, grob geschnitten
einige frische Estragonblätter
1 Zweig Bohnenkraut, grob geschnitten
1—2 Gläser trockener Weißwein
Salz
Pfeffer aus der Mühle
$\frac{1}{8}$ l Sahne halbfest geschlagen

Die Fleischbrühe aufkochen und Speckschwarte, Karotten und Zwiebel dazugeben. Alles zugedeckt bei mittlerer Hitze 15 Minuten lang köcheln lassen. Erbsen und Kräuter in den Topf geben und kurz mitziehen lassen. Die Speckschwarte entfernen und die Suppe mit dem Schnellmixstab eines Handrührers pürieren. Durch ein Sieb streichen, wieder erhitzen und den Wein dazugießen. Mit Salz und Pfeffer abschmecken und zum Schluß die Sahne unterrühren.
Für die Erbsencremesuppe eignen sich als Einlage ausgelöstes gewürfeltes Hühnerfleisch, Krabben oder Fleischklößchen.

Majorankartoffeln aus der Alufolie

(Beilage zu Fleisch und Geflügel)

4 sehr große gargekochte Pellkartoffeln
Salz
Pfeffer aus der Mühle
einige in Salz zerdrückte Knoblauchzehen
1 Bund junger Majoranzweige, grob geschnitten
etwas Öl zum Bestreichen der Kartoffeln
1—2 Scheiben Butter

Die Pellkartoffeln kreuzweise tief einschneiden und leicht auseinanderdrücken. Mit Salz und Pfeffer bestreuen und Knoblauch und Majoran dazugeben. Auf jede Kartoffel ein Stück Butter setzen. Dann die Kartoffeln mit Öl bestreichen und in Alufolie wickeln.
Die Kartoffeln im Bratrohr oder unter dem Grill $\frac{1}{4}$—$\frac{1}{2}$ Stunde backen. Am besten gleichzeitig mit Fleisch oder Geflügel, um die Hitze auszunützen.

Bayerische Fleischpflanzl mit Majoran

ca. 750 g Rinderhackfleisch; zum Teil auch gekochtes Rindfleisch, durch den Fleischwolf gedreht
1 feingewiegte Zwiebel
1 Bund frischer Majoran, grob geschnitten
1 Zweig Thymian, die Blättchen gerebelt
3 Eigelb mit 2 Scheiben weicher Butter, schaumig gerührt
1 altbackenes Brötchen, in Milch eingeweicht und wieder ausgedrückt
Salz
Pfeffer aus der Mühle
3 Eiweiß, steifgeschlagen
Sonnenblumenöl oder Fett zum Braten

Das Hackfleisch mit den genannten Zutaten vermengen. Mit Salz und Pfeffer abschmecken und zum Schluß den Eischnee unterheben. Mit befeuchteten Händen Fleischpflanzl formen, flach drücken und in heißem Öl bei mittlerer Hitze auf beiden Seiten langsam knusprig braten. Dazu Kartoffel- und Gurkensalat und Salate nach Saison servieren.

Geschmorte Gans mit Hackfleischfüllung

(Für 4—6 Personen)

1 Gans
Salz
Pfeffer aus der Mühle
3 EL Sonnenblumenöl zum Anbraten
½ l Fleischbrühe

Für die Füllung:
2 eingeweichte und wieder ausgedrückte altbackene Brötchen
250 g Rinderhackfleisch
ca. 125 g Geflügelleber, in etwas Butter kurz gebraten, klein geschnitten
1 Ei
Salz
Pfeffer aus der Mühle
einige frische Majoranzweige, grob geschnitten
1—2 EL abgeriebene Beifuß-Blütenrispe
2 Maronen, geschält und klein gehackt

Für die Sauce:
1 TL Speisestärke, in etwas Wasser angerührt
⅛ l Sahne

Die Gans innen und außen mit Salz und Pfeffer einreiben. Für die Füllung die genannten Zutaten gut vermengen und mit Salz und Pfeffer abschmecken. Die Füllung in die Gans stopfen und mit Küchengarn zunähen.
In einem großen Schmortopf die Gans in heißem Öl rundum anbraten. Die Gans auf die Brust legen und mit

etwas Fleischbrühe ablöschen. Im vorgeheizten Rohr die Gans je nach Größe zugedeckt bei 220°C etwa 3 Stunden schmoren lassen. Dabei einmal wenden und gelegentlich Fleischbrühe nachgießen und die Gans mit Sauce übergießen. Zum Schluß die Gans aus dem Schmortopf nehmen, auf den Rost legen und in ca. 20 Minuten knusprig braun werden lassen. Die Gans dabei öfter mit kaltem Wasser bepinseln.
Auf dem Herd die Sauce zubereiten. Den Bratensatz im Schmortopf mit etwas Wasser aufkochen. Die Sauce entfetten und mit Speisestärke binden. Noch etwas köcheln lassen, die Sahne unterrühren und mit Salz und Pfeffer abschmecken. Dazu Kartoffelknödel und Rotkrautsalat servieren.

Gefüllte Gans mit Äpfeln und Backpflaumen

(Für 4—6 Personen)

1 Gans, ca. 3 kg
Salz
Pfeffer aus der Mühle
1 TL Speisestärke, in etwas Wasser angerührt

Für die Füllung:
Gänse- oder Geflügelleber, Gänseherz und -magen
1—2 Brötchen, in etwas Weißwein eingeweicht und ausgedrückt
1 feingewiegte Zwiebel und 2 geschälte und gewürfelte Äpfel, in etwas Butter angedünstet
200 g entsteinte Backpflaumen
Salz
Pfeffer aus der Mühle
2 frische Majoranzweige, grob geschnitten
etwas grobgeschnittene Petersilie

Die Gans innen und außen mit Salz und Pfeffer einreiben. Für die Füllung Leber, Herz und Magen zusammen mit den Brötchen durch einen Fleischwolf drehen. Zwiebel- und Apfelwürfel und die Backpflaumen dazugeben. Mit Salz und Pfeffer würzen und die Kräuter untermischen. Die Gans damit füllen und mit Küchengarn zunähen.

Den Backofen auf 200°C vorheizen und die Gans auf den Rost legen. Die Fettpfanne darunterschieben und die Gans während des Bratens immer wieder mit etwas Wasser begießen. Je nach Größe die Gans etwa 3 Stunden lang braten. Nach 1½ Stunden wenden und in der letzten Viertelstunde öfter mit kaltem Salzwasser bepinseln, damit die Haut schön knusprig wird.

Den Bratenfond aus der Fettpfanne in einen Topf gießen. Den Bratensatz mit ½ l kochendem Wasser ablöschen, mit einem Holzspachtel lösen und in den Topf gießen. Das Gansfett abschöpfen und für weitere Gerichte aufbewahren. Die Sauce mit Speisestärke binden und noch etwas köcheln lassen. Zur Gans Kartoffelknödel und Selleriesalat servieren.

Minze

Unter den zahlreichen Minze-Arten sind die *Krause Minze* und die *Rundblättrige Gewürzminze* für die Kräuterküche am wichtigsten. Im Unterschied zum Mentholgeruch und -aroma der *Pfefferminze* hat die Krause Minze ein kräftig-würziges, eher kümmelartiges Aroma und paßt daher sehr gut zu Fleischgerichten.

Krause Minze (*Mentha spicata var. crispa*)
Rundblättrige Gewürzminze (*Mentha rotundifolia var. variegata*)

Bachminze (*Mentha aquatica*), wildwachsend
Ackerminze (*Mentha arvensis*), wildwachsend
Orangenminze (*Mentha piperita var. citrata*)
Mitcham-Pfefferminze (*Mentha piperita »Mitcham«*)
Poleiminze (*Mentha pulegium*)
Apfelminze (*Mentha rotundifolia*)
Ananasminze (*Mentha rotundifolia var. Bowles*)
Spearmint (*Mentha spicata var. spicata*)
Katzenminze (*Nepeta cataria*)
Zitronen-Katzenminze (*Nepeta cataria ssp. citriodora*)
Echte Bergminze (*Satureja calamintha*)

Alle Minz-Arten sind erhältlich bei

Blauetikett Bornträger GmbH
Heil- und Gewürzpflanzen
6521 Offstein

Inhaltsstoffe und Wirkung

Reichlich ätherisches Öl, vor allem Menthol; Vitamine, Gerb- und Bitterstoffe.

Gegen Nervosität; den Magen beruhigend, gut bei Darmbeschwerden und Blähungen; Minze fördert die Produktion und Sekretion der Gallenflüssigkeit.

Verwendung

Zu Salaten und Obstsalaten, zu Suppen, Salat- und Kräutersaucen; zu Karotten und Hülsenfrüchten, besonders zu Erbsen; zu Fisch, Hackfleisch und Fleischgerichten, vor allem zu Lamm und Wild; zu Joghurt und Quark; zu eisgekühlten Longdrinks, zu Cocktails und Bowlen und überbrüht als Tee.
Da Minze lange Ausläufer treibt, sollte man ihr eine eigene Gartenecke oder einen ganzen Fensterkasten zur Verfügung stellen.

Spinatsalat mit Minze

500 g Spinat, zerpflückt oder sehr grob geschnitten
1 feingewiegte Zwiebel
1 Handvoll Minzblätter, fein gewiegt

Für die Salatsauce:
Saft von ½ Zitrone
1 Prise Zucker
2 Knoblauchzehen, mit etwas Salz zerdrückt
1 Becher Joghurt
Salz
Pfeffer aus der Mühle
3 EL kaltgepreßtes Olivenöl

Spinatblätter, Zwiebel und Minze durchmischen. Die Salatsauce mit den genannten Zutaten anrühren, abschmekken und unterheben. Mit einigen zurückbehaltenen Minzblättern garnieren.

Orangen-Minz-Salat

4 Orangen
1 Grapefruit
ca. 3 EL Zucker
1 Handvoll frische Minzblätter, fein gewiegt
einige Eisbergsalatblätter zum Anrichten

Die Zitrusfrüchte schälen, halbieren oder vierteln und quer in Scheiben schneiden. Mit Zucker bestreuen und die Minzblätter untermischen. Etwas durchziehen lassen. Die Salatteller mit Eisbergsalatblättern auslegen und den Orangen-Minz-Salat darauf anrichten.

Minzsauce

(Zu Lammbraten)

2 Handvoll frische Minzblätter; krause Minze oder andere Arten, grob geschnitten
abgeriebene Schale und Saft von 1 Zitrone
Salz
1 TL Zucker
1 EL scharfer Senf
⅛ l Sonnenblumenöl oder kaltgepreßtes Olivenöl

Die Minze mit den genannten Zutaten in einen Rührbecher geben. Das Ganze mit dem Schnellmixstab eines Handrührers pürieren und dabei langsam nach und nach das Öl einrühren. Die Sauce abschmecken und mit einigen zurückbehaltenen Minzblättchen garnieren.

Marinierte Lammkoteletts vom Grill mit Minzsauce

8 Lammkoteletts mit langen Rippenknochen
etwas Sonnenblumenöl zum Bestreichen
Salz

Für die Marinade:
1/4—1/2 l frischgepreßter Orangensaft
abgeriebene Schale von 1/2 Orange
1 Rosmarinzweig
einige Spritzer Tabasco
1/8 l Sonnenblumen- oder Olivenöl

Für die Minzsauce:
2—3 Minzzweige, die Blätter abgezupft und fein gewiegt
3 EL Zucker
1 EL Salz
1—2 Tassen Weinessig
1 Tasse Wasser

Das Fleisch an den Lammkoteletts vom Knochen lösen und zum Kotelettstück hinschieben, die Fettränder einschneiden.
Die Marinade mit den genannten Zutaten anrühren und über die Lammkoteletts gießen. Das Fleisch zugedeckt über Nacht durchziehen lassen.
Das Fleisch dann mit Küchenkrepp trockentupfen und mit etwas Öl einstreichen. Auf dem Rost die Lammkoteletts dann auf jeder Seite etwa 4 Minuten grillen. Zum Schluß mit Salz und Pfeffer würzen.
Für die Minzsauce die Minzblätter, Zucker und Salz in Weinessig und Wasser verrühren, bis sich der Zucker gelöst hat. Die Sauce dann zu den Lammkoteletts servieren.

Feines Erbsen-Minz-Püree

500 g junge Erbsen
2 Kartoffeln, geschält, sehr klein gewürfelt
einige Spritzer Zitronensaft
1 Prise frischgeriebene Muskatnuß
Salz
Pfeffer aus der Mühle
einige Minzzweige, die Blätter abgezupft und fein gewiegt
einige EL Sahne
1 Scheibe Butter

Die jungen Erbsen mit den Kartoffelwürfeln in wenig Salzwasser weich kochen, mit dem Schnellmixstab eines Handrührers pürieren und dann durch ein Sieb streichen.
Das Püree mit Muskatnuß, Salz und Pfeffer abschmekken und die frische Minze untermischen. Zum Schluß Sahne und Butter unterziehen. Mit einigen Minzblättchen garnieren.

Buttermilch-Erbsen-Kaltschale

500 g junge Erbsen
einige frische Minzzweige, die Blätter abgezupft
Salz
Pfeffer aus der Mühle
1 Prise Zucker
1 Prise frischgeriebene Muskatnuß
½ l Buttermilch

Für die Garnitur:
einige zurückbehaltene Minzblättchen
etwas gekochter Schinken, in Streifen geschnitten
oder geröstete Weißbrotwürfel
oder 2 hartgekochte gewürfelte Eier

Die Erbsen in kochendem Salzwasser 5 Minuten blanchieren, dann in ein Sieb abgießen und unter kaltem Wasser abschrecken.

Dann in einem Rührbecher die blanchierten abgekühlten Erbsen zusammen mit den Minzblättern mit dem Schnellmixstab eines Handrührers pürieren. Die Buttermilch darunterrühren und das Ganze mit den Gewürzen abschmecken.
Die Erbsenkaltschale 1 Stunde lang in den Kühlschrank stellen und mit einer Garnitur belegt servieren.

Tomaten-Minz-Drink

1 l Tomatensaft
1 Prise Zucker
einige Spritzer Tabasco
Salz
Pfeffer aus der Mühle
einige Minzzweige, die Blätter fein gewiegt
4 Zitronenscheiben zum Garnieren

Den Tomatensaft mit den Gewürzen pikant süß-scharf abschmecken und die Minze unterrühren. Den Drink in 4 Gläser gießen und mit 1 Zitronenscheibe garnieren.

Green Leaves

einige frische Pfefferminzblättchen
2 cl Pfefferminz-Sirup (Sirup de Menthe)
1 cl Orangensirup (Sirup de Orangeade)
Tonic Water zum Auffüllen

In ein hohes Glas zuerst etwas gestoßenes Eis füllen, dann die Minzblättchen darauflegen. Den Fruchtsirup darübergießen, mit Tonic Water auffüllen und das Ganze umrühren.

Pfefferminztee auf tunesische Art

(Für 4 Tassen)

5 TL schwarzer Tee
2 Zweige frische Pfefferminze
Zucker

Den schwarzen Tee mit 4 Tassen kochendem Wasser überbrühen und 2 Minuten ziehen lassen. Die Minze in eine Teekanne auf einem Stövchen geben und den schwarzen Tee durch ein Sieb über die Minze gießen. 10 Minuten ziehen lassen.

Oregano/Dost (*Origanum vulgare*)

Zahlreiche griechische Oreganosorten, *rigani* genannt. Der heimische wildwachsende *Dost* ist geschmacklich nicht so intensiv wie die mediterranen Oregano-Arten. Er sollte in der Küche nur frisch verwendet werden. Getrocknet erinnert Dost eher an Minze.

Inhaltsstoffe und Wirkung

Ätherische Öle, Harz, Gerb- und Bitterstoffe.

Appetitanregend, verdauungsfördernd, galletreibend.

Verwendung

Zu Pizzas, Tomatengerichten und Tomatensaucen; zu Kartoffelsuppen, Hülsenfrüchten, vor allem Bohnen; zu Paprika-, Auberginen- und Zucchinigemüse; zu Kräutersaucen und Kräutermischungen; zu Schmorfleisch und zu Fischgerichten; Oregano ist Bestandteil des Chilipulvers beim Chili con carne.

Weißer Bohnensalat mit Oregano

(Für 4—6 Personen)

300—500 g weiße Bohnen

Für die Salatsauce:
½ Tasse kaltgepreßtes Olivenöl
3 EL Weinessig
Saft von ½ Zitrone
einige Knoblauchzehen, mit etwas Salz zerdrückt
2 feingewiegte Zwiebeln
1 EL edelsüßer Paprika
1 Zweig Oregano, die Blättchen abgezupft und fein gewiegt
etwas glatte Petersilie, grob geschnitten
Salz
Pfeffer aus der Mühle

Für die Garnitur:
einige schwarze Oliven, entsteint und halbiert
einige Tomaten, in dünne Scheiben geschnitten

Die Bohnen über Nacht einweichen und am nächsten Tag in frischem Wasser mit 2 Lorbeerblättern in etwa 1 Stunde weich kochen.
Die Salatsauce anrühren und unter die noch heißen, im Sieb abgetropften weißen Bohnen mischen. Den Salat einige Stunden durchziehen lassen und dann mit Oliven und Tomaten garniert servieren.

Pizza alla Napoletana

(*Neapoletanische Pizza*)

Für den Hefeteig:
ca. 400 g Mehl
1 Prise Salz
20 g zerbröselte Hefe
etwas lauwarmes Wasser
2 EL Schweineschmalz
etwas Schmalz oder kaltgepreßtes Olivenöl zum Bestreichen

Für den Belag:
ca. 1 kg Tomaten, blanchiert, geschält und klein geschnitten
250 g Mozzarellakäse, gewürfelt oder in Scheiben geschnitten
ca. 100 g Sardellenfilets
einige Basilikumblätter, in Streifen geschnitten oder fein gewiegt
1 Zweig Oregano, die Blättchen abgezupft und feingewiegt
Salz
Pfeffer aus der Mühle
etwas kaltgepreßtes Olivenöl oder zerlassenes Schweineschmalz zum Beträufeln

Mehl und Salz in eine Schüssel geben. In das Mehl eine Mulde drücken und die zerbröckelte Hefe hineingeben. Etwas lauwarmes Wasser dazugießen und mit der Hefe und etwas Mehl verrühren. Den Vorteig etwas gehen lassen.

Dann das Schweineschmalz dazugeben und alles zu einem mittelfesten Teig verarbeiten. Den Hefeteig zugedeckt wieder etwas gehen lassen.

Den Teig dann ½ cm dick ausrollen und ein ausgefettetes Backblech damit belegen. Die Teigränder etwas hochziehen und den Teig einige Male mit einer Gabel einstechen.

Den Teig dann mit Olivenöl oder mit Schweineschmalz bestreichen und die Tomaten darauf verteilen. Darüber

dann den Mozzarella streuen. Die Sardellenfilets gitterförmig darüberlegen. Basilikum, Oregano, Salz und Pfeffer darüberstreuen und das Ganze mit Olivenöl oder zerlassenem Schweineschmalz beträufeln. Die Pizza im vorgeheizten Rohr bei 220°C etwa ½ Stunde lang bei Oberhitze backen.
Die Pizza dann noch heiß in Rechtecke schneiden und sofort servieren. Dazu Rotwein reichen.

Rohe Tomatensauce mit Oregano

*ca. 750 g Tomaten,
blanchiert und geschält,
die Kerne entfernt
einige Knoblauchzehen,
mit etwas Salz zerdrückt
1 feingewiegte Zwiebel
2 Oreganozweige, die
Blättchen gerebelt
1 Handvoll Basilikum,
grob geschnitten
Salz
Pfeffer aus der Mühle
1 gute Prise Zucker
½ Tasse kaltgepreßtes
Olivenöl*

Die Tomaten mit Knoblauch, Zwiebel und den Kräutern verrühren und mit Zucker, Salz und Pfeffer abschmekken. Das Olivenöl unterrühren und die Sauce über Nacht durchziehen lassen.
Diese Sauce paßt gut zu Spaghetti oder anderen Teigwaren.

Pizza Romana
(*Römische Pizza*)

Pizzateig (siehe Rezept Seite 76)
etwas Olivenöl oder Schweineschmalz zum Bestreichen

Für den Belag:
500 g Tomaten, blanchiert, geschält und klein geschnitten
1 Handvoll Oregano- und Basilikumblätter, fein gewiegt
100 g gewürfelte Salami
150 g gewürfelter Mozzarellakäse
1 Tasse entsteinte schwarze Oliven, in Scheibchen geschnitten
6 Sardellenfilets, in Stücke geschnitten
Salz
Pfeffer aus der Mühle
etwas Olivenöl oder zerlassenes Schweineschmalz zum Beträufeln

Den ausgewellten Hefeteig auf ein ausgefettetes Backblech legen und die Ränder etwas hochdrücken. Den Teig mit Öl oder Schmalz bestreichen und mit einer Gabel einige Male einstechen.
Die Tomaten darauf verteilen und die Kräuter darüberstreuen. Die Pizza dann mit Salami- und Mozzarellawürfeln belegen. Die Olivenscheiben und die Sardellenstükke dazwischen verteilen und das Ganze schwach salzen und pfeffern.
Die Pizza mit Öl oder zerlassenem Schweineschmalz beträufeln und im vorgeheizten Rohr bei 200°C etwa ½ Stunde lang backen. Noch heiß in Portionsstücke schneiden und sofort servieren.

Rosmarin (*Rosmarinus officinalis*)

Inhaltsstoffe und Wirkung

Ätherische Öle, Kampfer, Gerb- und Bitterstoffe, Harz, Saponin.

Nerven- und kreislaufstärkend, appetitanregend, galletreibend, krampflösend im Bereich des Magen-Darmtrakts.

Verwendung

Rosmarin sollte nicht überdosiert werden. Zu Suppen, Eintöpfen, Kartoffelgerichten, Teigwaren; zu Salaten, Tomatengerichten, Gemüse; zu Kräutersaucen, Marinaden und Beizen; zu Lamm- und Schweinebraten, zu Hackfleisch, Geflügel, Wildbret und zu Fischgerichten.

Lammtopf mit Auberginen

1 kg Lammschulter, ausgelöst, Fett und Sehnen abgetrennt, in 4 Stücke geschnitten
einige Knoblauchzehen
einige Pfefferkörner
1—2 EL Rosmarinnadeln, fein gewiegt
1 TL abgezupfte Thymianblättchen, fein gewiegt
etwas Olivenöl zum Anbraten
Salz
1 feingewiegte Zwiebel
½ l Fleischbrühe
3 mittelgroße Auberginen, mit der Schale in fingerdicke Scheiben geschnitten
½ ungeschälte Salatgurke, in Scheiben geschnitten
3 Tomaten, blanchiert, geschält, geviertelt
100 g schwarze Oliven, entsteint
1—2 EL Grenadine-Sirup (Sirup von Granatäpfeln), mit dem Saft von 1 Zitrone verrührt

In einem Porzellanmörser in etwas Salz Knoblauchzehen, Pfefferkörner, Rosmarinnadeln und Thymian zerstoßen und die Lammstücke damit einreiben. Das Fleisch dann zugedeckt etwas durchziehen lassen.
Die Auberginenscheiben mit Salz bestreuen und etwas ziehen lassen.
In einem Schmortopf das Fleisch in heißem Öl rundum kräftig anbraten und dann salzen. Die Zwiebel mit andünsten, dann mit der Fleischbrühe aufgießen. Die Auberginenscheiben mit Küchenkrepp trockentupfen und dazugeben. Das Ganze zugedeckt bei milder Hitze 1 Stunde schmoren lassen.
Dann die Gurkenscheiben, Tomaten, das Tomatenmark und die entsteinten Oliven in den Topf geben und Zitronensaft und Grenadine unterrühren. Alles noch 40 Minuten im offenen Topf bei schwacher Hitze schmoren lassen. Dabei häufig umrühren.

Gebackene Lammkeule

(Für 4—6 Personen)

2—2½ kg Lammkeule, ausgelöst
Salz
einige Pfefferkörner
2 Zweige Rosmarin
1 Zweig Thymian
einige Salbeiblätter
einige EL Sonnenblumenöl zum Einreiben
etwas Sonnenblumenöl zum Anbraten
1 Stück Butter zum Füllen der Keule
etwas Butter zum Ausfetten des Bräters oder einer Form
1 ganz belassene Knoblauchknolle

Teigdeckel für den Bräter oder die Form:
500 g Mehl
1 EL Salz
ca. ¼ l lauwarmes Wasser
2—3 EL Sonnenblumenöl
etwas Salzwasser zum Bestreichen

Zuerst den Teig zubereiten. In das Mehl auf einer Arbeitsfläche eine Mulde drücken, Wasser hineingießen und von der Mitte aus einen glatten Teig kneten. Salz und Öl unterarbeiten, eine Kugel formen und zugedeckt warm stellen.
Die Hälfte der Kräuter zum Einreiben der Lammkeule verwenden. Die Blätter abzupfen und zusammen mit Salz und einigen Pfefferkörnern im Mörser zerstoßen. Die Lammkeule mit Öl und mit den Gewürzen innen und außen einreiben. In die Knochenöffnung 1 Stück Butter schieben. Die Lammkeule dann leicht zusammenrollen und mit einem Spießchen feststecken oder mit Küchengarn zusammenbinden. In einem Bräter in heißem Öl die Keule rundum knusprig anbraten und dann wieder herausnehmen.
Einen Bräter oder eine feuerfeste Form ausbuttern, die Lammkeule hineinlegen und mit den restlichen Kräutern belegen. Die Knoblauchknolle dazugeben.
Die Teigkugel nochmals durchkneten und auf einer bemehlten Unterlage möglichst dünn auswellen. Die Teigscheibe sollte etwa 10 cm größer als der Bräter sein und den Topfrand überlappen.
Den Topfrand gut mit Wasser anfeuchten. Den Teigdeckel mit einer Gabel mehrere Male einstechen und über die Lammkeule auf den Topf legen. Die Ränder leicht andrücken und den Teig mit Salzwasser bepinseln.
Die Lammkeule dann im vorgeheizten Backofen bei 220 °C ½ Stunde backen. Die Temperatur dann auf 200 °C reduzieren und die Keule noch ½ Stunde backen. Im abgeschalteten Rohr die Keule unter der Teigkruste noch 15 Minuten ruhen lassen. Den Teigdeckel dann vorsichtig aufbrechen und die Keule in Scheiben schneiden. Die Teigstücke und die weiche Knoblauchknolle dazu servieren.
Als Beilagen eignen sich gebackene Kartoffeln: Ca.

8 Kartoffeln, die Schale oben kreuzweise eingeschnitten, mit Öl bestrichen und gesalzen; zusammen mit der Lammkeule im Ofen gebacken; und Gemüse nach Saison.

Geschmortes Kaninchen mit Rosmarin

1 Kaninchen, in Portionsstücke geteilt
Salz
Pfeffer aus der Mühle
abgeriebene Schale von 1 Zitrone
150 g durchwachsener frischer Schweinebauch, in Würfel geschnitten
2 feingewiegte Zwiebeln
einige Knoblauchzehen, mit etwas Salz zerdrückt
2 Rosmarinzweige
etwas Mehl zum Überstäuben
¼ l trockener Weißwein
½ l Fleischbrühe
1 EL scharfer Senf
1 EL Mehl mit 1 Scheibe Butter verknetet
⅛ l Crème fraîche
1 Bund Frühlingszwiebeln, in Stücke geschnitten und in etwas Butter angedünstet

Die Kaninchenstücke mit Salz, Pfeffer und der abgeriebenen Zitronenschale einreiben. In einem Schmortopf langsam bei schwacher Hitze die Schweinebauchwürfel auslassen. Die Speckwürfel dann aus dem Topf nehmen und für das spätere Bestreuen des Kartoffelpürees bereithalten.
Im heißen Fett die Kaninchenstücke rundum hell anbraten. Die Zwiebeln, Knoblauch und die Rosmarinzweige dazugeben, etwas Mehl darüberstäuben und alles durchrühren. Mit Wein und Fleischbrühe aufgießen und den Senf unterrühren.
Das Kaninchen im geschlossenen Topf bei schwacher

Hitze etwa 1 Stunde lang schmoren lassen. Das Fleisch dann aus dem Topf nehmen und warm stellen. Den Schmorfond durch ein Sieb passieren, entfetten und wieder erhitzen. Die Mehlbutter einrühren und die Sauce cremig einkochen lassen. Die Crème fraîche unterrühren und die Kaninchenstücke und die Frühlingszwiebeln zur Sauce geben.
Als Beilagen eignen sich Kartoffelpüree mit gerösteten Schweinebauchwürfeln, Salate nach Saison.

Täubchen mit Kräuterfülle und Rosmarinkartoffeln

4 Täubchen
Salz
Pfeffer aus der Mühle
einige zerdrückte Wacholderbeeren
½ TL Fenchelsamen, im Mörser zerstoßen
⅛–¼ l trockener Weißwein

Für die Kräuterfüllung:
2 altbackene Brötchen, eingeweicht und ausgedrückt
1 feingewiegte, in Butter gedünstete Zwiebel
1 Ei
1 Handvoll Salbeiblätter
1 Handvoll Fenchelgrün
1 Bund glatte Petersilie, grob geschnitten
Salz
Pfeffer aus der Mühle
ca. 1 kg Kartoffeln, geschält und in Würfel geschnitten
⅛–¼ l kaltgepreßtes Olivenöl
Salz
Pfeffer aus der Mühle
ca. 3 Rosmarinzweige

Die Kartoffeln in eine Reine oder einen Bräter legen und reichlich mit Olivenöl übergießen. Salzen und pfeffern und die Rosmarinzweige dazwischen verteilen. Die Kar-

toffeln dann im vorgeheizten Backofen bei 180°C etwa 1½ Stunden lang braten.
Inzwischen die 4 Täubchen innen und außen mit Salz, Pfeffer, Wacholderbeeren und Fenchelsamen einreiben. In einer Schüssel die Füllung gut durchmengen und mit Salz und Pfeffer abschmecken. Die Täubchen damit füllen und mit Küchengarn zunähen. In einer Schmorpfanne in heißem Olivenöl die Täubchen dann rundum braun anbraten.
Die Täubchen nach 1¼ Stunden Garzeit zu den Kartoffeln in den Backofen geben. Den Bratensatz in der Pfanne mit Weißwein loskochen und über die Täubchen gießen. Nach 15 Minuten den Ofen ausschalten und die Täubchen in der Nachhitze noch 20 Minuten garen lassen.
Die gefüllten Täubchen dann halbieren und mit den Rosmarinkartoffeln servieren.
Als Beilage eignet sich in Olivenöl gedünsteter Blattspinat mit 1 feingewiegten Zwiebel und etwas Knoblauch.

Salbei (*Salvia officinalis*)

Zahlreiche Sorten rotblättriger Salbei, fiederblättriger Salbei, Muskatellersalbei (*Salvia sclarea*), im Aroma muskatartig, an Lavendel erinnernd.

Inhaltsstoffe und Wirkung

Ätherische Öle, Gerb- und Bitterstoffe, Harz.

Verdauungsfördernd, leber- und galleanregend, schweißhemmend, keimhemmende Wirkung.

Verwendung

Zu Leber, Hackbraten, Geflügel und Geflügelfarcen; zu Schweinebraten und -koteletts, zu Kalbsbrust und Kalbsschnitzel, zu Hammel und Wild; zu Fisch, vor allem Aal, zu Käsegerichten und zu Gewürzmischungen.

Salbeisauce

2 Handvoll frische Salbeiblätter, fein gewiegt
3 feingewiegte Zwiebeln
2 Scheiben Butter
1—2 EL Mehl
¼—½ l Fleischbrühe
Salz
Pfeffer aus der Mühle
einige Spritzer Weinessig

In einem Topf in der zerlassenen Butter unter ständigem Rühren die Zwiebeln und die Salbeiblätter andünsten. Mehl darüberstäuben und durchrühren. Mit Fleischbrühe unter Rühren langsam aufgießen und die Sauce bei schwacher Hitze ¼ Stunde lang köcheln lassen. Mit Salz, Pfeffer und Weinessig abschmecken.
Diese Sauce paßt zu Kalbsschnitzel, Schweinekoteletts, Ente und Hähnchen.

Italienischer Bohnensalat mit Hähnchenleber

250 g weiße Bohnen, über Nacht eingeweicht
1 kleingeschnittene Zwiebel
ca. 8 frische Salbeiblätter
einige geschälte kleingeschnittene Knoblauchzehen
2 Tomaten, blanchiert, geschält und klein geschnitten
Salz
Pfeffer aus der Mühle
einige Frisée- oder Eisbergsalatblätter zum Anrichten
2 EL Weinessig
einige EL kaltgepreßtes Olivenöl
250 g Hähnchenleber

In einem Topf in frischem Wasser die eingeweichten weißen Bohnen zusammen mit der Zwiebel, den Salbeiblättern und dem Knoblauch in etwa 45 Minuten weich kochen. Das Ganze dann durch ein Sieb gießen und in eine Schüssel geben. Die Tomaten und einige EL Olivenöl untermischen und mit Salz und Pfeffer würzen.
Die Hähnchenleber in heißem Olivenöl rundum knusprig anbraten und dann bei schwacher Hitze noch ca. 5 Minuten garen; schräg in dünne Scheiben schneiden und mit Salz und Pfeffer würzen.
Die Salatblätter in einer Mischung aus Weinessig, Olivenöl, Salz und Pfeffer schwenken und auf Salatteller legen. Die weißen Bohnen darauf verteilen und die Leberscheiben darauf anrichten.
Dazu Toastbrot oder Bauernbrot reichen.

Saltimbocca

(Italienische Salbei-Kalbsschnitzel)

(Saltimbocca = »Spring in den Mund«)

8 dünngeschnittene Kalbsschnitzel, Sehnen und Häute entfernt, mit der Hand flach gedrückt
etwas Mehl zum Wenden
8 Scheiben Parmaschinken
8 frische große Salbeiblätter
3 EL Olivenöl zum Braten
2 Scheiben Butter
Salz
Pfeffer aus der Mühle
1 Glas trockener Weißwein zum Beträufeln

Die Kalbsschnitzel in Mehl wenden und überschüssiges Mehl wieder abklopfen. Jedes Schnitzel mit 1 Schinkenscheibe und 1 Salbeiblatt belegen. Schinken und Salbeiblatt flach mit einem Holzspießchen oder Zahnstocher feststecken.

In einer großen Pfanne das Olivenöl erhitzen und die Schnitzel auf der unbelegten Seite bei starker Hitze kurz anbraten. Das Öl dann abgießen und die Butter in die Pfanne geben. Bei schwacher Hitze die Salbeischnitzel weiter braten und ständig mit flüssiger Butter übergießen, bis das Fleisch fest und hell wird.

Die Schnitzel dann wenden und noch kurz auf der belegten Seite braten. Mit Salz und Pfeffer würzen, anrichten und mit etwas Weißwein beträufeln.

Dazu Reis oder gebratene Kartoffeln; Salat nach Saison.

Kalbfleisch-Salbeiröllchen

8 dünne Kalbsschnitzel, aus der Keule geschnitten, mit der Hand flach gedrückt
8 Scheiben roher Schinken
Salz
Pfeffer aus der Mühle
8 frische schöne Salbeiblätter
8 Scheiben gepökelter durchwachsener Schweinebauch zum Umwickeln der Röllchen
3 EL Sonnenblumenöl zum Braten
⅛ l trockener Weißwein

Die Kalbsschnitzel leicht salzen und mit 1 Schinkenscheibe und 1 Salbeiblatt belegen. Mit Pfeffer bestreuen und die Scheiben zusammenrollen. Die Röllchen dann mit 1 Scheibe Schweinebauch umwickeln und mit Holzspießchen feststecken oder mit Küchengarn zusammenbinden.
Die Kalbfleischröllchen in einem Schmortopf oder in einer Schmorpfanne in heißem Öl rundum scharf anbraten und dann bei mittlerer Hitze zugedeckt in 15—20 Minuten fertig braten. Die Röllchen dabei immer wieder mit Bratfett begießen und öfter wenden.
Die Kalbsröllchen anrichten. Den Bratensatz mit Weißwein ablöschen, entfetten und darübergießen.

Salbeiwurst vom Grill

ca. 800 g Lyoner oder andere Fleischwurst, die Haut abgezogen; gleichmäßig eingekerbt
Pfeffer aus der Mühle
etwas feingewiegter frischer Majoran
einige frische Salbeiblätter
etwas Sonnenblumen- oder Olivenöl zum Bestreichen der Wurst

Die Fleischwurst kräftig mit Pfeffer einreiben. In die Kerben etwas Majoran streuen und jeweils 1 Salbeiblatt stecken. Die Wurst dann mit Öl bestreichen und auf dem Rost grillen. Einmal wenden.

Thymian (*Thymus vulgaris*)

Verschiedene Sorten; Zitronenthymian mit feinem Zitronenaroma; Quendel/Feldthymian (*Thymus serpyllum*)

Inhaltsstoffe und Wirkung

Ätherisches Öl, Gerb- und Bitterstoff, Saponine, Harze.

Appetitanregend, verdauungsfördernd, keimhemmende Wirkung.

Verwendung

Vor allem zu Gewürzmischungen; zu Hackfleisch, Schweinefleisch, Hammel, Kaninchen; zu Geflügel und Geflügelfarcen; zu gebratenem Fisch, zu Kartoffel- und Tomatengerichten, zu Gemüsesuppen, zu Saucen, Hülsenfrüchten und Käse.

Thymiansauce

(Zu in der Pfanne gebratenem Fleisch)

1—2 EL Sonnenblumenöl
einige feingewiegte Knoblauchzehen
einige Thymianzweige, die Blättchen von den Stielen gestreift oder gezupft
Saft von 1 Zitrone
Bratenfond vom Fleisch in der Pfanne, mit 1 Tasse Wasser losgekocht
1/8 l Sahne
Salz
Pfeffer aus der Mühle

Die Knoblauchzehen und den Thymian in heißem Öl unter ständigem Rühren kurz andünsten. Mit Zitronensaft und Bratenfond aufgießen. Die Sahne darunterrühren, die Sauce einmal aufkochen und etwas einkochen lassen. Die Sauce nach Belieben noch durch ein Sieb streichen und mit Salz und Pfeffer abschmecken.

Thymianzwiebeln in Wein

ca. 750 g Zwiebeln, in dicke Ringe geschnitten
einige mit etwas Salz zerdrückte Knoblauchzehen
1—2 Scheiben Butter
2 Zweige Thymian, die Blättchen gerebelt
Salz
Pfeffer aus der Mühle
1 Prise Zucker
1—2 EL Mehl
Saft von 1/2 Zitrone
1/4 l trockener Weißwein
1/8 l saure Sahne
1 Bund Schnittlauch, in Röllchen geschnitten, zum Bestreuen

In einem Schmortopf in zerlassener Butter bei schwacher Hitze die Zwiebelringe glasig dünsten. Die Knob-

lauchzehen darunterrühren und kurz mitdünsten. Die Thymianblättchen dazugeben und mit Salz, Pfeffer und 1 Prise Zucker würzen.
Mehl darüberstäuben und alles durchrühren. Mit Zitronensaft und Weißwein aufgießen und die Zwiebeln bei milder Hitze zugedeckt 20—30 Minuten köcheln lassen. Zum Schluß die saure Sahne unterrühren. Die Thymianzwiebeln anrichten und mit Schnittlauchröllchen bestreuen.
Die Thymianzwiebeln eignen sich gut als Beilage zu Fleischgerichten.

Kartoffelgratin mit Thymian

1 kg Kartoffeln, geschält und in dünne Scheiben geschnitten
Salz
Pfeffer aus der Mühle
2 Zweige Thymian, die Blättchen gerebelt
100 g Gruyère oder anderer Hartkäse, gerieben
¼ l Milch
1 Tasse saure Sahne
2 Eier, verquirlt
etwas Butter zum Ausfetten der Auflaufform
Butter in Flöckchen zum Belegen

Die Milch mit der sauren Sahne und den Eiern verquirlen. Die Kartoffelscheiben in zwei Lagen in eine ausgebutterte Auflaufform schichten. Jede Schicht mit Salz, Pfeffer, Thymian und geriebenem Käse bestreuen. Die Eiermasse darübergießen und das Gratin reichlich mit Butterflöckchen belegen. Im vorgeheizten Rohr bei 200°C 30 Minuten lang backen.

Hähnchenröllchen mit Thymian

8 dünngeschnittene Hähnchenbrustfilets
Salz
Pfeffer aus der Mühle
8 Scheiben magerer Räucherspeck
2 Zweige Thymian, die Blättchen gerebelt
2 EL Sonnenblumenöl zum Anbraten
¼ l trockener Weißwein
½ Tasse Sahne

Die Hähnchenbrustfilets auf beiden Seiten mit Salz und Pfeffer einreiben und auf Räucherspeckscheiben legen. Mit Thymian bestreuen, zusammenrollen und mit Küchengarn zusammenbinden oder mit Spießchen feststecken.
In einem Schmortopf in heißem Öl die Röllchen rundum kräftig anbraten. Etwas Weißwein angießen und die Röllchen etwa 10 Minuten zugedeckt schmoren lassen. Dabei gelegentlich Wein nachgießen. Zum Schluß die Sahne dazugießen, die Sauce etwas einkochen lassen und mit Salz und Pfeffer abschmecken. Dazu Reis und Salate nach Saison servieren.

Thymian-Steaks

4 Rindersteaks

Für die Marinade:
1 Tasse kaltgepreßtes Olivenöl
einige Knoblauchzehen, mit etwas Salz zerdrückt
1 feingewiegte Zwiebel
2 Zweige Thymian
1 Bund glatte Petersilie, grob geschnitten
Salz
Pfeffer aus der Mühle
⅛ l trockener Weißwein

Die Marinade über die Steaks gießen. Das Fleisch zugedeckt über Nacht durchziehen lassen. Gelegentlich wenden.

Die Steaks aus der Marinade nehmen und ohne Fettzugabe in einer beschichteten Pfanne auf beiden Seiten kurz anbraten. Die Ölmarinade durch ein Sieb darübergießen und die Thymianzweige dazugeben. Die Steaks auf jeder Seite 2—4 Minuten braten, dann salzen und pfeffern und warm stellen.
Das Öl aus der Pfanne abgießen und die Thymianzweige entfernen. Die im Sieb verbliebenen Knoblauchzehen und die Zwiebel in die Pfanne und zusammen mit der Petersilie unter Rühren andünsten. Mit Weißwein ablöschen und mit Salz abschmecken. Die Sauce dann über die Steaks gießen.

Marinierte Heringe

4 filetierte frische Heringe
¼ l trockener Sherry zum Übergießen

Zur Marinade:
2 Zwiebeln, in Ringe geschnitten
¼ l Sherryessig
¼ l Estragonessig
einige leicht zerdrückte Wacholderbeeren
einige Pimentkörner
2 frische Thymianzweige
2 Lorbeerblätter
1 TL Zucker
1 TL Salz

Die Heringfilets waschen, mit Küchenkrepp trockentupfen und in ein passendes Gefäß aus Glas oder Keramik schichten. Die Marinade mit den genannten Zutaten einmal kurz aufkochen und dann abkühlen lassen. Die Marinade über die Heringe gießen, die ganz mit Flüssigkeit bedeckt sein müssen.
Die Heringe im Kühlschrank zugedeckt 1 Woche durchziehen lassen. Dann die Fischfilets aus der Marinade nehmen und mit Sherry beträufelt servieren. Dazu gebutterte Toast- oder Weißbrote und eine Salatplatte reichen.

Sauer eingelegte Pilze

500 g kleine Pilze mit noch fest geschlossenen Köpfen; weiße oder braune Champignons (Egerlinge), Braunkappen oder Shiitake

3 Lorbeerblätter
3 frische Thymianzweige
1—2 EL Pfefferkörner
Salz
1 l Weißweinessig

Die Pilze in kochendem Salzwasser 2 Minuten blanchieren, dann durch ein Sieb abgießen und in ein großes Schraubglas füllen. Lorbeerblätter, Thymianzweige, Pfefferkörner und etwas Salz dazugeben und mit Weißweinessig aufgießen. Die Pilze vor der Verwendung 1 Monat durchziehen lassen. Innerhalb eines halben Jahres aufbrauchen.
Die Pilze passen zu Fleisch und Geflügel vom Grill, zu kaltem Braten und Schinken, zu Wurstaufschnitt und kalten Platten.

Kräuterfladen

Für den Teig:
500 g Weizenvollkornmehl
10 g Hefe
ca. ½ l lauwarmes Wasser
1 EL Salz
100 g weiche Butter in Flöckchen
etwas Olivenöl zum Beträufeln

Für den Belag:
frische Kräuter: 2 Zweige Thymian, die Blättchen gerebelt, einige Salbeiblätter, klein geschnitten, 1 EL Rosmarinnadeln, fein gewiegt, etwas Basilikum, grob geschnitten
einige Knoblauchzehen, geschält und in Stifte geschnitten

Für den Teig die Hefe mit etwas Mehl und Wasser verrühren und kurz gehen lassen, bis sich Blasen zeigen. Den Teig mit dem restlichen Mehl und Wasser verkneten und Salz und Butterflöckchen einarbeiten. Den Teig dann zu einer Kugel formen und an einem warmen Ort 2 Stunden gehen lassen.
Den Teig dann nochmals durchkneten und für die Fladen in 10 Portionen teilen. Aus jeder Portion runde Fladen formen und noch leicht auswellen.
Die Fladen auf ein ausgefettetes Backblech legen und mit den Kräutern belegen. Die Knoblauchstifte in den Teig stecken. Die Fladen 10 Minuten gehen lassen, dann mit Olivenöl beträufeln und im vorgeheizten Backofen 20—30 Minuten backen.

Ysop (*Hyssopus officinalis*)

Inhaltsstoffe und Wirkung

Ätherisches Öl, Bitter- und Gerbstoff, Harz, reichlich Vitamin C.

Appetitanregend, magenstärkend, verdauungsanregend, harntreibend; schleimlösend bei Husten, antibakterielle Wirkung.

Verwendung

Ysop ist ein Allround-Gewürz, das fast überall paßt. Zu Gewürzmischungen, zu Salaten, Saucen, Suppen, zu Hülsenfrüchten, Kartoffelgerichten, zu Gemüse und Käse, zu Hackfleisch und zu Fleischgerichten, zu Wildbret, Geflügel und Fisch.

Erbsensuppe mit Würstchen

(Für 4—6 Personen)

750 g junge grüne Erbsen, frisch gepalt, tiefgefroren oder aus der Dose
1½ l Fleischbrühe
1 Stange Porree, in Ringe geschnitten
1 kleine Schüssel junge Brennesseltriebe, in etwas Butter kurz angedünstet
200 g Karotten, geschält und klein gewürfelt
frische Kräuter: 1 Zweig Ysop, gerebelt, 1 Zweig Majoran, klein geschnitten, etwas glatte Petersilie, grob geschnitten
1 Prise Zucker
Salz
Pfeffer aus der Mühle
½ Tasse Sahne
6 Paar Frankfurter Würstchen, in Scheibchen geschnitten

Die Fleischbrühe aufkochen, Porree, Brennesseln und Kartoffeln dazugeben und alles zugedeckt bei mittlerer Hitze 20 Minuten köcheln lassen. Erbsen und Kräuter dazugeben und einige Minuten mitziehen lassen. Die Suppe dann mit dem Schnellmixstab eines Handrührers pürieren und durch ein Sieb streichen.
Die Erbsensuppe wieder erhitzen und mit 1 Prise Zukker, Salz und Pfeffer abschmecken. Die Sahne unterrühren und die Würstchen einige Minuten in der Suppe gar ziehen lassen.

Kräuterbuletten mit Ysop

ca. 750 g gemischtes Hackfleisch; auch Bratenreste, durch den Fleischwolf gedreht
1 feingewiegte Zwiebel, in etwas Butter angedünstet
1 altbackenes Brötchen, in Wasser eingeweicht und wieder ausgedrückt
3 Eier
1—2 Ysopzweige, die Blätter gerebelt und feingewiegt
1 Zweig Thymian, die Blättchen gerebelt
1—2 junge Majoranzweige, grob geschnitten
1—2 TL Sardellenpaste
etwas abgeriebene Zitronenschale
Salz
Pfeffer aus der Mühle

Für die Panade:
1 verquirltes Ei
Semmelbrösel
Sonnenblumenöl oder Fett zum Braten

Das Hackfleisch mit den genannten Zutaten vermengen und mit Salz und Pfeffer abschmecken. Aus dem Fleischteig mit befeuchteten Händen nicht zu große Buletten formen, durch das verquirlte Ei ziehen und in Semmelbröseln wälzen.
Die Buletten bei mittlerer Hitze langsam auf beiden Seiten knusprig braten. Mit Kartoffelsalat und Salaten nach Saison servieren.
Zu kalten Buletten Senf, Soleier, Gewürzgurken und Weißbrot reichen.

Tomaten-Avocado-Salat

5 Tomaten, blanchiert, geschält und quer in dünne Scheiben geschnitten
1 Avocado, geschält, halbiert und entsteint, in kleine Würfel geschnitten und mit Zitronensaft beträufelt

Für die Salatsauce:
Saft von ½ Zitrone
4—5 EL kaltgepreßtes Olivenöl
2 TL scharfer Senf
1 Prise Zucker
Salz
Pfeffer aus der Mühle
einige Knoblauchzehen mit etwas Salz zerdrückt
1 feingewiegte Zwiebel
1 Zweig Ysop, die Blätter abgestreift und fein gewiegt
etwas grobgeschnittenes Basilikum
1 Zweig Zitronenmelisse, die Blätter abgezupft und grob geschnitten

Salatteller mit den Tomatenscheiben auslegen und die Avocadowürfel in die Mitte setzen. Die Salatsauce anrühren, abschmecken und auf dem Salat verteilen.

Tomatensauce mit Ysop

750 g Tomaten, blanchiert und geschält; oder geschälte Tomaten aus der Dose
1 feingewiegte Zwiebel
einige geschälte kleingeschnittene Knoblauchzehen
3 EL kaltgepreßtes Olivenöl
1 Tasse Fleischbrühe
1—2 Ysopzweige, die Blätter gerebelt
etwas grobgeschnittenes Basilikum
einige feingewiegte Rosmarinnadeln
2 Lorbeerblätter
2 TL Zucker
Pfeffer aus der Mühle
Salz

In einem Topf in heißem Olivenöl Zwiebel und Knoblauch andünsten. Die Tomaten dazugeben und zerdrükken. 1 Tasse Fleischbrühe angießen, Kräuter und Lorbeerblätter dazugeben und die Sauce nicht ganz zugedeckt bei schwacher Hitze 45 Minuten lang köcheln lassen. Zum Schluß die Lorbeerblätter entfernen und die Sauce ohne Deckel dicklich einkochen lassen. Mit Zukker, Salz und Pfeffer abschmecken.
Diese Sauce paßt gut zu Teigwaren aller Art.

Zitronenmelisse (*Melissa officinalis*)

Inhaltsstoffe und Wirkung

Ätherisches Öl, Gerb- und Bitterstoffe, Harze, Vitamine.

Appetitanregend, magenstärkend; beruhigende Wirkung auf den gesamten Organismus.

Verwendung

Zu allen Gerichten, die man mit Zitronensaft oder abgeriebener Zitronenschale würzen könnte. Das feine Zitronenaroma der Melisse harmoniert mit vielen Gerichten. Zitronenmelisse paßt zu Salaten, Kräutersaucen, Suppen, Gemüsen und Pilzgerichten; zu Fleisch, Wild, Geflügel und Fisch; zu Bowlen und Drinks; zu Kräutermischungen.

Gurken-Früchte-Salat mit Zitronenmelisse

1 Salatgurke, gut gewaschen; ungeschält längs halbiert, die Kerne herausgeschabt, in dünne Scheiben geschnitten
1 Orange, geschält und in Filets geschnitten
je 150 g grüne und blaue Trauben, halbiert und die Kerne entfernt
1 Melone, das Fruchtfleisch gewürfelt
1 Bund Zitronenmelisse, grob geschnitten
1 Zweig Estragon, die Blätter abgestreift und klein geschnitten
100 g Sahne, halbfest geschlagen
1 Glas Sherry
einige Spritzer Tabasco
1 TL Zucker
Salz
Pfeffer aus der Mühle

Für die Salatsauce:
Saft von ½ Zitrone

Gurke und Früchte vermischen und anrichten. Die Salatsauce mit den genannten Zutaten anrühren, abschmekken und über den Salat gießen.

Tintenfischsalat

500 g Tintenfisch, frisch, tiefgefroren oder aus der Dose
½ Kopf Chinakohl, in Streifen geschnitten
2 geraffelte Karotten
½ Tasse entsteinte schwarze Oliven

Für die Marinade:
5 EL Weinessig
3 EL kaltgepreßtes Olivenöl
Salz
Pfeffer aus der Mühle
abgeriebene Schale von ½ Zitrone
1—2 Zweige Zitronenmelisse, die Blätter abgezupft und grob geschnitten

Die Tintenfische aufschlitzen, Haut und Darm entfernen und in schmale Ringe schneiden. In etwas Wasser weich kochen.
Die Marinade anrühren und die Tintenfischringe darin ½ Stunde ziehen lassen. Chinakohl, Karotten und Oliven anrichten. Die Marinade unterheben und die Tintenfischringe auf dem Salat verteilen. Noch 20 Minuten durchziehen lassen.

Melissen-Aperitif

1 Handvoll Zitronenmelissen-Blätter
¼ l Wasser
8 cl Chartreuse grün (Likör)
¾ l trockener Weißwein

Einige Melissenblätter zum Garnieren zurückbehalten. Die anderen Melissenblätter mit ¼ l kochendem Wasser überbrühen und 5 Minuten ziehen lassen. Den Melissensud durch ein Sieb gießen und abkühlen lassen.
Dann den Melissensud mit dem Likör mischen und auf Eiswürfel in Longdrinkgläsern gießen. Mit Weißwein auffüllen und mit Melissenblättern dekorieren.

Melissen-Beeren-Aperitif

(Für 1 Drink)

3 zerstoßene Eiswürfel
einige Zitronenmelissenblätter, fein gewiegt
einige frische Erdbeeren, Himbeeren, Brombeeren oder Johannisbeeren
1 TL Zitronensaft
3 cl Campari
trockener Sekt zum Auffüllen
1 Zitronenscheibe

Zerstoßenes Eis, Früchte und Melissenblätter in ein hohes Glas füllen. Zitronensaft und Campari dazugießen und mit Sekt auffüllen. Den Aperitif nicht umrühren. Mit 1 Zitronenscheibe und 1 Melissenblatt garnieren.

Melissen-Buttermilch-Drink

¾ l Buttermilch
1 Becher Joghurt
abgeriebene Schale von ½ Zitrone
Saft von 1 Zitrone
1 Prise Zucker
1 Handvoll Zitronenmelissenblätter, fein gewiegt

Buttermilch, Joghurt und Zitronensaft verquirlen. Mit Zucker abschmecken und Zitronenschale und Melissenblätter unterrühren. Gut gekühlt servieren.

DOLDENGEWÄCHSE (*Umbelliferae*)

Anis (*Pimpinella anisum*)

Inhaltsstoffe und Wirkung

Ätherische Öle in den Früchten, Schleimstoffe, Cholin, Zucker, organische Säuren.

Die Gallenproduktion fördernd, krampflösend, verdauungsanregend; schleimlösend, reizstillend bei Husten.

Verwendung

Die süßlich-aromatischen *Samen* ganz oder zerquetscht zu Brot und Gebäck, zu Lebkuchen; zu Obstsuppen und Obstkompotten; zu Suppen und Saucen, zu fetten Speisen und Pilzgerichten, zu roten Beten, Rotkohl, Karotten und Gurken.

Junges *Anisgrün* in kleinen Mengen zu Fisch- und Meeresfrüchte-Salaten, zu grünen Salaten und zu Gemüsesalaten, zu Marinaden und Salatsaucen.

Kartoffel-Gurken-Salat mit Anisgrün

500 g gargekochte Pellkartoffeln, geschält und in Scheibchen geschnitten
½ Tasse heiße Fleischbrühe
1 feingewiegte Zwiebel
1 Salatgurke, geschält und in Scheibchen gehobelt
1 Handvoll junges Anisgrün, grob geschnitten

Für die Salatsauce:
3 EL Weinessig
2 EL kaltgepreßtes Olivenöl
Salz
Pfeffer aus der Mühle

Die noch warmen Kartoffelscheiben in einer Salatschüssel mit heißer Fleischbrühe übergießen. Die Zwiebel und die Salatsauce untermischen und den Salat 1 Stunde durchziehen lassen. Dann die Gurkenscheiben und das Anisgrün unterheben und mit Salz und Pfeffer nochmals abschmecken.

Zucchinicreme mit Anis

ca. 500 g Zucchini, in Stücke geschnitten
1 Porreestange, unterer heller Teil, in Ringe geschnitten
3 kleingeschnittene Knoblauchzehen
1 Scheibe Butter
1 TL Anissamen
½ l Hühnerbrühe
Salz
Pfeffer aus der Mühle
1 Gläschen Pernod oder Ricard (Anislikör)
1 Handvoll Anisblättchen

In einem Topf in zerlassener Butter die Hälfte der Zucchini, Porree und Knoblauch andünsten. Den Anissamen

dazugeben und mit Hühnerbrühe aufgießen. Alles bei schwacher Hitze ½ Stunde köcheln lassen. Das Ganze dann mit dem Schnellmixstab eines Handrührers pürieren und durch ein Sieb streichen. Mit Salz, Pfeffer und Pernod abschmecken.
Die restlichen Zucchini in Scheiben schneiden und in etwas Butter braten. Leicht salzen und dann unter die Creme mischen. Anisblättchen darüberstreuen und teilweise untermischen.

Anisbrot

500 g Mehl
80 g Zucker
1 Prise Salz
2—3 TL Anissamen, im Mörser zerstoßen
5 EL Färberdistelöl
2 Eier
170 g lauwarme Milch
30 g Hefe
1 Eigelb mit 2 EL Milch verquirlt
2 TL ganze Anissamen zum Bestreuen

Die genannten Zutaten mit der Hefe zu einem Teig verarbeiten. Eine Kugel formen und den Teig an einem warmen Platz zugedeckt eine halbe Stunde gehen lassen.
Den Teig nochmals durchkneten und einen länglichen Brotlaib formen. Den Laib auf ein ausgefettetes Backblech legen und mit dem verquirlten Eigelb bestreichen. Mit Anissamen bestreuen und im vorgeheizten Rohr bei 200°C etwa 40 Minuten lang backen.

Anisplätzchen

2 Eier
125 g Zucker
150 g Mehl
1—2 EL Anissamen, im Mörser zerstoßen

Eier und Zucker schaumig rühren. Mehl und Anissamen dazugeben. Den Teig kneten und ausrollen. Runde kleine Plätzchen ausstechen und über Nacht bei Zimmertemperatur antrocknen lassen. Die Plätzchen dann auf dem Backblech im vorgeheizten Rohr bei 160 °C in etwa einer halben Stunde hellgelb ausbacken.

Anislikör

40 g Anissamen, im Mörser zerstoßen
1 g Zimt
500 g Zucker
1 l klarer Schnaps (38 %)

Anis, Zimt und Zucker zum Schnaps geben und verschlossen bei Zimmertemperatur 6 Wochen lang ziehen lassen. Den Likör dann durch eine Kaffeefiltertüte gießen und in Flaschen füllen.
Der Anislikör wirkt magenstärkend und sollte vor üppigen Mahlzeiten getrunken werden.

Bibernelle

Kleine Bibernelle (*Pimpinella saxifraga*)
Große Bibernelle (*Pimpinella major*)

Inhaltsstoffe und Wirkung

Ätherische Öle, Gerbstoffe, Saponine, Vitamine.

Appetitanregend, stoffwechselanregend, verdauungsfördernd.

Verwendung

Die Bibernellenblätter schmecken süßlich-würzig, schwach beißend; an Gurken erinnernd.
Zu Suppen, Salaten, Kräutersaucen, Mayonnaisen, Kräuterbutter, Quark und Käse; zu Kräutermischungen.

Bibernellensuppe

200 g Kartoffeln, geschält und in Würfel geschnitten
¾ l Fleischbrühe
2 Handvoll junge Bibernellenblätter, grob geschnitten
1 Tasse Sahne
1 Scheibe Speck, gewürfelt
einige feingewiegte Schalotten oder 1 feingewiegte Zwiebel
Salz
Pfeffer aus der Mühle
1 Handvoll Weißbrotwürfel, in Butter geröstet

Die Kartoffeln in der Fleischbrühe in 20 Minuten weich kochen. Die Bibernellenblätter dazugeben und einige Minuten mitköcheln lassen. Die Suppe dann mit dem Schnellmixstab eines Handrührers pürieren und nach Belieben noch durch ein Sieb passieren. Die Sahne un-

terrühren und die Suppe mit Salz und Pfeffer abschmekken.
Die Speckwürfel in einer Pfanne auslassen. Die Schalotten dazugeben und im Fett mit andünsten. Beides dann zur Suppe geben. Zum Schluß die Bibernellensuppe in den Tellern mit gerösteten Weißbrotwürfeln bestreuen.

Salsa Verde mit Bibernelle
(*Italienische Grüne Sauce*)

3 feingewiegte harte Eier
1/8 l kaltgepreßtes Olivenöl
einige Spritzer Weinessig
Salz
Pfeffer aus der Mühle
1 großes Bund frische Kräuter, grob geschnitten: Bibernelle, Petersilie, Kerbel, Sauerampfer, Fenchelgrün, Estragon, Brunnenkresse oder Gartenkresse, ein wenig Liebstöckel o. a.

Eier, Olivenöl und Essig verrühren und mit Salz und Pfeffer würzen. Dann die Kräuter untermischen.
Diese Sauce paßt zu Grillgerichten, Fisch und Gemüse.

Bibernellengemüse

1 kleine Schüssel junge Bibernellenblätter, grob geschnitten
1 feingewiegte Zwiebel
1 Scheibe Butter
Saft von 1/2 Zitrone
1 Prise Zucker
1 Prise frischgeriebene Muskatnuß
Salz
Pfeffer aus der Mühle
1/8 l Sahne

In einem Topf in zerlassener Butter die Zwiebel glasig dünsten. Die Bibernelle unterrühren und den Zitronen-

saft darübergießen. Das Ganze zugedeckt bei schwacher Hitze 10 Minuten dünsten. Die Sahne unterrühren und etwas einkochen lassen. Mit Zucker, Muskat, Salz und Pfeffer abschmecken.
Das Bibernellengemüse eignet sich als Beilage zu Fleischgerichten.

Dill (*Anethum graveolens*)

Inhaltsstoffe und Wirkung

Ätherische Öle, Kalium, Schwefel, Mineralsalze und reichlich Vitamin C.

Leicht beruhigend, appetitanregend, verdauungsfördernd, Blähungen beseitigend, mäßig harntreibend.

Verwendung

Dill ist wie Petersilie oder Basilikum ein Universalgewürz, das zu vielen Gerichten paßt und mit anderen Kräutern gut harmoniert.
Das Dillaroma ist frisch, süßlich-würzig, an Fenchel erinnernd. Man verwendet Dill entweder als einziges Würzkraut reichlich bei den jeweiligen Gerichten oder man gibt ihn nur sparsam zu Kräutermischungen, da er sehr intensiv würzt.
Blütendolden und noch unreife Früchte zum Einlegen von Gurken und Zwiebeln und zu Kräuteressigen.
Dillsamen, am besten selbst geerntet, läßt sich in der Küche wie Kümmel verwenden.
Dillblätter zu Fischgerichten und Krustentieren, zu Fischsaucen und -suppen. Zu Fleisch, Hackfleisch und Geflügel. Zu Gemüse, Suppen, Salaten und vor allem zu Gurkengerichten.

Gurken-Dill-Salat

1 Salatgurke, in Scheibchen gehobelt
1 Bund Dill, fein gewiegt
1 Zwiebel oder einige Schalotten, fein gewiegt
1—2 EL kaltgepreßtes Olivenöl
Saft von ½ Zitrone
1 Prise Zucker
1 Spritzer Tabasco
Salz

Für die Joghurtsauce:
1—2 Tassen Joghurt

Die Sauce in einem Rührbecher gut verquirlen und unter den Salat mischen. Im Kühlschrank ½ Stunde ziehen lassen. Mit einigen zurückbehaltenen Dillzweigen garnieren.

Tsatsiki

(Für 4—6 Personen)

4 Becher Joghurt à 150 g
150 g Crème fraîche
2 Salatgurken
einige Knoblauchzehen, durchgepreßt oder in einem Mörser mit etwas Salz zerstoßen
Salz
1 großes Bund Dill, grob geschnitten oder die Blätter von den Stielen gezupft

Die Salatgurken schälen und der Länge nach halbieren, die Kerne mit einem Löffel herausschaben; auf einer Gemüsereibe raspeln, in einem Sieb abtropfen. Dann Joghurt und Crème fraîche verrühren und die geraspelten Gurken und den Knoblauch untermischen. Mit Salz abschmecken und den Dill unterrühren. Kalt stellen und mit einigen zurückbehaltenen Dillzweigen garnieren.

Apfel-Gurken-Salat

1 Salatgurke, geschält, in Scheiben gehobelt
2—3 Äpfel, geschält, entkernt, in Spalten geschnitten

Für die Sauce:
2 EL Balsamessig
1 TL Currypulver
Salz
3 EL kaltgepreßtes Olivenöl
1 großes Bund Dill, grob geschnitten
1 Bund Schnittlauch, in Röllchen geschnitten

Die Salatsauce anrühren und den größten Teil des Dills und Schnittlauchs untermischen. Gurke und Äpfel unterheben und den Salat anrichten. Mit restlichem Dill und mit Schnittlauchröllchen bestreuen.

Eier-Gurken-Salat

1 Salatgurke, geschält, halbiert, in Stifte geschnitten
1 großes Bund Dill, zerpflückt oder grob geschnitten
Salz
Pfeffer aus der Mühle
einige Spritzer Zitronensaft
2 EL kaltgepreßtes Olivenöl
4 hartgekochte Eier, geachtelt

Gurkenstifte und Dill vermischen. Mit Salz, Pfeffer und Zitronensaft abschmecken und das Olivenöl unterrühren. Den Salat auf Tellern verteilen und die Eiachtel darauf anrichten.

Eiersalat mit Dill

8 hartgekochte Eier, in Scheiben geschnitten

Für die Dill-Salat-Sauce:
4 EL Weinessig
1 Spritzer Zitronensaft
3 EL kaltgepreßtes Olivenöl
1 EL scharfer Senf
1 Spritzer Tabasco
1 Spritzer Worcestershiresauce
Salz
Pfeffer aus der Mühle
1 feingewiegte Zwiebel oder einige feingewiegte Schalotten
1 Bund Dill, grob geschnitten
einige Kopf- oder Eisbergsalatblätter zum Anrichten

Die Eischeiben dekorativ auf den Salatblättern anrichten. Die Salatsauce gut durchrühren, pikant abschmecken und über die Eier gießen. Mit einigen zurückbehaltenen Dillzweigen garnieren.

Geeiste Gurkensuppe

1 Salatgurke
2 Salzdillgurken, grob zerteilt
1 grobgewürfelte Zwiebel
Saft von ½ Zitrone
¼ l Sahne
Salz
Pfeffer aus der Mühle
1 Bund Dill, grob geschnitten

Die Salatgurke schälen und längs halbieren, die Kerne mit einem Löffel herausschaben. ⅓ der Gurken als spätere Suppeneinlage in Stifte schneiden, die restlichen ⅔ der Salatgurke klein schneiden und zusammen mit den

Salzgurken, der Zwiebel und dem Zitronensaft in einem Rührbecher mit dem Schnellmixstab eines Handrührers pürieren. Die Sahne dazugießen, mit Salz und Pfeffer abschmecken und den Dill untermischen. Die Gurkensuppe im Kühlschrank gut durchkühlen lassen.
Vor dem Servieren die Suppe nochmals abschmecken und die Gurkenstiftchen dazugeben. Mit etwas zurückbehaltenem zerpflücktem Dill garnieren.
Als Beilagen eignen sich Lachsschinken, in Streifen geschnitten und Weißbrot.

Kalte Gurken-Dill-Suppe

2 Salatgurken, geschält, längs halbiert, die Kerne herausgeschabt, in Stücke geschnitten
1 kleingeschnittene Zwiebel
einige geschälte Knoblauchzehen
2 Becher Joghurt
$\frac{1}{8}$ l Sahne
Salz
Pfeffer aus der Mühle
einige Spritzer Tabasco
1 großes Bund Dill, grob geschnitten
1 Bund Schnittlauch, in Röllchen geschnitten, zum Bestreuen

In einem Rührbecher nach und nach Gurken, Zwiebel und Knoblauch mit dem Schnellmixstab eines Handrührers pürieren.
Den Joghurt und die Sahne schaumig schlagen und unter die pürierten Gurken ziehen. Den Dill untermischen und mit Salz, Pfeffer und Tabasco abschmecken. In den Tellern mit Schnittlauch bestreuen und mit einigen zurückbehaltenen Dillzweigen garnieren.

Gefüllte Tomaten mit Krabben und Dill

8 große Tomaten, ein Deckel abgeschnitten, ausgehöhlt und innen gesalzen
Saft von ½ Zitrone
1 Prise Zucker
1 Becher Joghurt
4 EL Magerquark
2 EL kaltgepreßtes Olivenöl
1 Eigelb
1 Prise Salz
ca. 400 g Krabben
1 Bund Dill, grob geschnitten

Für die Füllung in einem Rührbecher mit einem Elektroquirl die Sauce mit den genannten Zutaten anrühren und abschmecken. Krabben und Dill untermischen und das Ganze in die ausgehöhlten Tomaten füllen. Mit einigen zurückbehaltenen Dillzweigen garnieren.

Kartoffelpuffer mit Dillsahne

Kartoffelpuffer:
1 kg Kartoffeln, geschält und gerieben
1 geriebene oder sehr feingewiegte Zwiebel
2 Eier
2—3 EL Mehl
Salz
einige EL Sonnenblumenöl zum Ausbacken

Für die Dillsahne:
150 g Crème fraîche
50 g Doppelrahmfrischkäse
Salz
2 Knoblauchzehen, mit etwas Salz zerdrückt
etwas abgeriebene Zitronenschale
1 großes Bund Dill, grob geschnitten

Die geriebenen Kartoffeln mit der Zwiebel, den Eiern und dem Mehl vermengen und mit Salz würzen. In einer

Pfanne in heißem Öl nacheinander die Kartoffelpuffer auf beiden Seiten goldgelb herausbacken. Bis zum Servieren zugedeckt warm halten.
Für die Sauce Crème fraîche und Frischkäse verrühren. Die Knoblauchzehen dazugeben und mit Salz und etwas abgeriebener Zitronenschale würzen. Zum Schluß den Dill untermischen und die Sauce zu den Kartoffelpuffern servieren.

Schweinebraten mit Gurken-Kürbis-Gemüse und Dill

1 kg Schweineschulter, ausgelöst, die Schwarte kreuzweise eingeschnitten
Salz
Pfeffer aus der Mühle
3 EL Sonnenblumenöl zum Anbraten
250 g ganz belassene geschälte kleine Zwiebeln
1 Salatgurke, geschält, der Länge nach halbiert, die Kerne herausgeschabt, in dicke Scheiben geschnitten
ca. 200 g Kürbis, frisch oder eingelegt, in Stücke geschnitten
1 großes Bund Dill, grob geschnitten

In einem Schmortopf in heißem Öl die Schweineschultern rundum scharf anbraten und dann salzen und pfeffern. Die Zwiebeln dazugeben und den Schweinebraten im geschlossenen Topf im vorgeheizten Rohr bei 200°C 1 Stunde lang schmoren lassen. Das Fleisch einmal wenden und, wenn nötig, etwas Wasser angießen.
Dann die Gurkenscheiben und Kürbisstücke dazugeben und alles zugedeckt noch 45 Minuten lang schmoren lassen. Zum Schluß den Dill unter das Gemüse mischen und mit Salz und Pfeffer abschmecken.
Dazu passen Salzkartoffeln oder Kümmelkartoffeln.

Geschmortes Dillhähnchen mit Pilzen

1 großes Hähnchen, in Portionsstücke zerlegt
Salz
Pfeffer aus der Mühle
1 feingewiegte Zwiebel
einige Knoblauchzehen, im Mörser mit etwas Salz zerstoßen
2 Scheiben Butter
ca. 200 g Champignons oder andere Zuchtpilze, blättrig geschnitten
½ l Hühner- oder Fleischbrühe
1 EL eingelegte grüne Pfefferkörner
abgeriebene Schale von ½ Zitrone
1 kleine Salatgurke, geschält, halbiert, die Kerne herausgeschabt, in dicke Scheiben und dann in Stifte geschnitten
1—2 gewürfelte Delikateßgurken
1 Tasse Crème fraîche
1 großes Bund Dill, grob geschnitten

Die Hähnchenstücke mit Salz und Pfeffer einreiben und in einem Schmortopf in zerlassener Butter langsam rundum anbraten. Pilze und Zwiebel und dann den Knoblauch kurz mit andünsten. Mit Fleischbrühe aufgießen und die grünen Pfefferkörner und die abgeriebene Zitronenschale dazugeben. Alles zugedeckt bei schwacher Hitze etwa 40 Minuten lang schmoren lassen. Nach ¼ Stunde Schmorzeit die Gurken in den Topf geben. Zum Schluß die Crème fraîche und den Dill unterrühren und mit Salz abschmecken.
Als Beilage Kartoffelpüree, Teigwaren oder Reis.

Im Weinsud gekochte Ente mit Dill-Wein-Sauce

1 große Ente, in Portionsstücke geteilt

Für den Sud:
½ l trockener Weißwein
¼—½ l Wasser
Salz
einige Nelken
1 halbierte Zwiebel
1 Liebstöckelblatt
kleingeschnittenes Wurzelwerk: 1 Karotte, 1 Stück Sellerie und Porree, 1 Petersilienwurzel

Für die Dill-Wein-Sauce:
etwas abgeschöpftes Entenfett
3—4 EL Mehl
½ l durchgeseihte Entenbrühe
⅛ l saure Sahne
1 Glas Weißwein
Salz
Pfeffer aus der Mühle
1 verquirltes Eigelb
1 großes Bund Dill, grob geschnitten

Die Entenstücke im Weinsud 1¼—1½ Stunden lang bei milder Hitze köcheln lassen.
Etwas Entenfett abschöpfen und in einem Topf erhitzen. Einige EL Mehl darin anschwitzen. Mit ½ l Entenbrühe aufgießen, die Sauce glattrühren und 20 Minuten durchkochen lassen. Dann die saure Sahne unterrühren und mit Weißwein, Salz und Pfeffer abschmecken. Die nicht mehr kochende Sauce mit einem Eigelb legieren und zum Schluß den Dill unterrühren. Die Entenstücke anrichten und mit der Sauce übergießen. Nach Belieben das Wurzelwerk aus dem Weinsud dazu servieren.
Als Beilage passen Petersilienkartoffeln oder Semmelknödel; Salat nach Saison.

Gravad Skinke

(Dänischer marinierter Schinken)

1 kg rohes Rindfleisch, Lende oder Filet, Häute entfernt
75 g Salz
75 g Zucker
3—4 EL Pfefferkörner, im Mörser grob zerstoßen
1 großes Bund Dill, grob geschnitten
2—3 EL Sonnenblumenöl

Das Rindfleisch rundum mit dem Salz einreiben und in eine Schüssel legen. Zucker, Pfeffer und Dill vermischen und das Fleisch mit dieser Mischung bedecken. Öl darübergießen und das Fleisch mit einem passenden Teller beschweren.
Das Rindfleisch im Kühlschrank 3 Tage durchziehen lassen. Dann aus der Marinade nehmen und mit Küchenkrepp trockentupfen. Zum Servieren in dünne Scheiben schneiden.
Als Beilagen eignen sich eine Salatplatte und Schwarzbrot.

Tatar mit Kaviar und Dill

300 g Tatar
2 EL saure Sahne
1 Eigelb
1 Bund Dill, fein gewiegt
1 Prise gemahlener Kümmel
Salz
Pfeffer aus der Mühle
50 g Kaviar

Sahne und Eigelb verrühren und mit dem Dill unter das Tatar mengen. Mit 1 Prise Kümmel und Salz und Pfeffer abschmecken.
Das Tatar im Kühlschrank 1 Stunde durchziehen lassen.

Vor dem Servieren dann sehr vorsichtig den Kaviar unterheben, damit die Kaviarkörnchen nicht zerdrückt werden. Dazu Weißbrot mit Butter reichen.

Skandinavischer Gravlax mit Dill

(Für 8 Portionen als Vorspeise;
der Gravlax muß 2 Tage durchziehen!)

1 frischer Lachs, ca. 1,5 kg
2 EL Zucker
3 EL Salz
1 sehr großes Bund Dill (4 Bund), grob geschnitten
Pfeffer aus der Mühle
einige Zitronenachteln und Dillzweige zum Garnieren

Vom Lachs den Kopf abschneiden und den Fisch der Länge nach halbieren. Die Gräten entfernen, so daß nur noch die Lachsfilets auf der Haut verbleiben. Den Fisch nicht waschen, sondern nur mit Küchenkrepp trockentupfen.

Salz und Zucker vermischen. Etwas von der Mischung auf eine große Porzellanplatte streuen. Eine Lachshälfte mit der Haut nach unten darauflegen, mit der Zucker-Salzmischung einreiben und mit dem Dill und mit Pfeffer bestreuen. Die andere Lachshälfte mit der Haut nach oben darauflegen und mit dem Rest der Zucker-Salzmischung bestreuen. Den Lachs mit einem passenden flachen Teller beschweren und mit Folie abdecken. An einem kühlen Ort den Fisch 2 Tage durchziehen lassen und gelegentlich wenden.

Zum Servieren dann den Lachs in nicht zu dünne Scheiben schneiden und mit Zitronenachteln und Dillzweigen garnieren. Der Gravlax kann im Kühlschrank 2—3 Tage aufbewahrt werden.

Dillsauce zu Gravlax, Räucherfisch und anderen Fischgerichten

(Für 8 Portionen)

6 EL scharfer Senf
4—5 EL Zucker
1—2 EL Weinessig
6 EL Sonnenblumenöl
1 großes Bund Dill (3—4 Bund), grob geschnitten
Salz
Pfeffer aus der Mühle

Senf, Zucker und Weinessig verrühren. Das Öl mit dem Schneebesen oder einem Elektroquirl unterschlagen. Den Dill unterrühren und mit Salz und Pfeffer abschmekken.

Graved Makrel

(*Skandinavisch*)

(Der Fisch muß 3 Tage durchziehen!)

1 große Makrele, ca. 600 g
200 g Salz
150 g Zucker
3—4 EL Pfefferkörner, im Mörser grob zerstoßen
1 sehr großes Bund Dill (etwa 6 Bund), grob geschnitten

Die ausgenommene Makrele, deren Kopf und Schwanz abgeschnitten, die Rückengräte entfernt und die übrigen Gräten ausgezupft wurden, nicht waschen, sondern nur mit Küchenkrepp trockentupfen. Salz, Zucker und Pfeffer vermischen und ein passendes Porzellan- oder Glasgefäß mit einem Drittel der Mischung ausstreuen. Ein Drittel des Dills darüberstreuen und eine Hälfte der Makrele mit der Hautseite nach unten darauflegen. Auf die In-

nenseite der Makrele das zweite Drittel der Mischung und des Dills streuen und die andere Fischhälfte darüberklappen. Dann die restliche Mischung und den übrigen Dill darüberstreuen. Eine Alufolie darauflegen und die Makrele mit einem passenden wassergefüllten Topf oder einem sauberen Stein beschweren.
Die Graved Makrel in den Kühlschrank stellen. Nach einem Tag die Lake, die sich gebildet hat, abgießen und etwas nachsalzen. Am zweiten Tag die Lake wieder abgießen und nochmals salzen. Am dritten Tag ist der Fisch rosa gebeizt und kann serviert werden.

Senfsauce mit Dill

1 EL Zucker
1 EL süßer Senf
1 EL scharfer Senf
2 EL Rotweinessig
Pfeffer aus der Mühle
ca. 6 EL Sonnenblumenöl
1 kleines Bund Dill, grob geschnitten

In einem Rührbecher mit einem Elektroquirl Zucker, Senf, Weinessig und Pfeffer verquirlen und nach und nach das Öl unterrühren. Dann den Dill untermischen.
Diese Sauce eignet sich zu Graved Makrel, Räucherfisch und anderen Fischgerichten.

Lachs mit Dillsauce

ca. 700 g Lachs, filetiert; schräg in sehr dünne kleine Scheiben geschnitten und von der Haut gelöst
Salz
Pfeffer aus der Mühle
etwas Sonnenblumenöl zum Anbraten
1 großes Bund Dill, grob geschnitten
1 Tasse Sahne

Die Lachsscheibchen salzen und pfeffern. In einer Pfanne in heißem Öl auf jeder Seite ½ Minute braten. Dann zugedeckt warm stellen.
Den Dill in die Pfanne geben und unter Rühren kurz andünsten, bis er zusammenfällt. Dann mit dem Schnellmixstab eines Handrührers pürieren und durch ein Sieb streichen. Das Dillpüree in einem Topf mit 1 Tasse Sahne verrühren und cremig einkochen lassen. Mit Salz und Pfeffer abschmecken.
Die Lachsscheibchen anrichten und die Dillsauce dazugießen. Mit einigen zurückbehaltenen Dillzweigen garnieren.
Dazu Bandnudeln oder Weißbrot reichen.

Räucherfisch-Eierkuchen

6 Eier
⅛ l Sahne
Salz
Pfeffer aus der Mühle
1 Bund Dill, grob geschnitten
1 Scheibe Butter
100 g Schillerlocken, in Stücke geschnitten

Eier, Sahne und Dill verrühren und mit Salz und Pfeffer würzen. In einer großen Pfanne die Butter zerlassen und die Eiermasse hineingießen. Die Schillerlocken darauflegen und den Eierkuchen bei schwacher Hitze stocken lassen. Anrichten und mit einigen zurückbehaltenen Dillzweigen garnieren.

Seezungenfilet mit Lachsfülle

8 Seezungenfilets à 60 g; gesalzen und mit etwas Zitronensaft beträufelt

Für die Lachsfüllung:
1 feingewiegte Zwiebel
1 eingeweichtes und ausgedrücktes Brötchen
1 EL eingelegte grüne Pfefferkörner
100 g feingewiegter Räucherlachs
1 Eigelb
1/8 l trockener Weißwein
1 Scheibe Butter in Flöckchen
1 Bund Dill, grob geschnitten
1 Tasse Sahne
150 g Champignons oder andere Zuchtpilze
1 Glas trockener Weißwein zum Ablöschen

Für die Fülle die genannten Zutaten vermengen und auf 4 Fischfilets verteilen. Die anderen 4 Filets dann darauflegen.
Die Seezungen in eine flache feuerfeste Form setzen und mit Butterflöckchen belegen. Den Wein angießen und die Fischfilets im vorgeheizten Rohr bei 200°C 5 Minuten andünsten. Dann den Dill über die Filets streuen und die Sahne darübergießen. Die Filets bei 160°C noch weitere 20 Minuten garen lassen.
Die Seezungenfilets anrichten. Die blättrig geschnittenen Pilze zusammen mit 1 feingewiegten Zwiebel in etwas Butter dünsten und leicht salzen, dann mit etwas Weißwein ablöschen und zu den Filets servieren.

Fischfilets mit Joghurt auf bulgarische Art

(Kalt serviert)

ca. 600 g Kabeljau- oder Rotbarschfilets, gesalzen und mit dem Saft von ½ Zitrone beträufelt
einige Knoblauchzehen, in dünne Scheibchen geschnitten
Butter zum Ausfetten einer feuerfesten Form
4 Becher Joghurt
1 EL edelsüßer Paprika
Salz
1 großes Bund Dill, grob geschnitten
1 Bund Schnittlauch, in Röllchen geschnitten
etwas krause Petersilie, grob zerpflückt
Saft von ½ Zitrone

Die Fischfilets in eine ausgebutterte Form legen. Die Knoblauchscheibchen darüberstreuen und den Joghurt darauf verteilen. Mit Paprika und Salz bestreuen. Das Ganze zugedeckt im vorgeheizten Backofen bei 200°C etwa 40 Minuten lang garen, dann abkühlen lassen und in den Kühlschrank stellen.
Die Fischfilets vor dem Servieren mit den frischen Kräutern bestreuen und mit Zitronensaft beträufeln.

Matjesfilets in Dillrahm

4 Matjesfilets, unter Wasser abgespült, in Stücke geschnitten

Für die Dillrahmsauce:
¼ l süße Sahne
¼ l saure Sahne
1 feingewiegte Zwiebel
1 großes Bund Dill, zerpflückt
einige Spritzer Zitronensaft
1 Prise Zucker
1 Prise Salz
Pfeffer aus der Mühle

Den Dillrahm mit den genannten Zutaten anrühren und gut abschmecken. Die Matjesfilets dazugeben und im Kühlschrank einige Stunden durchziehen lassen.

Marinierte Matjesfilets mit Dillrahm

8 Matjesfilets, 1—2 Stunden gewässert
1 großes Bund Dill, grob geschnitten
Saft von 1 Zitrone
⅛ l Sahne, steifgeschlagen
einige Spritzer Zitronensaft
Salz
Pfeffer aus der Mühle
1 sehr feingewiegte Zwiebel

Die Matjesfilets in eine Schüssel legen, mit der Hälfte des Dills bestreuen und mit Zitronensaft beträufeln. Kalt stellen und 1 Tag durchziehen lassen.
Die geschlagene Sahne mit der feingewiegten Zwiebel und dem restlichen Dill vermischen und mit Zitronensaft, Salz und Pfeffer abschmecken. Den Dillrahm dann zu den marinierten Matjesfilets servieren.

Marinierte süß-saure Matjesfilets mit Dill

10 Matjesfilets, gewaschen und in mundgerechte Stücke geschnitten

Für die Marinade:
ca. ½ l Rotweinessig
2 Lorbeerblätter
150 g Zucker
3 Zwiebeln, in Ringe geschnitten
1 großes Bund Dill, grob geschnitten

Den Weinessig mit 2 Lorbeerblättern und dem Zucker langsam erhitzen. Unter Rühren den Zucker lösen und das Ganze abkühlen lassen.
In ein Schraubglas abwechselnd Matjesstücke, Zwiebelringe und Dill schichten und die kalte süß-saure Marinade darübergießen. Das Glas verschließen und die Matjesfilets 2 Tage durchziehen lassen.
Dazu Bauernbrot mit Butter reichen.

Rollmops in Aspik mit Senf-Dill-Sauce

10 Blatt Gelatine, nach Packungsvorschrift eingeweicht
ca. ½ l trockener Weißwein
2 EL Obstessig
1 Prise Zucker
Salz
Pfeffer aus der Mühle
8 Rollmöpse, halbiert
2 hartgekochte Eier, in Scheiben geschnitten
einige Dillzweige

Für die Senf-Dill-Sauce:
2 Becher Joghurt
2 EL saure Sahne
1 EL scharfer Senf
1 Prise Salz
1 Bund Dill, grob geschnitten

Wein, Essig, Zucker, Salz und Pfeffer erhitzen und die eingeweichte Gelatine unter Rühren auflösen. Das Ganze etwas abkühlen lassen. Dann in eine Schüssel einen dünnen Aspikspiegel gießen und erstarren lassen.
Die Rollmöpse, Eischeiben und Dillzweige darauf anrichten und den Weinsud darübergießen. Das Ganze nach dem Abkühlen im Kühlschrank gelieren lassen.
Die Rollmöpse in Aspik vor dem Servieren auf eine Platte stürzen. Die Senf-Dillsauce mit den genannten Zutaten anrühren und dazu servieren.

Engelwurz (*Angelica archangelica*)

Inhaltsstoffe und Wirkung

In den Blättern und in der Wurzel: Ätherische Öle, Bitter- und Gerbstoffe, Angelica- und Baldriansäure

Appetitanregend, anregende Wirkung auf Verdauungsorgane; schweißtreibend und entwässernd; lindernd bei Erkältungskrankheiten.

Verwendung

Die aromatischen, angenehm würzig-bitteren Blätter und Blattstiele frisch als Salat oder gekocht als Gemüse. Zu Suppen, Salaten, Kräutersaucen; zu Kräutermischungen.

Engelwurzsalat

einige zerpflückte Endivienblätter
1 kleine Schüssel junge Engelwurzstiele, in Stücke geschnitten und in einem geschlossenen Schmortopf mit etwas Wasser gar gedünstet
2 EL Pinienkerne, in einer Pfanne ohne Fett angeröstet

Für die Sauce:
Saft von 2 Blutorangen
1—2 TL Zucker
1 Gläschen Cointreau
einige Spritzer Tabasco
1 Prise Salz

Endiviensalat und Engelwurz anrichten. Die Salatsauce anrühren, pikant abschmecken und über den Salat gießen. Mit gerösteten Pistazien bestreuen.

Engelwurz-Obst-Salat

1 kleine Schüssel junge Engelwurzstiele, in Stücke geschnitten
2 Bananen, in Scheiben geschnitten
4 Kiwis, geschält und in Scheiben geschnitten
1 Apfel, geschält, entkernt und in Scheibchen geschnitten

Für die Sauce:
Saft von ½ Zitrone
Saft von 1 Orange
2—3 TL Zucker
1 Zweig Zitronenmelisse, die Blätter grob geschnitten

Die Engelwurzstiele zugedeckt in einem Schmortopf mit etwas Wasser weich dünsten. Die Engelwurzstücke dann zusammen mit den Früchten anrichten. Die Sauce mit

Zucker abschmecken und über den Salat gießen. Etwas durchziehen lassen.

Engelwurzsalat mit Käse

1 kleine Schüssel junge Engelwurzstiele, in Stücke geschnitten und in einem geschlossenen Schmortopf mit etwas Wasser weich gedünstet
2 Birnen, geschält, entkernt und in Scheiben geschnitten
200 g Emmentaler oder anderer Hartkäse, gewürfelt

Für die Sauce:
2 Becher Joghurt
Saft von 1 Orange
1 TL scharfer Senf
1 TL Zucker
einige Spritzer Tabasco
1 Prise Salz

Engelwurz, Birnen und Käse anrichten. Die Sauce anrühren, pikant abschmecken und über den Salat träufeln.

Engelwurzpunsch

1 Wurzelstück Engelwurz, ca. 50 g, gut gewaschen und abgebürstet; in Stücke geschnitten
1 l Wasser
½ l Rum oder Arrak
Zucker nach Belieben
einige Zitronenscheiben

Die Angelikawurzeln mit 1 l kochendem Wasser übergießen und einige Stunden ziehen lassen. Den Engelwurzsud dann durchseihen und wieder erhitzen. Den Rum dazugießen und den Punsch nach Belieben noch mit Zucker abschmecken. Mit einer Zitronenscheibe im Glas servieren.

Engelwurzwein

50 g frische oder getrocknete Wurzel, sehr fein geschnitten

1 l trockener Weißwein

Die Engelwurz zum Wein geben und 1 Woche darin ziehen lassen. Den Wein dann durch ein Sieb gießen und in eine Flasche abfüllen.
Der Engelwurzwein wirkt verdauungsfördernd.

Fenchel (*Foeniculum vulgare*)

Zahlreiche Sorten

Inhaltsstoffe und Wirkung

Ätherische Öle, vor allem Anethol; Vitamin A, B und C, Kalzium und Phosphor.

Appetitanregend, verdauungsfördernd; lindernd bei Erkrankungen der Atemwege.

Verwendung

Früchte und Blätter besitzen ein stark aromatisches, angenehm süßliches Aroma.
Samen, ganz oder zerstoßen, zu Brot, Backwaren, Saucen.
Junge Blätter und dicke zarte Blattstiele zu Salaten, Kartoffelgerichten, Kräuterbutter; zu Fisch und Fischsuppen, fetten Fleischgerichten, zu Kräutersaucen und Marinaden, zu Quark und Käse.
Die noch nicht ausgereiften *Blütendolden* verwendet man zum Einlegen von Gurken.

Fenchelsuppe mit Kräuterklößchen

2 Fenchelknollen
1 Scheibe Butter
1 feingewiegte Zwiebel
¾ l Fleischbrühe
Salz
Pfeffer aus der Mühle
2 Eigelb mit 1 Tasse Crème fraîche verrührt

Für die Kräuterklößchen:
feingewiegtes Fenchelgrün
1 Bund glatte Petersilie, fein gewiegt
3 EL Semmelbrösel
2 Eiweiß, zu Eischnee steif geschlagen
Salz
Pfeffer aus der Mühle
1 Prise frischgeriebene Muskatnuß

Aus den Fenchelknollen den Strunk herausschneiden, sie in kleine Stücke teilen, das Fenchelgrün für die Klößchen zurückbehalten.
In einem Suppentopf in zerlassener Butter die Zwiebel und dann die Fenchelstücke kurz andünsten. Mit Fleischbrühe aufgießen, die Suppe einmal aufkochen und dann bei schwacher Hitze 20 Minuten lang köcheln lassen. Die Fenchelsuppe mit dem Schnellmixstab eines Handrührers pürieren.
Für die Kräuterklößchen Fenchelgrün, Petersilie und Semmelbrösel vermengen. Den Eischnee unterheben und mit Salz, Pfeffer und 1 Prise Muskat würzen. Mit einem Teelöffel kleine Klößchen abstechen, formen und in leise siedendem Salzwasser 5 Minuten ziehen lassen.
Zum Schluß die Eiersahne unter die nicht mehr kochende Fenchelsuppe rühren. Mit Salz und Pfeffer abschmekken und die Kräuterklößchen zur Suppe geben.

Fenchelsalat mit Speck

500 g Fenchelknollen, geputzt
100 g durchwachsener Speck, gewürfelt

Für die Salatsauce:
kleingeschnittenes Fenchelgrün
3 EL Färberdistelöl
Saft von ½ Zitrone
1 TL scharfer Senf
1 Prise Zucker
1 Spritzer Tabasco
Salz
Pfeffer aus der Mühle

Die Fenchelknollen halbieren. Das zarte Fenchelgrün zur Salatsauce geben. Die Fenchelhälften in dünne Streifen schneiden.
Die Salatsauce anrühren, pikant abschmecken und unter den Fenchel mischen. Den Salat eine halbe Stunde durchziehen lassen. Die Speckwürfel in einer Pfanne auslassen und noch heiß über den Salat streuen.
Der Salat paßt gut zu Lammbraten, gekochtem Rindfleisch und Geflügel.

Fenchelsauce

1 Glas trockener Weißwein
1 Glas Weinessig
2 feingewiegte Schalotten
1 Handvoll Fenchelgrün, grob geschnitten
Salz
Pfeffer aus der Mühle
3 verquirlte Eigelb
1 Prise Cayennepfeffer oder 1 Spritzer Tabasco
ca. 250 g Butter, in Flöckchen

Wein, Essig, Schalotten und Fenchelgrün einmal aufkochen und dann bei mittlerer Hitze so lange köcheln lassen, bis die Hälfte der Flüssigkeit verdampft ist. Die Sauce

durch ein Sieb streichen und mit Salz und Pfeffer abschmecken.
Die Sauce in ein leise siedendes Wasserbad stellen. Die 3 verquirlten Eigelb unterrühren und die Butter flöckchenweise einrühren, bis eine cremige Sauce entsteht. Die Sauce nicht zu heiß werden lassen, damit das Eigelb nicht ausflockt! Zum Schluß etwas zurückbehaltenes Fenchelgrün unterrühren und die Sauce nochmals mit Salz und Pfeffer abschmecken. Die Fenchelsauce im Wasserbad bis zum Servieren warm halten.
Die Sauce paßt zu Fischgerichten und zu Gemüse.

Griechisches Fenchelgemüse

500 g Fenchelknollen, geputzt
1—2 Zwiebeln, in Ringe geschnitten
einige Knoblauchzehen, geschält und in Scheibchen geschnitten

Für den Kochsud:
¼ l Wasser
¼ l trockener Weißwein
Saft von 2 Zitronen
8 EL kaltgepreßtes Olivenöl
einige Pfefferkörner, im Mörser grob zerstoßen
Salz
1 Bund glatte Petersilie, grob geschnitten

In einem Topf den Kochsud aufkochen und zugedeckt 10 Minuten bei schwacher Hitze ziehen lassen. Die Fenchelknollen in Achtel schneiden und mit den Zwiebelringen und dem Knoblauch in den Sud legen. Zugedeckt 10 Minuten köcheln und dann im Sud abkühlen lassen.
Das Fenchelgemüse eignet sich als Beilage zu Fleisch vom Grill oder aus der Pfanne. Oder als Vorspeise mit Weißbrot servieren.

Angemachter Fenchelkäse

100 g Roquefort oder anderer Edelpilzkäse, mit einer Gabel zerdrückt
1 Tasse Sahne
50 g kleingehackte Walnüsse
Pfeffer aus der Mühle
Salz
1—2 Handvoll Fenchelgrün, grob geschnitten

Den zerdrückten Käse mit Sahne und den Walnüssen vermengen. Mit Pfeffer und Salz würzen und das Fenchelgrün unterziehen. Dazu Vollkornbrot oder Pumpernickel reichen.

Champignons mit Fenchel

ca. 750 g Champignons; größere Pilze halbieren oder vierteln
2 EL kaltgepreßtes Olivenöl
2 Scheiben Butter
1 EL Fenchelsaat
Salz
Pfeffer aus der Mühle
Saft von ½ Zitronensaft
1 Handvoll Fenchelgrün, grob geschnitten

In einer großen Pfanne Olivenöl und Butter schwach erhitzen und die Fenchelsaat einstreuen. Die Champignons dazugeben, mit Salz und Pfeffer bestreuen und bei mittlerer Hitze einige Minuten braten. Dann den Zitronensaft darüberträufeln und die Pilze durchrühren. Das Fenchelgrün untermischen und die Pilze noch einige Minuten ziehen lassen.
Als Beilage oder als Vorspeise servieren.

Schweinekeule mit Fenchel

(Für 4—6 Personen)

1,5—2 kg Schweinekeule, die Schwarte kreuzweise eingeschnitten
einige geschälte Knoblauchzehen, zum Spicken in dünne Stifte geschnitten
2 EL Fenchelsaat (Fenchelkörner)
Salz
Pfeffer aus der Mühle
2 Rosmarinzweige
ca. 3 Tassen Wasser
1 kg Kartoffeln, geschält und geviertelt
1 Handvoll Fenchelgrün, zerpflückt oder grob geschnitten

Die Schweinekeule rundum mit Knoblauch spicken. Dazu ein kleines Messer in das Fleisch stechen und die Knoblauchstifte der Klinge entlang in das Fleisch schieben. Die Keule mit Salz und Pfeffer einreiben und mit der Schwarte nach unten in einen Bräter legen. Die Rosmarinzweige dazugeben und die Keule mit Fenchelsaat bestreuen.
Etwas Wasser angießen und die Schweinekeule im Rohr bei 200°C 1 Stunde braten, dann wenden, wieder mit Fenchelsaat bestreuen und noch etwa 1½ Stunden lang braten. Dabei öfter Wasser nachfüllen und das Fleisch immer wieder mit Sauce übergießen. Während der letzten ¾ Stunde die geviertelten Kartoffeln im Bräter in der Sauce mitgaren lassen.
Die Schweinekeule in Scheiben schneiden und mit den Kartoffeln anrichten. Das Ganze mit Fenchelgrün bestreuen. Die Sauce durchseihen, entfetten und dazugießen. Als Beilage grüne Salate nach Saison reichen.

Fritierte Fenchelstengel

500 g Fenchelstengel, in kochendem Wasser 3 Minuten blanchiert
1 Handvoll feingewiegtes Fenchelkraut zum Bestreuen

Für den Weißwein-Ausbackteig:
150 g Mehl
¾ Tasse Wasser
¾ Tasse Weißwein
1 EL Sonnenblumenöl
1 Prise Salz
2 Eiweiß, steif geschlagen

Den Ausbackteig anrühren und zugedeckt an einem warmen Ort etwas gehen lassen. Dann den Eischnee unterheben.
Die blanchierten Fenchelstengel trockentupfen, in den Teig tauchen und in der Fritüre bei 170°C goldgelb herausbacken. Im Sieb abtropfen lassen und auf Küchenkrepp entfetten. Anrichten und mit etwas Salz und dem Fenchelgrün bestreuen.

Kerbel (*Anthriscus cerefolium*)

Glatt-, kraus- und moosblättrige Kerbelsorten.
Der wildwachsende Wiesenkerbel (*Antriscus sylvestris*) eignet sich nicht als Gewürz.

Inhaltsstoffe und Wirkung

Reichlich Vitamin A und C; Mineralstoffe, ätherische Öle und Bitterstoffe.

Stoffwechselanregend; die ätherischen Öle und Bitterstoffe regen Nieren und Verdauungsorgane an; hervorragend zu Frühjahrskuren geeignet.

Verwendung

Zu Salaten, Suppen und Eintöpfen; zu Kräutersaucen und Kräuterbutter; zu Eierspeisen, Käse, Lammfleisch, Geflügel, Fisch.
Da Kerbel eine kurze Entwicklungszeit hat, empfiehlt es sich, vom Frühjahr bis zum Herbst alle 14 Tage Folgesaaten vorzunehmen. Auf der Fensterbank kann Kerbel bereits ab Ende Februar herangezogen werden.

Bayerische Kräutlsuppe

(*Gründonnerstagssuppe*)

2 Scheiben Butter
1—2 feingewiegte Zwiebeln
2 EL Mehl
1 großes Bund Kerbel, grob geschnitten
1 l Wasser
Salz
Pfeffer aus der Mühle
1 Spritzer Zitronensaft

Unter »Kräutl« versteht man in Bayern den Kerbel. Zur Kräutlsuppe werden daher keine weiteren Kräuter verwendet. Als Fastensuppe in der Karwoche wird diese traditionelle Frühjahrssuppe ohne Fleischbrühe und Sahne zubereitet.
In einem Topf in zerlassener Butter die Zwiebeln glasig andünsten. Die Hälfte des Kerbels dazugeben und unter Rühren kurz mit andünsten. Das Mehl darüberstäuben und unterrühren. Mit Wasser aufgießen und die Suppe glattrühren.
Die Kräutlsuppe 20—30 Minuten bei schwacher Hitze köcheln lassen und mit Salz, Pfeffer und Zitronensaft abschmecken. Zum Schluß den restlichen Kerbel unter die nicht mehr kochende Suppe rühren.

Kerbelsuppe mit Crème fraîche

1 sehr großes Bund Kerbel
2 Scheiben Butter
4—5 EL Mehl
¾ l Fleischbrühe
1 Prise Zucker
Salz
Pfeffer aus der Mühle
1 Tasse Crème fraîche mit
1 Eigelb verrührt

Vom Kerbel die kleineren Blättchen abzupfen und zum späteren Unterrühren beiseite stellen. Die restlichen Blätter und Stengel klein schneiden.
In einem Suppentopf in zerlassener Butter die Kerbelblätter und -stengel kurz andünsten, dann das Mehl darüberstäuben und unter Rühren hell anschwitzen. Mit Fleischbrühe aufgießen. Die Suppe einmal aufkochen und dann bei milder Hitze ½ Stunde köcheln lassen. Die Kerbelsuppe mit dem Schnellmixstab eines Handrührers pürieren und durch ein Sieb streichen.
Die Suppe wieder kurz erhitzen und mit Salz, Pfeffer und 1 Prise Zucker abschmecken. Die zurückbehaltenen Kerbelblättchen unterrühren und zum Schluß die nicht mehr kochende Suppe mit der Eiersahne legieren.

Kerbelsuppe mit Weißwein

½ l Fleischbrühe
⅛—¼ l trockener Weißwein
⅛ l Sahne
⅛ l steifgeschlagene Sahne
2 Handvoll Kerbelblättchen
Salz
Pfeffer aus der Mühle
1 Prise Zucker
1 verquirltes Eigelb

Fleischbrühe, Wein und Sahne erhitzen. Den Kerbel unterrühren und die Suppe mit Salz, Pfeffer und 1 Prise

Zucker abschmecken. Zur Suppe in den Tellern einen Klecks geschlagene Sahne geben und etwas zurückbehaltenen Kerbel darüberstreuen.

Kerbelsuppe mit Karotten

1 großes Bund Kerbel, grob geschnitten
1 l Fleischbrühe
2—3 Karotten, in Scheiben geschnitten und in etwas Fleischbrühe weich gekocht
1 feingewiegte Zwiebel
1 Scheibe Butter zum Andünsten
etwas Mehl zum Überstäuben
½ Tasse Sahne
Salz
Pfeffer aus der Mühle
1 Tasse Weißbrotwürfel, in etwas Butter geröstet

In einem Suppentopf in zerlassener Butter unter Rühren Kerbel und Zwiebel andünsten. Etwas Mehl darüberstäuben und durchrühren. Mit Fleischbrühe aufgießen, die Suppe einmal aufkochen und dann bei milder Hitze 10 Minuten köcheln lassen. Danach die Suppe mit dem Schnellmixstab eines Handrührers pürieren und durch ein Sieb streichen.

Die Kerbelsuppe dann wieder erhitzen, die Karottenscheiben dazugeben und die Sahne unterrühren. Mit Salz und Pfeffer abschmecken. Zur Suppe in den Tellern die gerösteten Brotwürfel geben und mit einigen zurückbehaltenen ganzen Kerbelblättchen garnieren.

Kerbel-Porree-Suppe

2 Scheiben Butter
2 feingewiegte Zwiebeln
2 Porreestangen, in dünne Ringe geschnitten
1 l Hühnerbrühe
2 kleingewürfelte Kartoffeln
1 Prise frischgeriebene Muskatnuß
Salz
Pfeffer aus der Mühle
1 EL Speisestärke, in etwas Wasser angerührt
1 großes Bund Kerbel, grob geschnitten
½ Tasse Sahne

In einem Topf in zerlassener Butter die Zwiebeln andünsten und die Porreeringe dann kurz mitdünsten. Die Kartoffelwürfel dazugeben und mit Hühnerbrühe aufgießen. Die Speisestärke unterrühren, die Suppe einmal aufkochen und dann bei schwacher Hitze 20 Minuten köcheln lassen. Mit Muskat, Salz und Pfeffer würzen und den Kerbel und die Sahne unterrühren.

Käsecreme-Kerbel-Suppe

2 Scheiben Butter
3 EL Mehl
1 l Fleischbrühe
200 g Gouda oder anderer Hartkäse, geraffelt
⅛ l Sahne
1 Prise frischgeriebene Muskatnuß
Salz
Pfeffer aus der Mühle
1 großes Bund Kerbel, grob geschnitten
1 Bund Schnittlauch, in Röllchen geschnitten
1 verquirltes Eigelb
1 Tasse Weißbrotwürfel, in etwas Butter geröstet

In einem Suppentopf in zerlassener Butter das Mehl hell anschwitzen. Nach und nach die Fleischbrühe unterrüh-

ren. Die Suppe ¼ Stunde köcheln lassen. Dann den geraffelten Käse unterrühren, bis er sich auflöst. Die Sahne dazugießen und mit Muskat, Salz und Pfeffer würzen. Den Kerbel unterrühren und zum Schluß die nicht mehr kochende Suppe mit dem verquirlten Eigelb legieren.
Die Suppe in den Tellern mit Schnittlauchröllchen bestreuen und die gerösteten Weißbrotwürfel dazugeben.

Kerbel-Schinken-Suppe

1 großer Kopfsalat; einige feste Herzblätter zurückbehalten und in Scheiben geschnitten
½ l Fleischbrühe
1 großes Bund Kerbel, grob geschnitten
½ Tasse Sahne
100 g gekochter Schinken, in feine Streifen geschnitten
1 Prise frischgeriebene Muskatnuß
Salz
Pfeffer aus der Mühle
4 pochierte Eier

Den Salatkopf in kochendem Salzwasser 1 Minute blanchieren und dann unter kaltem Wasser abschrecken. Den Salatkopf und den Kerbel in etwas Fleischbrühe in einem Suppentopf kurz aufkochen lassen und dann das Ganze mit dem Schnellmixstab eines Handrührers pürieren. Die Sahne und die restliche Fleischbrühe unterrühren und mit Muskat, Salz und Pfeffer würzen.
Die Eier nacheinander in einer Tasse aufschlagen und in siedendem Salz-Essigwasser etwa 4 Minuten kochen, bis sie ganz zu stocken beginnen.
Zum Schluß unter die Suppe die Schinken- und Kopfsalatstreifen mischen und in jeden Teller 1 pochiertes Ei geben.

Allgäuer Käse-Kerbel-Suppe

¾ l Hühnerbrühe
⅛ l trockener Weißwein
Salz
Pfeffer aus der Mühle
200 g Schmelzkäse, zerdrückt
2 verquirlte Eigelb
1 großes Bund Kerbel, grob geschnitten
1 Tasse Weißbrotwürfel, in Butter geröstet

Die Hühnerbrühe einmal aufkochen, den Wein dazugießen und den zerdrückten Käse unter Rühren in der Suppe schmelzen lassen. Mit Salz und Pfeffer abschmecken und den Kerbel unterrühren. Zum Schluß die nicht mehr kochende Suppe mit den verquirlten Eigelb legieren. Zur Suppe in den Tellern die gerösteten Weißbrotwürfel geben. Mit einigen zurückbehaltenen ganzen Kerbelblättchen garnieren.

Grüne Bohnensuppe mit Kerbel

300 g grüne Bohnen
1 Zweig Bohnenkraut
einige Spritzer Zitronensaft
Salz
1 Bund Kerbel, grob geschnitten
1 Scheibe Butter
½ Tasse frischgeriebene Muskatnuß
Salz
Pfeffer aus der Mühle
1 Tasse Weißbrotwürfel, in etwas Butter geröstet

Die jungen Bohnen in ¾ l Wasser mit Salz, Zitronensaft und 1 Zweig Bohnenkraut in ¼ Stunde weich kochen. Die Hälfte des Kerbels untermischen, Butter und Sahne unterschlagen und die Suppe noch einige Minuten köcheln lassen. Mit Salz und Pfeffer abschmecken.
Die Suppe in den Tellern mit dem restlichen Kerbel bestreuen und die gerösteten Brotwürfel dazugeben.

Kerbelcremesuppe mit Bananen

1 Scheibe Butter
3 EL Mehl
¾ l Fleischbrühe
1 Bund Kerbel, grob geschnitten
2 zerdrückte Bananen
Salz
Pfeffer aus der Mühle
einige Spritzer Tabasco
1 verquirltes Eigelb

In einem Suppentopf in zerlassener Butter unter Rühren das Mehl hell anschwitzen. Mit Fleischbrühe aufgießen und Kerbel und Bananen unterrühren. Die Suppe aufkochen und 15 Minuten bei milder Hitze köcheln lassen. Die Suppe dann mit dem Schnellmixstab eines Handrührers pürieren und mit Tabasco, Salz und Pfeffer abschmecken. Zum Schluß die nicht mehr kochende Suppe mit 1 verquirltem Eigelb legieren. Die Suppe in den Tellern mit einigen ganz belassenen Kerbelblättchen garnieren.

Radieschensalat mit Kerbel

2—3 Bund Radieschen, in dünne Scheiben und nach Belieben noch in Stifte geschnitten
1 Kopfsalatherz, zerpflückt
1 feingewiegte Zwiebel
1 Handvoll Kerbelblättchen, von den Stielen gezupft
1 EL Sherryessig
Salz
Pfeffer aus der Mühle
2 EL kaltgepreßtes Olivenöl

Radieschen, Kopfsalat, Zwiebel und Kerbel vermischen. Die Salatsauce anrühren und vorsichtig unterheben.

Grüner Spargel mit Räucherlachs

1,5 kg grüner Spargel, nur der untere Teil geschält
300 g Räucherlachs in sehr dünnen Scheiben
1 Bund Schnittlauch, in Röllchen geschnitten
1 Handvoll Kerbelblättchen, von den Stielen gezupft
einige Zitronenachtel zum Beträufeln

Den grünen Spargel 10—12 Minuten kochen. Abtropfen lassen und auf 4 Tellern anrichten. Die Räucherlachsscheiben darüberlegen und Schnittlauch und Kerbel darüberstreuen. Daneben Zitronenachtel zum Beträufeln legen.
Dazu Weiß- oder Toastbrot mit Butter reichen.

Gemüsesalat mit Kerbel

Gemüse, geputzt und in Scheiben geschnitten:
1 Kartoffel
1—2 Karotten
½ Sellerieknolle
2—3 weiße Rüben
1 Zwiebel oder einige ganz belassene Schalotten
½ l Fleischbrühe
1 Zweig Thymian
Pfeffer aus der Mühle
4 Scheiben gekochter Schinken, in kleine Quadrate geschnitten
3 EL Obstessig
2 EL Kochsud
Salz
2—3 EL kaltgepreßtes Olivenöl
1 Handvoll Kerbelblättchen, von den Stengeln gezupft

Das Gemüse mit Pfeffer und 1 Thymianzweig in Fleischbrühe zugedeckt bei mittlerer Hitze 20—30 Minuten lang köcheln lassen.

Die Salatsauce mit den genannten Zutaten anrühren. Das Gemüse mit einem Schaumlöffel aus dem Sud heben und unter die Sauce mischen.
Den Salat auf Tellern anrichten und den Schinken und die Hälfte des Kerbels untermischen. Die restlichen Kerbelblättchen darüberstreuen.

Karottensalat mit Kerbel

ca. 600 g Karotten, in feine Streifen geraffelt
1—2 Handvoll Kerbelblättchen, von den Stielen gezupft

Für die Salatsauce:
einige Knoblauchzehen, mit etwas Salz zerdrückt
2 Eigelb
Salz
Pfeffer aus der Mühle
einige EL kaltgepreßtes Olivenöl
100 g Joghurt
1 Spritzer Tabasco
einige Spritzer Zitronensaft
1 Prise Zucker

In einem Rührbecher Knoblauch und Eigelb mit einem Elektroquirl verrühren und unter weiterem Rühren nach und nach das Olivenöl dazugießen, bis die Sauce dick wird. Den Joghurt unterrühren und die Sauce mit Salz, Pfeffer, Tabasco, Zitronensaft und Zucker abschmecken. Die geraffelten Karotten mit der Salatsauce vermischen und etwas durchziehen lassen. Dann die Kerbelblättchen untermischen.

Kalbsbries mit Erbsen-Kerbel-Sauce

800 g Kalbsbries, von Adern und Blutgerinnseln befreit und einige Stunden gewässert
Salz
etwas Mehl zum Überstäuben
1 feingewiegte Zwiebel
2 Scheiben Butter

Für die Erbsen-Kerbel-Sauce:
500 g junge Erbsen, frisch, aus der Dose oder tiefgekühlt
⅛ l Hühnerbrühe
⅛ l trockener Weißwein
⅛ l Sahne
1 Prise Zucker
Salz
Pfeffer aus der Mühle
1 Bund Kerbel, grob geschnitten
1 Scheibe Butter zum Andünsten

Das gewässerte Kalbsbries in kochendem Salzwasser kurz blanchieren und dann unter kaltem Wasser abschrecken. Das Bries häuten und in Stücke schneiden.
Für die Sauce die jungen Erbsen in Fleischbrühe einmal aufkochen und dann bei milder Hitze ¼ Stunde köcheln lassen. Die Erbsen anschließend mit dem Schnellmixstab eines Handrührers pürieren und Weißwein und Sahne unterrühren. Die Erbsensauce etwas einkochen lassen und mit 1 Prise Zucker und mit Salz und Pfeffer abschmecken. Den grobgeschnittenen Kerbel in Butter unter Rühren kurz andünsten und unter die Erbsen mischen.
Die Briesstücke mit Mehl bestäuben und zusammen mit der Zwiebel in einer Pfanne in zerlassener Butter in wenigen Minuten goldgelb braten. Die Briesstücke dann salzen und pfeffern und anrichten. Die Erbsen-Kerbelsauce dazugießen und mit einigen zurückbehaltenen ganzen Kerbelblättchen garnieren.
Dazu Pellkartoffeln oder Kartoffelpüree reichen.

Austernseitlinge mit Kerbel

500 g Austernseitlinge; harte Stellen an den Füßchen weggeschnitten; größere Pilze halbiert oder geviertelt
3 EL kaltgepreßtes Olivenöl
einige Knoblauchzehen, in Scheibchen geschnitten
Salz
Pfeffer aus der Mühle
1 Bund Kerbel, grob geschnitten oder zerzupft

Die Austernpilze in einer Pfanne in heißem Öl langsam braten. Dabei einmal wenden. Zum Schluß die Knoblauchscheibchen dazugeben und unter Rühren goldbraun anrösten. Die Pilze mit Salz und Pfeffer würzen, den Kerbel darüberstreuen und teilweise untermischen.

Koriander (*Coriandrum sativum*)

Japanischer Koriander

Inhaltsstoffe und Wirkung

Ätherische Öle, Gerbstoffe, Vitamine.

Appetitanregend, verdauungsfördernd; günstig bei Störungen im Magen-Darmbereich.

Verwendung

In der asiatischen Küche wird der Koriander so häufig verwendet wie bei uns die Petersilie.
Koriandersamen, ganz oder zerstoßen zu Lebkuchen und Gebäck; zu Suppen, zu Fischgerichten, Schwein- und Hammelfleisch, zu Wildbeizen und zu roten Beten.
Die aromatischen herb-würzigen *Korianderblätter* können in der Küche wie Petersilie verwendet werden.

Reisfrikadellen mit Koriander

200 g gekochter Reis
500 g gemischtes Hackfleisch
2 feingewiegte Zwiebeln
einige durchgepreßte Knoblauchzehen
1 Bund Koriandergrün, grob geschnitten
1 TL scharfer Senf
einige Spritzer Worcestersauce
1 EL Sojasauce
1 EL Currypulver
1 EL geriebener Meerrettich, frisch oder aus dem Glas
1 Ei
Salz
Pfeffer aus der Mühle
Butterschmalz zum Braten

Die Zwiebeln in etwas Fett glasig dünsten. Den Knoblauch dazugeben und unter Rühren kurz mitdünsten. Beides dann zu Reis und Hackfleisch geben. Die genannten Zutaten untermengen und mit Salz und Pfeffer abschmecken.
Mit befeuchteten Händen kleine Frikadellen formen und in reichlich Butterschmalz oder in der Fritüre knusprig herausbacken. Auf Küchenkrepp entfetten.

Hackfleischbällchen mit Koriander

500 g Schweinehackfleisch
2 EL Stärkemehl
1 TL Salz
½ TL Zucker
1 Glas Sherry
einige Spritzer Tabasco
1 Bund Koriandergrün, grob geschnitten

Das Hackfleisch mit den genannten Zutaten vermengen und 10 Minuten durchziehen lassen. Kleine Fleischbällchen formen und in der Fritüre knusprig herausbacken. Auf Küchenkrepp abtropfen lassen.

Rindfleisch mit Koriander

ca. 500 g Rindfleisch, quer zur Faser in möglichst dünne Scheiben geschnitten
einige EL Färberdistelöl zum Braten
1 Glas Sherry
1 Bund Koriandergrün, grob geschnitten

Für die Marinade:
2 TL Speisestärke
2 EL Sojasauce
1 EL Färberdistelöl
1 Stück Ingwerknolle, frisch gerieben
1 TL Salz

Die Marinade anrühren und das Rindfleisch darin ¼ Stunde ziehen lassen. Das Fleisch dann in einer Pfanne in heißem Öl bei mittlerer Hitze unter Rühren kurz braten. Das Fleisch aus der Pfanne nehmen und warm stellen. Die verbliebene Marinade und den Sherry in die Pfanne gießen und kurz köcheln lassen. Den Koriander rasch unterrühren und die Sauce über das Fleisch gießen. Dazu Reis servieren.

Portugiesische Kalbshaxe mit Koriander

(Für 4—6 Personen)

2 Kalbshaxen, vom Metzger in Scheiben gesägt
½ Tasse kaltgepreßtes Olivenöl
2 Chilischoten
1,5 kg Tomaten, blanchiert, geschält und klein geschnitten
1 kg kleingeschnittene Zwiebeln
einige durchgepreßte Knoblauchzehen
Salz
Pfeffer aus der Mühle
1—2 EL Korianderkörner, im Mörser zerstoßen
1 Glas Rotwein
1—2 Tassen Wasser
1 Bund glatte Petersilie, grob geschnitten
1 Bund Koriander, grob geschnitten; die Stiele fein gewiegt und zum Saucenfond gegeben
1 Tasse entsteinte schwarze Oliven, klein geschnitten

In einem Schmortopf in heißem Öl die Kalbshaxenscheiben auf beiden Seiten anbraten. Mit Salz, Pfeffer und den zerstoßenen Korianderkörnern bestreuen. Tomaten, Zwiebeln, Knoblauch, Korianderstiele und Chilischoten dazugeben. Die Kalbshaxen dann im geschlossenen Topf im Bratrohr bei 150 °C 3 Stunden schmoren lassen. Etwas Rotwein und gelegentlich etwas Wasser dazugießen.

Die Kalbshaxen dann aus dem Topf nehmen und warm stellen. Die Chilischoten entfernen und die Sauce mit Salz und Pfeffer abschmecken. Die Oliven untermischen und zum Schluß die Korianderblätter über die Sauce streuen und zum Teil unterheben. Dazu Reis und Rotwein reichen.

Kutteln mit Koriander

500 g gargekochte Kutteln, klein geschnitten
3 Paprikaschoten, geputzt und in Streifen geschnitten
3 EL Färberdistelöl
1 Stück Ingwerknolle, frisch gerieben
1 Glas Sherry
Salz
Pfeffer aus der Mühle
1 Bund Koriandergrün, grob geschnitten

Die Kutteln und Paprikastreifen in heißem Öl unter Rühren andünsten. Den Ingwer darunterrühren und mit Sherry ablöschen. Mit Salz und Pfeffer abschmecken und den Koriander unterrühren. Sofort servieren. Dazu Reis reichen.

Kümmel (*Carum carvi*)

Inhaltsstoffe und Wirkung

In den Samen reichlich ätherische und fette Öle; die Blätter enthalten außerdem Vitamine, Enzyme und organische Säuren.

Appetitanregend, verdauungsfördernd, krampflösend, gegen Blähungen.

Verwendung

Kümmelsamen zu Fleischgerichten, vor allem zu Schweinefleisch und Hammel; zu Kohl, vor allem zu Sauerkraut, zu Kartoffelgerichten, Quark und Käse; zu Brot und Gebäck.

Junge Kümmelblätter zu Salaten, Gemüse und Suppen; zu Fleisch, Quark und Käse; zu Kräutersaucen und Kräutermischungen.

Kümmelkartoffeln (Blechkartoffeln)

500 g Kartoffeln, gewaschen und gut abgebürstet
Salz
reichlich Kümmel zum Bestreuen

Die Kartoffeln der Länge nach halbieren und mit der Schnittfläche nach oben auf ein Backblech legen. Mit etwas Salz und reichlich mit Kümmel bestreuen und im vorgeheizten Backofen bei 200°C etwa 45 Minuten lang backen.

Kümmelkroketten

750 g gargekochte Pellkartoffeln, geschält und durch ein Sieb passiert
1 Scheibe weiche Butter
3 Eier
Salz
Pfeffer aus der Mühle
1 Prise frischgeriebene Muskatnuß
etwas Mehl
150 g fester Schnittkäse, in Streifen geschnitten
ca. 3 EL Kümmel, im Mörser gestoßen
Semmelbrösel zum Wenden der Kroketten
Fett zum Ausbacken

Die Kartoffeln mit Butter, Eiern, Salz, Pfeffer, Muskatnuß und etwas Mehl zu einem festen Teig verkneten. Den Teig zu einer 3 cm dicken Rolle formen und in etwa 6 cm lange Stücke schneiden. In jedes Teigstück einen Käsestreifen und etwas gestoßenen Kümmel drücken und den Teig wieder gut andrücken. Die Kümmelkroketten in Semmelbröseln wenden, in heißem Fett oder in der Fritüre goldgelb ausbacken. Auf Küchenkrepp abtropfen lassen.

Die Kroketten eignen sich als Beilage zu Fleisch, Geflügel und Gemüse.

Kümmel-Bierhähnchen

1 großes Hähnchen, in Portionsstücke zerlegt
1 Scheibe Räucherspeck, gewürfelt
1 gewürfelte Zwiebel
einige Knoblauchzehen, in Scheibchen geschnitten
1 kleingeschnittene Karotte
1 Lorbeerblatt
2 EL Kümmel
einige Pfefferkörner, im Mörser grob zerstoßen
Salz
2 EL Rübensirup
1 Schoppen dunkles Bier, Bock- oder Starkbier
1 Scheibe Butter
2 EL Mehl

Die Hähnchenteile salzen und mit Speck, Knoblauch, Zwiebel, Karotte und Lorbeerblatt in einen Schmortopf geben. Mit Kümmel und zerstoßenen Pfefferkörnern bestreuen und mit dem Sirup beträufeln. Das Bier dazugießen und alles im geschlossenen Topf im vorgeheizten Bratrohr bei 180°C 1½ Stunden schmoren lassen.
Die Hähnchenteile dann herausnehmen und im Rohr warm stellen. Auf dem Herd die Sauce im Topf mit etwas Wasser und Bier aufgießen, erhitzen, abseihen und entfetten. In einem anderen Topf das Mehl in Butter unter ständigem Rühren kurz anbräunen, dann mit der Sauce ablöschen und alles ¼ Stunde lang köcheln lassen. Mit Salz und Pfeffer abschmecken und zu den Hähnchenstücken servieren.
Dazu passen Semmelknödel, Kartoffelknödel oder Salzkartoffeln; Salate nach Jahreszeit.

Kümmelbrötchen

Für den Teig:
300 g Mehl
20 g Hefe, zerbröckelt
⅛ l lauwarme Milch
1 TL Zucker
1 EL Kümmel, im Mörser gestoßen
1 TL Salz
abgeriebene Schale von 1 Zitrone
1 Ei
50 g Butter in Flöckchen
etwas Butter zum Ausfetten des Backblechs
1 Eigelb mit 1 EL Milch und 1 Prise Salz verquirlt
2 EL ganzer Kümmel zum Bestreuen

Das Mehl in eine Schüssel sieben und in die Mitte eine Mulde drücken. Die Hefe dazugeben und mit etwas Milch, dem Zucker und etwas Mehl zu einem Vorteig verrühren. Zugedeckt an einem warmen Platz 15 Minuten gehen lassen.
Gestoßenen Kümmel, die restliche Milch, Salz, Zitronenschale, Ei und Butterflöckchen dazugeben und alles zu einem glatten Teig verarbeiten. Den Teig so lange kneten, bis er Blasen wirft und sich leicht vom Schüsselrand löst. Den Teig noch einmal zugedeckt 45 Minuten gehen lassen.
Den Teig dann nochmals durchkneten und runde Brötchen von ca. 4 cm Durchmesser formen. Die Kümmelbrötchen auf ein ausgebuttertes Backblech legen und nochmals 10 Minuten gehen lassen. Mit dem verquirlten Ei bestreichen und mit Kümmel bestreuen. Die Brötchen im vorgeheizten Backofen bei 200°C 20—25 Minuten backen.

Liebstöckel (*Levisticum officinale*)

Inhaltsstoffe und Wirkung

Ätherisches Öl; nach der Suppenwürze »Maggi« riechend; daher auch der Name Maggikraut für Liebstöckel (in Maggi ist allerdings kein Liebstöckel enthalten); Gerb- und Bitterstoffe, Cumarin, Vitamine, Harze, Zucker, organische Säuren.

Die Harn- und Gallenausscheidung steigernd, wirksam gegen Blähungen, die Sekretion im Bereich des Magen-Darmtrakts anregend.

Verwendung

Da Liebstöckel sehr intensiv würzt, sollte man ihn vorsichtig dosieren.
Zu Suppen, Eintöpfen, Erbsen und Bohnen, zu Gemüse und Kartoffelgerichten, zu Salaten, Saucen, Quark, zu Hackfleisch und Füllungen, zu Schwein und Lamm.
Wurzeln und Früchte können ebenfalls zum Würzen verwendet werden. Früchte zum Einmachen von Essiggemüse und Pilzen.

Fleischbrühe mit Liebstöckel

(Ca. 3 l, auf Vorrat gekocht)

500 g Rinderknochen, auch einige Markknochen
500 g Rindersuppenfleisch, zum Auslaugen mehrmals tief eingeschnitten
kleingeschnittenes Wurzelwerk: 1—2 Karotten, ½ Porreestange, 1 Stück Sellerie, 1 Petersilienwurzel, 1 Pastinakwurzel
1 halbierte Zwiebel, auf der heißen Herdplatte kräftig angeröstet
1 halbierte Tomate
2 Lorbeerblätter
1 Bund glatte Petersilie, grob geschnitten
1—2 große Liebstöckelblätter, grob geschnitten
einige Pfefferkörner
Salz

In einen sehr großen Suppentopf die Rinderknochen und das Suppenfleisch legen. Die anderen genannten Zutaten in den Topf geben und 3 l kaltes Wasser dazugießen. Die Brühe langsam zum Kochen bringen und dann zugedeckt bei schwacher Hitze 3 Stunden sieden lassen. Gelegentlich durchrühren, aber den sich bildenden Schaum nicht abschöpfen.
Nach Belieben gleichzeitig anderes Kochfleisch wie Tellerfleisch, Kronfleisch oder Tafelspitz 1—1½ Stunden in der Brühe mitkochen lassen.
Einen Teil der Fleischbrühe nach dem Kochen servieren. Den Rest für spätere Suppen und Saucen bis zu einer Woche im Kühlschrank aufbewahren.

Liebstöckelsauce

5 hartgekochte ausgelöste Eigelb, zerdrückt
$\frac{1}{8}$ l kaltgepreßtes Olivenöl
1 Becher Joghurt
einige EL Crème fraîche
1 EL scharfer Senf
1 ganzes Liebstöckelblatt, fein gewiegt
1 Bund frische Kräuter, grob geschnitten: Sauerampfer, Pimpinelle (Wiesenknopf), Zitronenmelisse, Borretsch
2 Knoblauchzehen, mit etwas Salz zerdrückt
Pfeffer aus der Mühle
Salz

Die zerdrückten Eigelb mit dem Olivenöl verrühren. Joghurt, Crème fraîche und Senf unterrühren. Dann den Knoblauch und die Kräuter untermischen und die Sauce mit Pfeffer und Salz abschmecken.
Diese Sauce paßt zu gekochtem Rindfleisch, Hackbraten und Frikadellen, zu kaltem Braten, harten Eiern und Salatplatten.

Liebstöckel-Kartoffel-Gratin

500 g Kartoffeln, geschält, in dünne Scheiben geschnitten; in kochendem Salzwasser 3 Minuten vorgegart und in einem Sieb abgegossen
Salz
Pfeffer aus der Mühle
1 Liebstöckelblatt, zerpflückt
$\frac{1}{4}$ l Sahne
1 Scheibe Butter in Flöckchen
ca. 100 g Gruyère, Gouda oder anderer Hartkäse, geraffelt
etwas Butter zum Ausfetten einer Auflaufform

Die Kartoffelscheiben dachziegelartig in eine ausgebutterte Gratinform schichten. Salzen und pfeffern und mit

Liebstöckel bestreuen. Die Sahne darübergießen und die Butterflöckchen darauf verteilen. Den Käse darüberstreuen und das Kartoffelgratin im vorgeheizten Rohr bei 180 °C etwa 45 Minuten backen.

Liebstöckel-Kartoffel-Suppe

2 Scheiben durchwachsener Speck, gewürfelt
2 feingewiegte Zwiebeln
1—2 ganze Liebstöckelblätter, fein gewiegt
1 kg Kartoffeln, geschält und in kleine Würfel geschnitten
1 kleingeschnittene Petersilienwurzel
1 l Wasser
Pfeffer aus der Mühle
Salz
1 Tasse Sahne
1 Bund Schnittlauch, in Röllchen geschnitten, zum Bestreuen

In einem Suppentopf die Speckwürfel auslassen und die Zwiebeln im Fett glasig dünsten. Den Liebstöckel dazugeben und unter Rühren kurz mit andünsten.
Kartoffeln und Petersilienwurzeln dazugeben und mit Wasser aufgießen.
Die Suppe zugedeckt bei mittlerer Hitze ½ Stunde köcheln lassen. Mit Salz und Pfeffer würzen und zum Schluß die Sahne unterrühren. Die Liebstöckelsuppe in den Tellern mit Schnittlauch bestreuen und Bauernbrot dazu reichen.

Pastinak (*Pastinace sativa*)

Inhaltsstoffe und Wirkung

Ätherische Öle, Furocumarine.

Harntreibend, schmerzstillend.

Verwendung

Die Wurzeln können als Gemüse zubereitet werden.

Wurzeln zu Kartoffelgerichten, Karotten, Gemüsesuppen, Eintöpfen; zum »Wurzelwerk«, zusammen mit Karotten, Porree, Sellerie und Petersilienwurzeln.

Junge Blätter zu Suppen, Saucen, Kartoffelgerichten, Rindfleisch, zu Kräutermischungen.

Pastinaksuppe

4 Pastinakwurzeln, geschabt und in Scheiben geschnitten
2 EL Färberdistelöl
3 feingewiegte Zwiebeln
2 Porreestangen, in Ringe geschnitten
1 l Fleischbrühe
Salz
Pfeffer aus der Mühle
Pastinakgrün, grob geschnitten
etwas Basilikum und glatte Petersilie, grob geschnitten
⅛ l Sahne

In einem Suppentopf in heißem Öl die Zwiebeln glasig dünsten. Pastinak und Porree dazugeben und kurz mitdünsten. Mit Fleischbrühe aufgießen. Die Suppe einmal aufkochen und dann bei schwacher Hitze 20 Minuten köcheln lassen. Die Sahne unterrühren und mit Salz und Pfeffer abschmecken. Die Pastinaksuppe in den Tellern mit den Kräutern bestreuen.

Pastinaksuppe auf italienische Art

2 EL kaltgepreßtes Olivenöl
2 Zwiebeln, in Ringe geschnitten
100 g Reis
3 Pastinakwurzeln, geschabt und in Scheiben geschnitten
einige Wirsingkohlblätter (gelbe Herzblätter), in Streifen geschnitten
einige Knoblauchzehen, mit etwas Salz zerdrückt
1 l Fleischbrühe
2 EL Tomatenmark
Salz
Pfeffer aus der Mühle
Pastinakgrün, grob geschnitten
ca. 100 g geriebener Parmesankäse

In einem Suppentopf in heißem Öl die Zwiebeln glasig dünsten. Den Reis darunterrühren, dann Pastinak, Wirsing und Knoblauch dazugeben und unter Rühren kurz andünsten. Mit Fleischbrühe aufgießen und das Tomatenmark unterrühren. Die Suppe einmal aufkochen und dann zugedeckt 20 Minuten köcheln lassen. Mit Salz und Pfeffer abschmecken. Die Pastinaksuppe in den Tellern mit Pastinakgrün und Parmesan bestreuen.

Pastinaksalat

500 g Pastinakwurzeln, geschabt und in Stücke geschnitten
Salz
4 geachtelte Tomaten
150 g Pökelzunge, in Scheiben geschnitten
1 Bund krause Petersilie, zerpflückt
Pastinakgrün, grob geschnitten

Für die Salatsauce:
4 EL Weinessig
5 EL kaltgepreßtes Olivenöl
1 Prise Zucker
Salz
Pfeffer aus der Mühle

Die Pastinakwurzeln in Salzwasser weich kochen und dann mit den Tomaten und der Pökelzunge anrichten. Die Salatsauce anrühren und untermischen. Den Salat etwas durchziehen lassen und dann mit Pastinakgrün bestreuen und mit krauser Petersilie garnieren.

Petersilie (*Petroselinum crispum*)

Wurzelpetersilie (*Petroselinum crispum tuberosum*)
Blattpetersilie (*Petroselinum crispum crispum*):
  Glattblättrige Schnittpetersilie
  Krausblättrige Petersilie in verschiedenen Sorten

Inhaltsstoffe und Wirkung

Reichlich Vitamin C. Vitamine A, B_1, B_2 und E. Kalium, Kalzium, Magnesium, Eisen.

Appetitanregend, verdauungsfördernd, mäßig harntreibend.

Verwendung

Petersilie ist wie Basilikum und Dill ein Universalgewürz, das sehr gut mit anderen Kräutern harmoniert und außer bei Süßspeisen bei allen Gerichten verwendet werden kann.
Frische Petersilie schmeckt süßlich-würzig. Angedünstete und gegarte Petersilie entwickelt eine angenehme prikkelnde Schärfe.

Am intensivsten würzt die *glattblättrige Petersilie.* Die verschiedenen Sorten der *krausen Petersilie* sind dezenter im Geschmack. Doch sind sie ebenfalls sehr würzig und besitzen ein anderes spezifisches Petersilienaroma. Sie sind also nicht bloß zur Dekoration geeignet. Glatte und krause Petersilie lassen sich auch gut kombinieren.

Petersilienwurzeln werden im Herbst geerntet und stehen, in Sand oder Erde eingeschlagen, den ganzen Winter über zur Verfügung. Man verwendet sie als Gemüse und gibt sie zu Suppen und Saucenfonds; zum Kochsud von Fleisch und Fisch; zu Marinade und Beizen.

Petersiliensamen darf in der Küche nicht verwendet werden, da das im ätherischen Petersilienöl enthaltene Apiol, das vor allem im Samen vorkommt, in größeren Mengen giftig ist.

Petersilien-Sahnesuppe

1 Stange Porree, unterer weißer Teil, in Ringe geschnitten
3 sehr kleingewürfelte Kartoffeln
1 großes Bund glatte Petersilie, grob geschnitten; 1/3 der Petersilie zum späteren Unterrühren zurückbehalten
1 Scheibe Butter zum Andünsten
1/2 l Fleischbrühe
1/2 l Sahne
Salz
Pfeffer aus der Mühle
1 Prise frischgeriebene Muskatnuß
1 Spritzer Tabasco
1 Spritzer Zitronensaft

In einem Suppentopf in zerlassener Butter Porree und 2/3 der Petersilie andünsten. Die Kartoffeln dazugeben und mit Fleischbrühe und Sahne aufgießen. Die Suppe bei milder Hitze 1/2 Stunde köcheln lassen und dann mit dem Schnellmixstab eines Handrührers pürieren. Mit Salz, Pfeffer und Muskat würzen und mit Tabasco und Zitronensaft abschmecken. Zum Schluß die restliche Petersilie unterrühren.

Wildkräuter-Petersilien-Suppe

1 kleine Schüssel junge Wildkräuter nach Jahreszeit, grob geschnitten: Brennesseltriebe, Geißfuß (Giersch), Bärlauch, Brunnenkresse, Vogelmiere o. a.
1 großes Bund glatte Petersilie, grob geschnitten
1 feingewiegte Zwiebel
einige kleingeschnittene Knoblauchzehen
1—2 Scheiben Butter zum Andünsten
1 l Fleischbrühe
1 Becher Crème fraîche
1 Prise frischgeriebene Muskatnuß
Salz
Pfeffer aus der Mühle

In einem Suppentopf in zerlassener Butter Zwiebel und Knoblauch und dann die Wildkräuter und die Petersilie unter Rühren andünsten. Mit Fleischbrühe aufgießen. Die Suppe einmal aufkochen und dann bei kleiner Flamme ¼ Stunde köcheln lassen.
Die Kräutersuppe mit dem Schnellmixstab eines Handrührers pürieren und durch ein Sieb streichen. Die Crème fraîche unterrühren und mit Muskat, Salz und Pfeffer abschmecken. Die Suppe in den Tellern mit einigen zurückbehaltenen zerpflückten Kräutern garnieren.

Leberknödelsuppe

4 altbackene Brötchen, in dünne Scheiben geschnitten und in Milch eingeweicht
200 g Rinderleber, durch den Fleischwolf gedreht
50 g geschabte Milz
1 feingewiegte Zwiebel
1 Bund glatte Petersilie, grob geschnitten
1 Scheibe Butter zum Andünsten
2 Eier
etwas feingewiegter Majoran
Salz
Pfeffer aus der Mühle
1 l Fleischbrühe
1 Bund Schnittlauch, in Röllchen geschnitten

In einer Schüssel Brötchen, Leber und Milz vermengen. Zwiebel und Petersilie in Butter andünsten und mit den Eiern dazugeben. Mit Majoran, Salz und Pfeffer würzen und das Ganze zu einem Teig verarbeiten.
4 große Leberknödel formen und in der leise siedenden Fleischbrühe in etwa 20 Minuten gar ziehen lassen. Die Suppe in den Tellern mit Schnittlauchröllchen bestreuen.

Spargel in Petersiliensahne

1,5 kg Spargel, geschält, in große Stücke geschnitten
2—3 Scheiben Butter
½ Tasse Wasser
⅛ l Sahne
Salz
Pfeffer aus der Mühle
1 Prise Zucker
1 großes Bund glatte Petersilie

In einem Topf die Butter zerlassen und die Spargelstücke dazugeben. Etwas Wasser und die Sahne dazugießen und mit Salz, Pfeffer und 1 Prise Zucker würzen. Den

Spargel zugedeckt bei milder Hitze etwa 20 Minuten garen lassen. Zum Schluß die Petersilie untermischen. Dazu Schinken und Pellkartoffeln reichen.

Heiße Avocados mit Petersiliencreme

2 Avocados, längs halbiert, den Kern ausgelöst, mit Zitronensaft beträufelt
4 hartgekochte Eier, die Eigelb ausgelöst

Für die Petersiliencreme:
2 Petersilienwurzeln, gewaschen, geschält und klein geschnitten
1 Bund glatte Petersilie, grob geschnitten
¼ l trockener Weißwein
Saft von ½ Zitrone
1 Scheibe Butter
1—2 EL Speisestärke, in etwas Wasser angerührt
Salz
Pfeffer aus der Mühle

Die halbierten Avocados mit der Schnittfläche nach oben in einen flachen Topf setzen und etwas Wasser angießen. Zugedeckt bei schwacher Hitze 10 Minuten ziehen lassen. Die Avocados herausnehmen und in jede Höhlung anstelle des Kerns 1 Eigelb hineinsetzen.
Die Petersilienwurzeln in Weißwein und Zitronensaft zusammen mit der Speisestärke ¼ Stunde köcheln lassen, dann mit dem Schnellmixstab eines Handrührers pürieren und durch ein Sieb streichen. Die Sauce wieder erhitzen und mit dem Schneebesen Butter und Petersilie darunterschlagen. Die Creme mit Salz und Pfeffer abschmecken und über die Avocadohälften gießen.

Grüner Spargel mit Petersiliencreme

ca. 1,5 kg grüner Spargel, nur das untere Drittel geschält
1 Tasse Crème fraîche
2 Becher Joghurt
1 Bund glatte Petersilie, grob geschnitten
1 durchgepreßte Knoblauchzehe
einige Spritzer Zitronensaft
Salz
Pfeffer aus der Mühle
ca. 1 kg Pellkartoffeln, heiß geschält
200 g Lachsschinken

Den grünen Spargel in siedendem Salzwasser in etwa 15 Minuten gar kochen. Für die Petersiliencreme Crème fraîche und Joghurt verrühren, Petersilie und Knoblauch untermischen und mit Zitronensaft, Salz und Pfeffer abschmecken. Den Grünspargel anrichten und die Petersiliencreme darüber verteilen. Dazu Pellkartoffeln und Lachsschinken geben.

Petersilienwurzelsalat

ca. 500 g Petersilienwurzeln, gewaschen, geschält, klein geschnitten und mit Zitronensaft beträufelt
⅛ l süße Sahne
⅛ l saure Sahne
2 EL kaltgepreßtes Olivenöl
Salz
Pfeffer aus der Mühle
1 Bund krause Petersilie, zerpflückt

Die Petersilienwurzeln in wenig Wasser gar dünsten. In einem Rührbecher die Hälfte der Wurzeln mit Sahne und Öl mit dem Schnellmixstab eines Handrührers pürieren. Mit Salz und Pfeffer abschmecken und die ganzen Wurzeln untermischen. Die krause Petersilie dazugeben und teilweise unterheben.

Petersilien-Bohnen-Salat

ca. 600 g gargekochte Kidneybohnen (Konserve) oder andere gekochte Bohnen
4 Stangen Staudensellerie, in Scheibchen geschnitten
2 kleingewürfelte Äpfel
1 großes Bund glatte Petersilie, grob geschnitten
3—4 EL kaltgepreßtes Olivenöl
2 EL Weinessig
1 TL scharfer Senf
einige durchgepreßte Knoblauchzehen
Salz
Pfeffer aus der Mühle

Bohnen, Sellerie, Äpfel und Petersilie vermengen. Die Salatsauce anrühren, abschmecken und unter den Salat mischen. Mit einigen zerpflückten Petersilienblättchen garnieren.

Petersilienklößchen

(Zu Gulasch, Ragouts und Suppen)

40 g weiche Butter
Salz
2 Eier
100 g Mehl
1 großes Bund glatte Petersilie, fein gewiegt

In einer Schüssel die Butter schaumig rühren. Salz, Eier, Mehl und Petersilie dazugeben und alles zu einem glatten Teig verarbeiten.
Mit einem Teelöffel kleine Klößchen abstechen, formen und in kochendem Salzwasser 5 Minuten lang gar ziehen lassen.

Petersilienspätzle mit Paprikasahne

300 g Mehl (Weizenvollkornmehl Type 1050)
4 Eier
Salz
1 großes Bund glatte Petersilie, fein gewiegt
¼ l lauwarmes Wasser

Für die Paprikasauce:
1 feingewiegte Zwiebel
einige durchgepreßte Knoblauchzehen
2 EL Sonnenblumenöl
1 rote Paprikaschote, geputzt, in sehr feine Streifen geschnitten
3 EL edelsüßer Paprika
⅛ l Fleischbrühe
⅛ l Sahne
einige Pfefferkörner, im Mörser grob zerstoßen
Salz
1—2 Scheiben Butter zum Braten der Spätzle
etwas krause Petersilie zum Garnieren

Das Mehl mit den genannten Zutaten zu einem festen Teig verarbeiten. In einem Topf Salzwasser aufkochen lassen und den Teig portionsweise durch eine Spätzlepresse hineindrücken. Die Spätzle, sobald sie an der Wasseroberfläche schwimmen, noch 1 Minute ziehen lassen und dann mit einem Schaumlöffel herausnehmen. Unter kaltem Wasser abschrecken und in einem Sieb gut abtropfen lassen.
Für die Paprikasahne in einer Pfanne in zerlassener Butter Zwiebel, Knoblauch und Paprikastreifen andünsten. Den edelsüßen Paprika darunterrühren und sofort mit Fleischbrühe und Sahne aufgießen. Die Sauce noch etwas köcheln lassen, bis sie sämig ist und mit Salz und Pfeffer würzen.
In einer Pfanne in zerlassener Butter die Petersilienspätzle unter Rühren kurz anbraten. Die Paprikasauce zu den Spätzle servieren und das Ganze mit krauser zerpflückter Petersilie garnieren.

Schwäbische Grüne Knöpfle

1 großes Bund Petersilie, klein geschnitten
3 Eier
250 g Mehl
100 ccm Wasser (10 EL)
Salz
Pfeffer aus der Mühle
2—3 Scheiben Butter zum Braten
150 g Emmentaler Käse, grob geraspelt oder in Stiftchen geschnitten

Zuerst in einem Rührbecher die Petersilie zusammen mit den 3 Eiern mit dem Schnellmixstab eines Handrührers pürieren. Die Masse dann in eine Schüssel geben und zusammen mit Mehl, Wasser, Salz und Pfeffer zu einem geschmeidigen Teig verarbeiten.
In einem Topf Salzwasser aufkochen lassen. Ein nasses Brett dünn mit dem Knöpfleteig bestreichen und die Knöpfle nach und nach mit einem breiten Messer in das Wasser schaben. Oder den Teig in den Schlitten eines Spätzlehobels füllen und die Knöpfle in das Wasser hobeln.
Die grünen Knöpfle einmal aufkochen lassen und dann mit einem Schaumlöffel herausnehmen, sobald sie an der Wasseroberfläche schwimmen. Die Knöpfle in einem Sieb unter kaltem Wasser abschrecken und dann gut abtropfen lassen.
In einer großen Pfanne die Butter zerlassen und die grünen Knöpfle darin unter häufigem Wenden braten. Mit Emmentaler Käse bestreut servieren.
Dazu Tomatensalat oder andere Salate nach Saison reichen.
Dieses Gericht eignet sich als Beilage oder als Hauptgericht, mit reichlich Käse bestreut.

Brennesselcreme mit Schinken-Petersilien-Nocken

1 Schüssel junge Brennnesseltriebe, gewaschen
2 feingewiegte Zwiebeln
einige zerdrückte Knoblauchzehen
3 EL kaltgepreßtes Olivenöl
2 EL Mehl zum Überstäuben
¼–½ l Fleischbrühe
1 Bund glatte Petersilie, grob geschnitten
1 Prise frischgeriebene Muskatnuß
100 g geriebener Parmesankäse

Für die Schinken-Petersilien-Nocken:
200 g gekochter Schinken, kleingeschnitten, fein gewiegt
3 Eigelb
ca. 5 EL Semmelbrösel
1 großes Bund glatte Petersilie, grob geschnitten
3 Eiweiß zu Eischnee steifgeschlagen
Salz
Pfeffer aus der Mühle
50 g Pinienkerne in einer Pfanne ohne Fett goldgelb geröstet

Für die Schinkennocken Schinken, Eigelb und Semmelbrösel vermengen. Die Petersilie und den Eischnee unterheben und mit Salz und Pfeffer würzen. Mit einem Teelöffel kleine Nocken abstechen, in sprudelnd kochendes Salzwasser legen und dann bei schwacher Hitze 5 Minuten ziehen lassen.
In einem Topf in heißem Olivenöl Zwiebeln und Knoblauch andünsten. Die Brennesseltriebe dazugeben und unter ständigem Rühren so lange dünsten, bis sie zusammenfallen. Mehl darüberstäuben und unter Rühren kurz anschwitzen. Mit soviel Fleischbrühe aufgießen, daß das Ganze gerade bedeckt ist. Die Brennesseln zugedeckt bei schwacher Hitze 15 Minuten lang köcheln lassen.
Die Brennesseln dann mit dem Schnellmixstab eines Handrührers pürieren und durch ein Sieb streichen.

Wenn nötig, noch etwas Fleischbrühe dazugießen, bis eine geschmeidige Creme entsteht. Mit Muskat, Salz und Pfeffer abschmecken und Petersilie und Parmesan unterrühren.
Die Nocken auf der Brennesselcreme anrichten und das Ganze mit den gerösteten Pinienkernen bestreuen.

Kartoffelknödel mit Petersilie und Schinken

1 kg gekochte oder gedämpfte mehlige Pellkartoffeln, geschält und durch eine Presse gedrückt
100 g kleingewürfelter Schinken
1 feingewiegte Zwiebel
1 Bund glatte Petersilie, grob geschnitten
½ Tasse Weißbrotwürfel, in Butter geröstet
1 Scheibe Butter
3 Eier
ca. 4 EL Mehl
Salz
Pfeffer aus der Mühle

In zerlassener Butter die Zwiebel und die Schinkenwürfel andünsten. Die Petersilie dazugeben und kurz mitdünsten. Das Ganze mit den gerösteten Weißbrotwürfeln zu den durchgedrückten Kartoffeln geben und alles gut durchmischen. Mit Salz und Pfeffer würzen und die Eier und das Mehl unter den Knödelteig kneten.
Knödel formen und in siedendem Salzwasser in 15 Minuten gar ziehen lassen.

Semmelknödel

(Zu Ragouts, Fleisch- und Wildgerichten, zu Pilzen)

6 altbackene Brötchen, klein geschnitten
ca. ¼ l lauwarme Milch
1 Scheibe Butter
1 feingewiegte Zwiebel
1 Bund glatte Petersilie, grob geschnitten
2 Eier
Salz
Pfeffer aus der Mühle

Die Brötchen mit der warmen Milch übergießen. Die Zwiebel in zerlassener Butter andünsten. Die Petersilie dazugeben und kurz mitdünsten. Das Ganze zu den Brötchen geben. Mit Salz und Pfeffer würzen, die Eier dazugeben und alles vorsichtig durcharbeiten.
Mit nassen Händen Knödel formen und in leicht siedendem Salzwasser 20 Minuten ziehen lassen.

Kohlrabi in Petersiliensauce

1 kg Kohlrabi; die Herzblättchen aufbewahrt
1 Scheibe Butter
¼ l saure Sahne
1 Prise Zucker
1 Spritzer Tabasco
Salz
Pfeffer aus der Mühle
1 großes Bund glatte Petersilie, grob geschnitten

Die Kohlrabi schälen und in dünne Scheiben schneiden, danach in Salzwasser 5 Minuten blanchieren. Anschließend in einem Topf in zerlassener Butter die gut abgetropften blanchierten Kohlrabischeiben unter Rühren kurz andünsten. Die Sahne unterrühren und den Kohlrabi bei milder Hitze ¼ Stunde garen lassen. Mit 1 Prise Zucker, Tabasco, Salz und Pfeffer abschmecken.

Die Kohlrabi-Herzblättchen fein wiegen und untermischen. Die Hälfte der Petersilie unter das Kohlrabigemüse rühren, den Rest darüberstreuen.
Dazu Pellkartoffeln und Schinkenröllchen servieren.
Dieses Gericht paßt zu Fisch vom Grill und zu kurzgebratenem Fleisch, oder eignet sich mit Beilagen als Hauptgericht.

Grüne Rühreier

1 Tasse Spinatblätter, geputzt, klein geschnitten
1 Bund glatte Petersilie, grob geschnitten
einige Frühlingszwiebeln, samt den Schlotten in Röllchen geschnitten
einige junge Bärlauchtriebe oder -blätter, klein geschnitten
50 g gewürfelter Schinkenspeck
8 Eier in einer Schüssel mit 1/8 l Sahne verquirlt
Salz
Pfeffer aus der Mühle

In einer Pfanne die Speckwürfel auslassen. Die Kräuter dazugeben und unter Rühren kurz andünsten. Die mit der Sahne verquirlten Eier mit Salz und Pfeffer würzen und in die Pfanne gießen. Die Eier unter die Speckwürfel und Kräuter rühren und nur leicht stocken lassen.

Petersilien-Gemüse-Kuchen

Für den Mürbteig:
250 g Mehl
125 g weiche Butter
2 Eier
1 Eigelb
1 Prise Salz
etwas Mehl für die Arbeitsplatte
etwas Butter zum Ausfetten einer Springform

Für die Füllung:
ca. 500 g Karotten, längs in dünne Scheiben geschnitten; in Salzwasser 1 Minute lang blanchiert
ca. 500 g junge Erbsen, frisch, tiefgekühlt oder Konserve
1 großes Bund glatte Petersilie, grob geschnitten
1 Bund mooskrause Petersilie, zerpflückt

200 g Crème fraîche
2 Eier
1 Prise frischgeriebene Muskatnuß
einige Spritzer Tabasco
Salz
Pfeffer aus der Mühle
100 g geriebener Hartkäse zum Bestreuen; Parmesan, Emmentaler, Gouda o. a.

Mehl, Butter, Eier, Eigelb und Salz zu einem geschmeidigen Mürbteig kneten. Den Teig zu einer Kugel formen und zugedeckt 1 Stunde oder länger im Kühlschrank ruhen lassen.
Den Mürbteig auf einer bemehlten Arbeitsfläche auswellen und dann in eine ausgebutterte Springform legen. Rundum einen etwa 3 cm breiten Rand hochdrücken. Karotten, Erbsen, glatte und krause Petersilie auf dem Teigboden verteilen.
2 Eier mit Crème fraîche verquirlen und mit Muskatnuß, Tabasco, Salz und Pfeffer kräftig würzen. Das Ganze über das Gemüse gießen und den Reibkäse darüberstreuen
Den Gemüsekuchen im vorgeheizten Backofen bei 200°C etwa 50 Minuten lang backen.

Pochierte Eier mit Petersiliencreme

4 Eier
Salzwasser mit 1 Schuß Weinessig

Für die Petersiliencreme:
1 Zwiebel oder einige Schalotten, fein gewiegt
1 Scheibe Butter
einige durchgepreßte Knoblauchzehen
1 großes Bund glatte Petersilie, grob geschnitten
¼ l Sahne
Salz
Pfeffer aus der Mühle
2 verquirlte Eigelb

Für die Petersiliencreme Zwiebel oder Schalotten in einem Topf in zerlassener Butter andünsten. Die Knoblauchzehen und die Petersilie dazugeben und unter Rühren kurz mitdünsten. Die Sahne daruntermischen und leicht einkochen lassen. Mit Salz und Pfeffer abschmecken und zum Schluß die beiden Eigelb unter die nicht mehr kochende Creme rühren.
In einer großen hochrandigen Pfanne das Essig-Salzwasser erhitzen. Die 4 Eier nacheinander in einer Tasse aufschlagen und in das siedende Wasser gleiten lassen. Das gerinnende Eiweiß vorsichtig zum Eigelb zurückschieben. Nach 3—4 Minuten, wenn die pochierten Eier gerade gestockt sind, die Eier mit einem Schaumlöffel herausheben und anrichten. Die Petersiliencreme dazugießen.
Dazu Kartoffelpüree oder Weißbrot reichen.

Pilzragout mit Speckknödeln

Für die Speckknödel:
250 g Knödelbrot oder altbackene kleingeschnittene Brötchen
4 Eier
ca. 100 g durchwachsener Speck, gewürfelt, ausgelassen
1 Bund glatte Petersilie, grob geschnitten, in der Pfanne kurz angedünstet
Salz
Pfeffer aus der Mühle
1 Prise frischgeriebene Muskatnuß
einige EL Milch

ca. 800 g Zuchtpilze, blättrig geschnitten: weiße oder braune Champignons, Braunkappen, Austernseitlinge oder Shiitake
2 Scheiben Butter zum Andünsten
1 feingewiegte Zwiebel
1 Bund glatte Petersilie, grob geschnitten
2 EL Mehl
⅛–¼ l Fleischbrühe
100 g Crème fraîche
Salz
Pfeffer aus der Mühle

Für die Speckknödel die Brötchen mit Eiern, ausgelassenem Speck und Petersilie vermischen und mit Salz, Pfeffer und Muskat würzen. Etwas warme Milch dazugießen, das Ganze vorsichtig durchmengen und kleine Knödel formen. In leise siedendem Salzwasser die Speckknödel dann etwa 20 Minuten ziehen lassen.
In einer großen Pfanne in zerlassener Butter die Zwiebel andünsten, dann die Pilze und die Petersilie dazugeben und mitdünsten. Etwas Mehl darüberstäuben und durchrühren. Mit Fleischbrühe aufgießen und die Pilze zugedeckt gar dünsten. Mit Salz und Pfeffer abschmecken und die Crème fraîche unterrühren. Mit den Speckknödeln servieren.

Gebratene Austernseitlinge mit Petersilie

500 g Austernseitlinge, ganz belassen; die Pilzfüßchen geputzt
1—2 Scheiben Butter zum Braten
1 feingewiegte Zwiebel
1 Bund glatte Petersilie, grob geschnitten
einige zerdrückte Knoblauchzehen
Salz
Pfeffer aus der Mühle
$\frac{1}{8}$ l trockener Weißwein
$\frac{1}{8}$ l Sahne
etwas mooskrause Petersilie zum Garnieren

In einer großen Pfanne in zerlassener Butter die Zwiebel andünsten. Die Austernpilze, Knoblauch und Petersilie dazugeben. Die Pilze mit Salz und Pfeffer würzen und zugedeckt 10—15 Minuten lang braten. Die Pilze einmal wenden.
Die Austernseitlinge anrichten und den Saucenfond in der Pfanne mit Weißwein und Sahne aufgießen. Die Sauce abschmecken und zu den Pilzen gießen. Mit krauser Petersilie garnieren.
Dazu Semmelknödel oder Pellkartoffeln mit Butter servieren.

Pilz-Terrine

750 g Zuchtpilze; Braunkappen, Austernseitlinge, Champignons oder Shiitake, geputzt und in Streifen geschnitten
500 g Kalbsbrät
1 Scheibe Butter
1 feingewiegte Zwiebel
einige Knoblauchzehen, in Scheibchen geschnitten
1 großes Bund Petersilie, grob geschnitten
1 Ei und 2 Eigelb
150 g Crème fraîche
1 gute Prise Cayennepfeffer
1 Prise Muskatblüte
1 Prise Zimt
Salz
Pfeffer aus der Mühle
150 g gekochter Schinken, in Streifen geschnitten
etwas Fett zum Ausstreichen einer Terrinenform

Die Zwiebel in Butter glasig andünsten, dann Knoblauch, Pilze und ⅓ der Petersilie dazugeben und unter Rühren so lange dünsten, bis die Pilzflüssigkeit fast völlig verdampft ist. Das Ganze mit Salz und Pfeffer würzen und vom Feuer nehmen.
Kalbsbrät, Eier und Crème fraîche vermengen. Die Masse mit den genannten Gewürzen kräftig abschmecken und Petersilie und Schinken untermischen.
Eine Terrinenform ausfetten und nach Belieben noch mit Alufolie auslegen. ⅓ der Kalbsbrät-Farce einfüllen und die Hälfte der Pilzmasse darauf verteilen. Das zweite Drittel der Farce darübergeben und mit den restlichen Pilzen bedecken. Darüber dann die verbliebene Farce glattstreichen. Alufolie darüberlegen und den Terrinendeckel daraufsetzen.
Die Terrine in die Fettpfanne des Backofens oder in eine passende Reine stellen und heißes Wasser einfüllen. Im vorgeheizten Backofen die Terrine dann bei 175 °C 1 Stunde lang garen lassen. Die Terrine im abgeschalteten Ofen

abkühlen lassen und in fingerdicke Scheiben geschnitten servieren.
Als Beilage Toastbrot oder Stangenweißbrot; Grüner Salat und Salat nach Saison.

Ausgebackene Petersilie

1 sehr großes Bund krause Petersilie

Für den Ausbackteig:
125 g Mehl
Salz
Pfeffer aus der Mühle
1 Prise frischgeriebene Muskatnuß
2 Eier
1 EL Sonnenblumenöl
3—4 EL Wasser

Das Mehl mit den genannten Zutaten zu einem dickflüssigen Teig verarbeiten. In einer Fritüre das Fett auf 180°C erhitzen.
Die krause Petersilie einzeln am Stiel fassen, in den Ausbackteig tauchen und etwas abtropfen lassen. Die Petersilienstengel dann nach und nach im Fett in wenigen Minuten knusprig herausbacken und im Sieb und auf Küchenkrepp gut abtropfen lassen.
Ausgebackene Petersilie eignet sich als knusprige Beilage zu kleinen Gerichten und zu Brotzeiten mit Bier oder Wein.

Petersilienschinken in Aspik

1,5 kg Schweinenacken ohne Knochen, mild gepökelt (beim Metzger vorbestellt)

Für den Sud:
1½ l Wasser
ca. 750 g Schweinepfoten
ca. 500 g Kalbsfuß, gespalten
1 Zwiebel, in Ringe geschnitten
einige Nelken
einige Pfefferkörner
2 Lorbeerblätter
1 Thymianzweig
1 Stück Porree
1 Petersilienwurzel
Salz
½ l trockener Weißwein
1 Eiweiß zum Klären des Suds
1 großes Bund glatte Petersilie, grob geschnitten
1 großes Bund krause Petersilie, zerpflückt

In einem großen Topf den Sud mit Schweinepfoten, Kalbsfüßen und den genannten Zutaten einmal aufkochen und dann 2 Stunden leise sieden lassen. Mit den ausgelösten Schweinepfoten und den Kalbsfüßen später eine Knöcherlsulz herstellen. Einen Teil des Suds dafür verwenden und noch etwas Weinessig dazugießen.
Den Sud in einen anderen Topf durchseihen und den Weißwein dazugießen. Den Schinken in den Sud legen und bei sehr schwacher Hitze 1½—2 Stunden ziehen lassen. Nicht kochen lassen, damit der Schinken saftig bleibt und nicht fest und trocken wird.
Den Schinken dann herausnehmen und in einen für den späteren Aspik-Überzug passenden engen Topf oder in eine geeignete Form legen.
Den Sud entfetten. Zur Bindung der Trübstoffe 1 Eiweiß unterrühren und den Sud wieder langsam erhitzen. Dann den Sud vom Feuer nehmen und einige Zeit stehenlassen, bis sich die Flüssigkeit geklärt hat. Die Trüb-

stoffe abschöpfen und den Sud durch ein mit einem Tuch ausgelegtes Sieb gießen.
Die Petersilie unter den Sud rühren und das Ganze über den Schinken im Topf gießen, bis etwas Flüssigkeit über dem Fleisch steht.
Den Sud über Nacht gelieren lassen. Vor dem Servieren den Topf in heißes Wasser stellen und den Schinken herausgleiten lassen. Den Petersilienschinken dann in dicke Scheiben schneiden und auf einer Platte servieren.
Dazu passen Weißbrot und eine Salatplatte.

Chinakohltopf mit Würstchen

1 Kopf Chinakohl, ca. 800 g; längs geviertelt, in Streifen geschnitten
1 feingewiegte Zwiebel
1 Bund glatte Petersilie, grob geschnitten
1 EL Sonnenblumenöl zum Andünsten
½—¾ l Fleischbrühe
1 Zweig Thymian
einige Spritzer Tabasco
Salz
Pfeffer aus der Mühle
500 g Würstchen oder Lyoner, in Scheiben geschnitten
1 Bund krause Petersilie, zerpflückt oder grob geschnitten

In einem Topf in heißem Öl die Zwiebel glasig dünsten. Den Chinakohl und die glatte Petersilie unterrühren und kurz mitdünsten. Mit Fleischbrühe aufgießen. Das Ganze einmal aufkochen und dann ¼ Stunde köcheln lassen. Mit Tabasco, Salz und Pfeffer würzen. Die Wurstscheiben dazugeben und heiß werden lassen. Zum Schluß die krause Petersilie über den in den Tellern angerichteten Chinakohltopf streuen.

Petersilien-Schinken-Sülze mit Senfsahne

⅛ l Fleischbrühe oder Gemüsebrühe
5 Blatt Gelatine, nach Packungsvorschrift eingeweicht
¼ l trockener Weißwein
1 Gläschen Portwein
Saft von 1 Zitrone
2 EL Sherryessig
ca. 150 g Broccoli, geputzt und in Röschen geteilt
ca. 400 g gekochter Schinken, in Würfel geschnitten
1 großes Bund glatte Petersilie, grob geschnitten

Für die Senfsahne:
150 g Crème fraîche
1 EL scharfer Senf
1 Prise Salz
etwas abgeriebene Zitronenschale, unbehandelt

Die warme Fleisch- oder Gemüsebrühe mit Weißwein und Portwein verrühren und kräftig mit Zitronensaft und Sherryessig abschmecken. Die eingeweichte Gelatine in der Flüssigkeit auflösen.
Den Broccoli in Salzwasser 5 Minuten kochen, dann in einem Sieb abtropfen lassen.
Eine Terrinenform mit Broccoli-Röschen und Schinkenwürfeln auslegen und die Petersilie untermischen. Die flüssige Sülze darübergießen und die Terrine über Nacht kalt stellen.
Die Terrinenform vor dem Servieren kurz in heißes Wasser tauchen. Die Sülze auf eine Servierplatte stürzen und in dicke Scheiben schneiden.
Crème fraîche mit dem Senf verrühren und mit Salz und abgeriebener Zitronenschale abschmecken. Die Senfsahne dann zur Schinkensülze servieren.
Als Beilage Bratkartoffeln reichen.

Laubfrösche

(Gefüllte Spinatblätter)

1 Schüssel große Spinatblätter

Für die Füllung:
ca. 500 g gebratenes Fleisch (Bratenreste), durch den Fleischwolf gedreht; oder gemischtes Hackfleisch
1 altbackenes Brötchen, eingeweicht und ausgedrückt
1 Ei
1 feingewiegte Zwiebel
einige Knoblauchzehen, durchgepreßt oder in einem Porzellanmörser mit etwas Salz zerstoßen
1 großes Bund glatte Petersilie, grob geschnitten
Salz
Pfeffer aus der Mühle
1 Prise frischgeriebene Muskatnuß
1/4 l Fleischbrühe
1 Scheibe Butter
1 Tasse saure Sahne

Die Spinatblätter in kochendem Wasser kurz blanchieren, dann unter kaltem Wasser abschrecken und auf einem Tuch ausbreiten.
Die Füllung mit den genannten Zutaten gut durchmischen und kräftig abschmecken. Für jeden Laubfrosch einige Spinatblätter halb übereinanderlegen und etwas Fülle daraufsetzen. Die Blätter seitlich einschlagen und zusammenrollen. Wenn nötig, die Laubfrösche mit Küchengarn umwickeln.
In einem Schmortopf die Laubfrösche in zerlassener Butter anbraten. Dann die Fleischbrühe angießen und die Laubfrösche zugedeckt bei sehr schwacher Hitze 20—30 Minuten schmoren lassen. Zum Schluß die saure Sahne unter die Sauce rühren.

Schinken-Kartoffelpuffer mit Petersilien-Pesto

ca. 750 g Kartoffeln, geschält, grob geraspelt und in einem Küchentuch trockengetupft
3 verquirlte Eier
100 g gekochter Schinken, gewürfelt
Sonnenblumenöl zum Ausbacken

Für den Petersilien-Pesto:
1 großes Bund glatte Petersilie, grob geschnitten
4 EL Pinienkerne
Saft von ½ Zitrone
einige zerdrückte Knoblauchzehen
etwas abgeriebene Zitronenschale
Salz
Pfeffer aus der Mühle

Für den Petersilien-Pesto in einem Rührbecher die Petersilie und die anderen Zutaten mit dem Schnellmixstab eines Handrührers pürieren und mit etwas abgeriebener Zitronenschale, Salz und Pfeffer abschmecken.
Die geraspelten Kartoffeln mit den verquirlten Eiern und den Schinkenwürfeln vermengen und mit Salz und Pfeffer würzen. In einer Pfanne in heißem Öl nach und nach pro Person etwa 4—5 dünne Schinken-Kartoffelpuffer herausbacken. Sofort servieren und den Petersilien-Pesto dazu reichen.

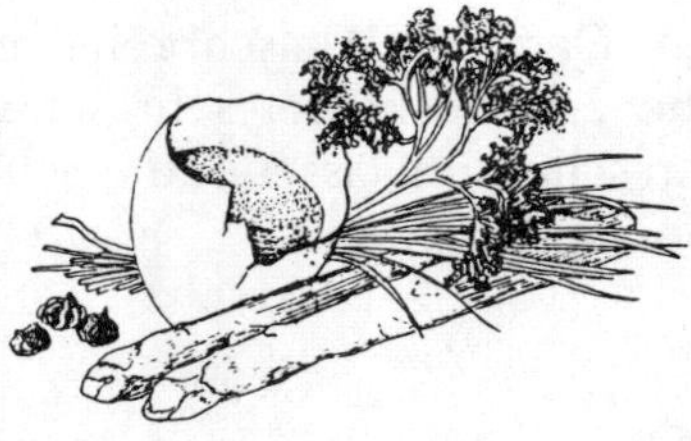

Italienische Hackfleischbällchen

300 g Rinderhackfleisch
1 Ei
4 EL geriebener Parmesankäse
einige Knoblauchzehen, mit etwas Salz zerdrückt
1 Bund glatte Petersilie, grob geschnitten
2 EL Semmelbrösel
Salz
Pfeffer aus der Mühle
½—¾ l Fleischbrühe

Das Hackfleisch mit Ei, Parmesan, Knoblauch, Petersilie und Semmelbröseln vermengen und mit Salz und Pfeffer würzen. Den Fleischteig im Kühlschrank etwas durchziehen lassen.
Sehr kleine Bällchen formen und in Fleischbrühe bei mittlerer Hitze in etwa 5 Minuten gar ziehen lassen.
Man kann die Hackfleischbällchen mit der Fleischbrühe und Suppennudeln servieren und reichlich mit Parmesan bestreuen.
Oder man serviert sie überbacken mit Bandnudeln: In eine ausgebutterte Form abwechselnd gargekochte Bandnudeln und Hackfleischbällchen geben, dick mit Parmesan bestreuen und mit Butterflöckchen belegen. Im Rohr bei mittlerer Hitze oder unter dem Grill kurz überbacken.

Petersilien-Hamburger

ca. 500 g Rinderhackfleisch
Salz
Pfeffer aus der Mühle
1—2 EL scharfer Senf
1 Bund glatte Petersilie, grob geschnitten
2 EL Sonnenblumenöl zum Braten
4 Roggenbrötchen, halbiert
4 EL Tomatenketchup
1 Bund krause Petersilie, zerpflückt
1—2 Zwiebeln, in dünne Ringe geschnitten

Das Hackfleisch mit Salz und Pfeffer würzen und mit Senf und Petersilie durchkneten. 4 Frikadellen formen und in einer Pfanne in heißem Öl langsam auf beiden Seiten knusprig braten.
Die halbierten Roggenbrötchen mit Ketchup bestreichen und mit krauser Petersilie belegen. Die Frikadellen daraufsetzen, mit den Zwiebelringen belegen und mit der anderen Brötchenhälfte bedecken.
Als Beilagen Radieschen, blättrig eingeschnitten und leicht gesalzen, und kleine Gewürzgurken reichen.

Italienische Schweinefleischrollen

8 dünne Schweineschnitzel, aus der Keule geschnitten, mit der Hand flach gedrückt
3 EL Olivenöl zum Anbraten
8 Scheiben Stangenweißbrot, mit etwas Olivenöl beträufelt

Für die Füllung:
100 g Schweinemett
150 g Schweineleber, klein geschnitten und fein gewiegt
einige Knoblauchzehen, mit etwas Salz zerdrückt
½ TL Fenchelsamen, im Mörser zerstoßen
1 Bund glatte Petersilie, grob geschnitten
1—2 EL Semmelbrösel
1 Gläschen Marsala oder Madeira
1 verquirltes Ei
Salz
Pfeffer aus der Mühle

Für die Füllung die genannten Zutaten vermengen und mit Salz und Pfeffer würzen. Die 8 Schweineschnitzel mit der Füllung bestreichen, zusammenrollen und mit Spießchen feststecken oder mit Küchengarn zusammenbinden.
Auf 4 Metallspieße dann abwechselnd Schweinefleischrollen und Weißbrotscheiben stecken. Eine feuerfeste Form mit etwas Olivenöl ausfetten und die Spieße hineinlegen.
Im vorgeheizten Backofen die Schweinefleischrollen zuerst bei 250°C 10 Minuten braten. Die Hitze dann auf 180°C reduzieren. Die Fleischspieße öfter wenden, mit Olivenöl beträufeln und noch weitere 30—40 Minuten braten.
Dazu eine Salatplatte nach Saison reichen.

Schweineleber mit Kräuterfülle

4 dicke Schweineleberscheiben, jeweils eine tiefe Tasche eingeschnitten
etwas Mehl zum Wenden
2 feingewiegte Zwiebeln
einige Salbeiblätter
2 Scheiben Butter zum Braten
⅛ l Rotwein
⅛ l Fleischbrühe
einige EL Sahne
Salz
Pfeffer aus der Mühle
1 feingewiegte Zwiebel
einige Knoblauchzehen, mit etwas Salz zerdrückt
1 Bund glatte Petersilie, grob geschnitten
einige Spinatblätter
einige Salbeiblätter, grob geschnitten
2 EL scharfer Senf
Salz
Pfeffer aus der Mühle
1 Prise frischgeriebene Muskatnuß

Für die Kräuterfüllung:
1 Scheibe Butter zum Andünsten

Für die Kräuterfüllung Zwiebel, Knoblauch und Kräuter in Butter andünsten. 2 EL Senf unterrühren und mit Salz, Pfeffer und Muskat würzen.
Die Leberscheiben mit der Kräutermasse füllen und in Mehl wenden. Zusammen mit den Zwiebeln und den Salbeiblättern die Leberscheiben in einer Pfanne in heißer Butter langsam braten. Einmal wenden.
Die Leber dann zugedeckt warm stellen. Den Bratensatz in der Pfanne mit Rotwein und Fleischbrühe loskochen. Die Sauce durch ein Sieb passieren. Die Sahne dazugießen und die Sauce etwas einkochen lassen. Mit Salz und Pfeffer abschmecken und zur Leber servieren.
Als Beilagen Pellkartoffeln oder Kartoffelpüree und Gemüsesalate nach Saison.

Kalbsragout mit Petersilienwurzeln

(Für 4—6 Personen)

1,5 kg Kalbfleisch, in Würfel geschnitten
3 gewürfelte Zwiebeln
1 kg Petersilienwurzeln, gewaschen, geschält und in 5 cm lange Stücke geschnitten
3—4 EL Butterschmalz
1—2 EL Mehl
Salz
Pfeffer aus der Mühle
¼ l Fleischbrühe
400 g Crème fraîche
⅛ l trockener Weißwein
1 großes Bund glatte Petersilie, grob geschnitten

In einem großen Schmortopf in heißem Butterschmalz die Kalbfleischwürfel unter häufigem Wenden rundum kräftig anbraten. Dann die Zwiebeln und Petersilienwurzeln dazugeben und kurz mit andünsten. Das Fleisch salzen und pfeffern. Das Ganze mit Mehl überstäuben und durchrühren. Dann mit Fleischbrühe aufgießen und das Ragout einmal aufkochen lassen. Anschließend im Bratrohr bei 220°C das Ragout zugedeckt 1 Stunde schmoren lassen.

Dann Crème fraîche und Weißwein unter das Ragout rühren und das Ganze noch ¼ Stunde garen lassen. Zum Schluß das Ragout mit Salz und Pfeffer abschmecken und reichlich mit Petersilie bestreuen.

Dazu Reis servieren.

Kalbsnieren-Rouladen

2 Kalbsnieren, die Häutchen abgezogen und das Fett abgeschnitten; halbiert
1 Scheibe Butter
1 Glas lauwarmer Cognac zum Flambieren
Pfeffer aus der Mühle
1 Bund glatte Petersilie, grob geschnitten
4 durchwachsene dünne Speckscheiben
1 feingewiegte Zwiebel
½ l Fleischbrühe
1 Tasse Sahne
Salz
1 Bund krause Petersilie, zerpflückt

In einem Schmortopf die Butter zerlassen. Das abgetrennte Nierenfett und die halbierten Nieren dazugeben und auf beiden Seiten anrösten. Mit Cognac übergießen und anzünden.
Die Nierenhälften aus dem Topf nehmen und mit Petersilie und Pfeffer bestreuen. Speckscheiben darüberlegen und die Nieren einrollen. Mit Küchengarn umwickeln und zubinden.
Die Nierenrouladen im Fett des Schmortopfs anbraten und die Zwiebel kurz mitdünsten. Mit Fleischbrühe aufgießen und die Rouladen zugedeckt bei milder Hitze 20 Minuten lang schmoren lassen. Die Rouladen dann warm stellen.
Den Bratfond im Topf entfetten und die Sahne dazugießen. Die Sauce cremig einkochen lassen und mit Salz abschmecken. Zum Schluß die krause Petersilie dazugeben und die Sauce zu den Rouladen servieren.

Lamm in Petersiliensauce

1,5 kg Lammrücken oder -schulter, in Stücke geschnitten
Salz
Pfeffer aus der Mühle
3 EL Sonnenblumenöl zum Anbraten
3 gewürfelte Zwiebeln
1 Zweig Thymian
einige feingewiegte Rosmarinnadeln
¼ l Fleischbrühe
1 großes Bund glatte Petersilie, grob geschnitten
150 g Crème fraîche

Die Lammstücke in einem Schmortopf in heißem Öl rundum anbraten, dann salzen und pfeffern. Die Zwiebeln dazugeben und mit andünsten. Mit Fleischbrühe ablöschen und Thymian und Rosmarin dazugeben. Das Ganze im geschlossenen Topf bei schwacher Hitze etwa 1 Stunde schmoren lassen. Gelegentlich umrühren und, wenn nötig, Fleischbrühe nachgießen.
In einem Rührbecher die Petersilie mit der Crème fraîche verquirlen oder mit dem Schnellmixstab pürieren. Die Creme zum Schluß unter den Saucenfond mischen. Den Thymianzweig entfernen und mit Salz und Pfeffer abschmecken.
Dazu passen Reis oder Stangenweißbrot, Salat nach Saison.

Lammrouladen mit Petersilienfülle

ca. 800 g ausgelöste Lammbrust oder Bauchlappen vom Lamm
Salz

Für die Petersilienfüllung:
1 feingewiegte Zwiebel
2 EL Sonnenblumenöl
1 großes Bund glatte Petersilie, grob geschnitten
einige zerdrückte Knoblauchzehen
2 Eier
2 EL Semmelbrösel
50 g geriebener Parmesankäse
1 Prise frischgeriebene Muskatnuß
Salz
Pfeffer aus der Mühle
2 EL Sonnenblumenöl zum Anbraten
¼ l Fleischbrühe
⅛ l trockener Weißwein
⅛ l saure Sahne

Das Lammfleisch auf beiden Seiten mit Salz einreiben und auf einer Arbeitsplatte ausbreiten.
Für die Füllung die Zwiebel in heißem Öl glasig andünsten. Die Petersilie — etwas davon für die Sauce zurückbehalten — und die Knoblauchzehen kurz mit andünsten. In einer Schüssel das Ganze dann mit den anderen genannten Zutaten zu einer Paste vermengen.
Das Lammfleisch mit der Petersilienpaste bestreichen, zusammenrollen, mit Küchengarn umwickeln und gut verschnüren.
In einem Schmortopf die gefüllte Lammrolle in heißem Öl rundum anbraten. Etwas Fleischbrühe und Weißwein angießen und das Lamm zugedeckt bei schwacher Hitze 1 Stunde lang schmoren lassen. Gelegentlich wenden und Brühe und Weißwein nachgießen.
Die Lammrolle dann warm stellen. Die Sauce entfetten, mit Salz, Pfeffer und Weißwein abschmecken und wieder erhitzen. Zum Schluß unter die nicht mehr kochende Sauce die Petersilie und die saure Sahne rühren.
Dazu passen Reis und Salate nach Saison.

Lammfleisch mit Petersilienkruste

1,5 kg Lammrücken oder -schulter
1 Scheibe Butter zum Anbraten
1 großes Bund glatte Petersilie, grob geschnitten
2 EL Semmelbrösel
einige zerdrückte Knoblauchzehen
Salz
Pfeffer aus der Mühle
2 EL Sonnenblumen- oder Olivenöl zum Beträufeln

Auf dem Herd das Lammfleisch in einem Bräter in zerlassener Butter rundum anbraten. Dann das Fleisch salzen und pfeffern und im vorgeheizten Bratrohr bei 250°C etwa 40 Minuten lang braten. Dabei einmal wenden.
Petersilie, Semmelbrösel und die zerdrückten Knoblauchzehen vermengen und mit Salz und Pfeffer würzen.
Den Bräter aus dem Rohr nehmen und die Petersilienpaste auf das Lammfleisch streichen. Etwas Öl darüberträufeln und das Fleisch im Bratrohr noch einige Minuten weiter braten, bis sich die Petersilienkruste goldgelb färbt.
Als Beilagen eignen sich grüne Bohnen oder Gemüse und Salate nach Saison.

Truthahn-Pilz-Klößchen

ca. 750 g Truthahnbrust (Truthahnfilets), durch den Fleischwolf gedreht
750—1000 g Zuchtpilze; Braunkappen, Austernseitlinge, Champignons oder Shiitake
2 Scheiben Butter
1 feingewiegte Zwiebel
einige zerdrückte Knoblauchzehen
2 Eigelb
100 g Crème fraîche
abgeriebene Schale von ½ Zitrone
Salz
Pfeffer aus der Mühle
1 Prise Cayennepfeffer
1 großes Bund Petersilie, grob geschnitten
2 Eiweiß, steifgeschlagen
1 Bund Frühlingszwiebeln, in Stücke geschnitten
1—2 Gläschen trockener Sherry zum Ablöschen

Ca. 500 g der Pilze für die Klößchen grob hacken. Die restlichen Pilze zum Braten in der Pfanne blättrig schneiden.

In einer Pfanne in zerlassener Butter die Zwiebel und dann den Knoblauch andünsten. Die gehackten Pilze und die Hälfte der Petersilie dazugeben und unter Rühren so lange dünsten, bis die Pilzflüssigkeit fast völlig verdampft ist. Das Ganze dann vom Feuer nehmen und etwas abkühlen lassen.

Die Pilzmasse mit der durchgedrehten Truthahnbrust, den Eigelb und mit Crème fraîche vermischen. Das Ganze mit abgeriebener Zitronenschale, Salz, Pfeffer und Cayennepfeffer würzen und die restliche Petersilie untermischen. Zum Schluß vorsichtig den Eischnee unterheben.

Mit einem Eßlöffel Klößchen abstechen, formen und in leicht siedendes Salzwasser gleiten lassen. Die Klößchen bei schwacher Hitze in 8—10 Minuten gar ziehen lassen. Die verbliebenen blättrig geschnittenen Pilze zusammen

mit den Frühlingszwiebeln in Butter 10—15 Minuten lang braten. Die Petersilie untermischen, mit Salz und Pfeffer würzen und mit Sherry ablöschen. Die Pilze zu den Truthahnklößchen servieren.
Dazu Pellkartoffeln oder kleine gebratene Kartoffeln reichen.

Hirn mit Ei

1 Kalbshirn, einige Stunden gewässert; Häute, Adern und Blutgerinnsel entfernt
Salz
2 Scheiben Butter
1 feingewiegte Zwiebel
Pfeffer aus der Mühle
1 Bund glatte Petersilie, grob geschnitten
3 verquirlte Eier
1 Bund mooskrause Petersilie, zerpflückt

Das gewässerte und geputzte Kalbshirn in Salzwasser 10 Minuten kochen. Unter kaltem Wasser in einem Sieb abschrecken und abtropfen lassen. Dann das Hirn grob hacken.
In einer Pfanne in zerlassener Butter die Zwiebel andünsten. Das Hirn und die glatte Petersilie dazugeben und kurz mitdünsten. Mit Salz und Pfeffer würzen. Die verquirlten Eier darübergießen und unter häufigem Wenden stocken lassen.
Das Hirn mit Ei auf 4 Tellern anrichten und mit krauser Petersilie bestreuen.
Dazu Weißbrot oder Brezen und Grünen Salat reichen.

Gänseklein in Petersiliensauce

geputztes Gänseklein:
Kopf, den Schnabel abgehackt, Hals, Flügel,
Pfoten, die Krallen abgehackt, Magen, gehäutet,
Herz
kleingeschnittenes Wurzelwerk: 1 Zwiebel,
1 Karotte, 1 Stück Sellerie und Porree, 2 Petersilienwurzeln
einige Pfeffer- und Pimentkörner
2 Lorbeerblätter
Schale von ½ Zitrone, möglichst dünn geschält
Saft von 1 Zitrone
Salz
¼ l Sahne
1 großes Bund glatte Petersilie, grob geschnitten

Das Gänseklein in kochendem Wasser kurz blanchieren und dann in frischem Wasser nochmals aufsetzen. Mit dem Wurzelwerk und den Gewürzen etwa 1 Stunde lang köcheln lassen, bis sich das Fleisch leicht auslösen läßt.
Das Ganze durch ein Sieb gießen und die Brühe auf ca. ¼ l einkochen lassen. Das Fleisch auslösen, klein schneiden und in die Sauce geben. Zum Schluß die Sahne und die Petersilie unterrühren und das Ganze noch mit Salz und etwas Zitronensaft abschmecken.
Als Beilagen eignen sich Semmelknödel oder Salzkartoffeln.

Kabeljau mit Petersilienfülle

(Im Römertopf gegart)

1 ganzer Kabeljau, ca. 1,5 kg
Salz
Pfeffer aus der Mühle

Für die Petersilienfüllung:
1 Bund Frühlingszwiebeln, in Scheibchen geschnitten
1 Scheibe Butter zum Andünsten
1 großes Bund Petersilie, grob geschnitten
1 Spritzer Worcestersauce
1 Spritzer Tabasco
3 Tomaten, blanchiert und geschält, in dicke Scheiben geschnitten
1 Tasse Crème fraîche

Den Kabeljau innen mit Salz ausreiben, dann waschen, trockentupfen und innen und außen mit Zitronensaft beträufeln. Danach den mit Zitronensaft gesäuerten Fisch innen und außen salzen und pfeffern.
Für die Füllung die Frühlingszwiebeln in Butter dünsten, bis sie fast gar sind. Die Petersilie dazugeben und kurz mitdünsten. Das Ganze durchmischen und mit Worcestersauce und Tabasco würzen.
Den Kabeljau in einen gewässerten Fisch-Römertopf legen und den größten Teil der Petersilienfülle in den Bauch drücken. Den Rest auf dem Fisch verteilen und die Tomatenscheiben darüberlegen. Mit Salz und Pfeffer würzen und die Crème fraîche daraufstreichen. Den Kabeljau dann im geschlossenen Römertopf im Rohr bei 220°C etwa 45 Minuten lang garen. Mit krauser Petersilie garniert servieren.
Dazu gehören Pellkartoffeln mit Butter, Grüner Salat oder Salate nach Saison.

Matjesfilets mit Pellkartoffeln und Petersilienbutter

1 kg gargekochte Pellkartoffeln, geschält
8 Matjesfilets

Für die Petersilienbutter:
150 g Butter
2 feingewiegte Zwiebeln
1 großes Bund glatte Petersilie, grob geschnitten
Salz
Pfeffer aus der Mühle

Für die Petersilienbutter zuerst in einer Pfanne in etwas zerlassener Butter die Zwiebeln glasig andünsten. Dann die restliche Butter dazugeben und die Pfanne vom Feuer nehmen. Die Petersilie unterrühren und alles mit Salz und Pfeffer abschmecken.
Pellkartoffeln und Matjesfilets anrichten und die Petersilienbutter zu den Pellkartoffeln geben.

Überbackener Zander

1 Zander, ca. 1 kg; ausgenommen, geschuppt und gewaschen; in ca. 3 cm dicke Scheiben geschnitten
2 Scheiben Butter für die Auflaufform
1 feingewiegte Zwiebel
Salz
Pfeffer aus der Mühle
einige feingewiegte Thymianblättchen
Saft von ½ Zitrone
1 Glas trockener Weißwein
1 großes Bund glatte Petersilie, grob geschnitten
100 g geriebener Emmentaler, Gouda oder anderer Hartkäse
¼—½ l Sahne
2 Scheiben Butter in Flöckchen

Eine Auflaufform ausbuttern und die feingewiegte Zwiebel darin verteilen. Die Fischscheiben in die Form legen und mit Salz, Pfeffer und Thymian würzen. Die Zanderscheiben mit Zitronensaft und Weißwein beträufeln und mit Petersilie und dann mit geriebenem Käse bestreuen. Zum Schluß die Butterflöckchen darauf verteilen und die Sahne über das Ganze gießen. Den Zander dann im vorgeheizten Rohr bei 200°C in etwa ½ Stunde goldbraun überbacken.

Schnittsellerie (*Apium graveolens*)

Inhaltsstoffe und Wirkung

Ätherische Öle, reichlich Vitamin C, A, B_1 und B_2, Mineralstoffe, Glykoside.

Appetitanregend, stoffwechselanregend, harntreibend, nervenstärkend.

Verwendung

Schnittsellerie läßt sich in der Küche ähnlich vielseitig wie Petersilie oder der Japanische Koriander verwenden. Zu Gewürzmischungen, Salaten, Suppen, Saucen, Gemüse, zu Hackfleisch und Füllungen, zu Fleisch, Geflügel und Innereien.

Kalte Gurkensuppe mit Schnittsellerie

¼ l Sahne
¼ l Fleischbrühe
3 verquirlte Eier
1 Bund Schnittsellerie, grob geschnitten
¼ l trockener Weißwein
1 Gurke, geschält und längs halbiert, die Kerne herausgeschabt; in kleine Würfel geschnitten
Salz
einige Spritzer Tabasco
1 Bund Schnittlauch, in Röllchen geschnitten

Sahne und Fleischbrühe leicht erhitzen, aber nicht zum Kochen bringen und die verquirlten Eier und den Schnittsellerie unterrühren. Den Weißwein dazugießen, die Gurkenwürfel dazugeben und die Suppe abkühlen lassen. Mit Salz und Tabasco abschmecken und mit Schnittlauch bestreut servieren.

Wurstsalat mit Kräutern

500 g Fleischwurst, gewürfelt
2 feingewiegte Zwiebeln
2 Bund Radieschen, in Scheibchen geschnitten

Für die Salatsauce:
Saft von ½ Zitrone
2 EL Weinessig
1 gute Prise Zucker
4 EL kaltgepreßtes Olivenöl
Salz
Pfeffer aus der Mühle
einige durchgepreßte Knoblauchzehen
kleingeschnittene frische Kräuter: 1 Bund Schnittsellerie, etwas Zitronenmelisse, Basilikum und Estragon

Fleischwurst, Zwiebeln und Radieschen vermischen. Die Salatsauce anrühren und unter den Salat ziehen. Den

Wurstsalat im Kühlschrank 2 Stunden durchziehen lassen und mit einigen zurückbehaltenen Kräutern garnieren. Vollkorn- oder Bauernbrote mit Butter dazu servieren.

Schweinesteaks mit Schnittsellerie-Bier-Sauce

4 Schweinesteaks; Scheiben aus dem Kotelettstück oder Medaillons vom Schweinefilet
Salz
Pfeffer aus der Mühle
4 große Scheiben Räucherspeck
3 EL Färberdistelöl oder Butterschmalz zum Braten

Für die Sauce:
1 Scheibe Butter
2 feingewiegte Zwiebeln
½ Tasse Wasser
¼ l Bier (Pils)
¼ l Sahne
1 Bund Schnittsellerie, grob geschnitten

Die Schweinesteaks auf beiden Seiten mit Salz und Pfeffer einreiben und mit den Speckscheiben umwickeln. Den Speck mit Spießchen feststecken. Öl oder Schmalz in einer Pfanne erhitzen. Das Fleisch kräftig anbraten und dann bei mittlerer Hitze auf jeder Seite 8—10 Minuten braten. Dabei das Fleisch immer wieder mit dem Bratfett begießen. Die Steaks dann aus der Pfanne nehmen und warm stellen.
Das Bratfett fast völlig abgießen und die Butter in die Pfanne geben. Die Zwiebeln darin bei milder Hitze glasig dünsten. Mit etwas Wasser ablöschen und den Bratensatz loskochen. Bier und Sahne unterrühren und cremig einkochen lassen. Mit Salz und Pfeffer abschmecken und zum Schluß den Schnittsellerie unter die Sauce mischen. Die Sauce zu den Schweinesteaks servieren und Salz- und Pellkartoffeln dazu reichen.

Süßdolde (*Myrrhis odorata*)

Verwendung

Die Süßdolde erinnert im Geschmack an Anis und Lakritze. Sie dient auch zum Aromatisieren von Likören.

Junge Blätter zu Kräutermischungen, zu Salaten und Obstsalaten, zu Suppen und Gemüse, zu Süßspeisen.

Die Wurzeln gekocht als Salat.

Die noch grünen Früchte zu Salaten, Gemüse und Kräutermischungen.

Süßdolden-Cremesuppe mit Räucherlachs

1 großes Bund junge Süßdolde, grob geschnitten
5 Kartoffeln, geschält und gewürfelt
einige Knoblauchzehen, mit etwas Salz zerdrückt
½ l Fleischbrühe
¼ l trockener Weißwein
Salz
Pfeffer aus der Mühle
1 Prise frischgeriebene Muskatnuß
1 Scheibe Butter in Flöckchen
⅛ l Sahne, steif geschlagen
100 g Räucherlachs, in feine Streifen geschnitten
1 Handvoll Gartenkresse zum Bestreuen

In einem Schmortopf die Fleischbrühe aufkochen und Süßdolde, Kartoffeln und Knoblauch dazugeben. Das Ganze aufkochen und zugedeckt bei mittlerer Hitze 20 Minuten lang köcheln lassen. Den Weißwein dazugießen, die Suppe mit dem Schnellmixstab eines Handrührers pürieren und durch ein Sieb streichen.

Die Suppe wieder erhitzen und mit Salz, Pfeffer und Muskatnuß abschmecken. Mit dem Schneebesen die Butterflöckchen unterschlagen und zum Schluß die Sahne unterheben. Die Süßdoldensuppe in den Tellern mit den Lachsstreifen garnieren und mit Kresse bestreuen.

Süßdolde mit Tomaten

1 kleine Schüssel junge Süßdolde, kurz blanchiert und in Streifen oder Stücke geschnitten
500 g Tomaten, blanchiert, geschält und geviertelt
einige Knoblauchzehen, geschält und in Scheibchen geschnitten
2 EL kaltgepreßtes Olivenöl
1 Glas trockener Weißwein
½ Tasse Fleischbrühe
Salz
Pfeffer aus der Mühle
ca. 100 g Thunfisch, zerpflückt (aus der Dose)
1 Handvoll Basilikum, grob geschnitten

In einem Topf das Öl erhitzen, Süßdolde, Tomaten und Knoblauch dazugeben und kurz andünsten. Wein und Fleischbrühe dazugießen, Salz und Pfeffer darüberstreuen und die Hälfte des Basilikums untermischen. Das Ganze zugedeckt bei schwacher Hitze 15 Minuten schmoren lassen. Zum Schluß die Flüssigkeit im offenen Topf etwas einkochen lassen und die Thunfischstücke untermischen. Das Ganze anrichten und mit dem restlichen Basilikum bestreuen.

Süßdoldensalat

1 kleine Schüssel Süßdolde; junge Blätter zerpflückt oder grob geschnitten, junge Stiele kurz blanchiert und in Stücke geschnitten
1 Kopfsalat, zerpflückt
1 Orange, geschält und in Filets geschnitten
1 feingewiegte Zwiebel

Für die Sauce:
3 EL Weinessig
4 EL kaltgepreßtes Olivenöl
1 Prise Zucker
Salz
Pfeffer aus der Mühle

Süßdolde, Kopfsalat, Orangenfilets und Zwiebel vermischen und anrichten. Die Sauce anrühren und unterheben.

KORBBLÜTLER (*Compositae*)

Salat-Chrysantheme

(*Chrysanthemum coronarium*)

Sorte *»Chop Suey«*

Verwendung

Die japanische Salat- oder Speise-Chrysantheme ist wie die Kapuzinerkresse zugleich eine Gewürzpflanze und eine attraktive Zierpflanze. Mit ihren hübschen gelben oder gelb-weißen Blüten ist sie ideal geeignet für Balkon- und Fensterkästen.
Die würzige, scharf-aromatisch schmeckende Salat-Chrysantheme kann in der Küche ähnlich wie Schnittlauch oder Gartenkresse bei sehr vielen Gerichten verwendet werden.

Zarte Triebspitzen und junge Blätter vor Blütenbeginn kleingeschnitten und feingewiegt roh zu Blatt- und Gemüsesalaten, zu Gemüse, Nudeln und Reisgerichten, zu Fleischspeisen; die *ganze Pflanze* gedünstet als Gemüse oder wie Spinat zubereitet; *Blütenblätter* zum Garnieren von Suppen und Salaten; *junge Blüten,* in Ausbackteig getaucht und in der Fritüre ausgebacken als Beilage zu Salaten und Fleischgerichten.

Chrysanthemen-Suppe

1 Scheibe Butter
einige feingewiegte Schalotten oder 1 feingewiegte Zwiebel
1 Handvoll junge Salat-Chrysanthemenblätter, grob geschnitten
2 EL Mehl
¾ l Hühnerbrühe
1 Glas Sherry
2 Eigelb mit ½ Tasse Sahne verquirlt
1 Prise Zucker
Salz
Pfeffer aus der Mühle
½ Tasse Sahne, steif geschlagen
einige abgezupfte Blütenblätter der Salat-Chrysantheme zum Garnieren

In einem Schmortopf in zerlassener Butter die Schalotten andünsten. Die Chrysanthemenblätter dazugeben und unter Rühren kurz mitdünsten. Mehl darüberstäuben und alles durchrühren. Mit Hühnerbrühe aufgießen und die Suppe zugedeckt bei schwacher Hitze 15 Minuten köcheln lassen. Dann den Sherry dazugießen und die Suppe mit Zucker, Salz und Pfeffer abschmecken. Zum Schluß die nicht mehr kochende Suppe mit der Eiersahne legieren.
Auf die Suppe in den Tellern einen Klecks geschlagene Sahne setzen. Mit einigen Chrysanthemen-Blütenblättern garnieren.

Chrysanthemen-Rouladen

4 Rinderrouladen
Salz
Pfeffer aus der Mühle

Für die Füllung:
1 kleingewürfelte Banane, mit etwas Zitronensaft beträufelt
1—2 Handvoll junge Salat-Chrysanthemenblätter, in etwas Butter kurz angedünstet
einige mit Salz zerdrückte Knoblauchzehen
etwas geriebene frische Ingwerknolle
150 g kleingeschnittener gekochter Schinken
2 EL Sonnenblumenöl
½ Tasse Sojasauce
ca. 2 Tassen Wasser
1 TL Speisestärke in etwas Wasser angerührt
Salz
1 Prise Zucker

Die Rouladenscheiben auf beiden Seiten mit Salz und Pfeffer einreiben. Das Fleisch dann mit etwas Sojasauce bestreichen und die Füllung darauf verteilen. Die Rouladen zusammenrollen und mit Küchengarn umwickeln oder mit Rouladennadeln zusammenstecken.
Dann die Rouladen in einem Schmortopf in heißem Öl rundum anbraten. Mit Wasser ablöschen und die restliche Sojasauce dazugießen. Bei schwacher Hitze die Rouladen zugedeckt 1½ Stunden schmoren lassen. Zum Schluß die Sauce mit Stärkemehl binden und mit Salz und Zucker abschmecken.
Dazu Reis und Grünen Salat servieren.

Chrysanthemen-Salat

einige Chinakohlblätter, in breite Streifen geschnitten
einige Eisbergsalatblätter, zerpflückt
einige Endiviensalatblätter, in feine Streifen geschnitten
1 Handvoll junge Salat-Chrysanthemenblätter, in feine Streifen geschnitten
einige abgezupfte Blütenblätter der Salat-Chrysantheme

Für die Sauce:
Saft von 1 Zitrone
1 TL Zucker
3 EL Sojaöl
etwas frischgeriebene Ingwerknolle
3 EL Sojasauce
Salz
Pfeffer aus der Mühle

Salat- und Chrysanthemenblätter vermischen und auf Salattellern anrichten. Die Salatsauce anrühren, pikant abschmecken und darüberträufeln. Den Salat dann mit den ebenfalls eßbaren Chrysanthemen-Blütenblättern garnieren.

Chrysanthemen-Reis

2 Tassen Reis
Wasser
1 Prise Salz
2 Scheiben Butter
1 Handvoll junge Salat-Chrysanthemenblätter oder -triebe, grob geschnitten
einige abgezupfte Blütenblätter der Salat-Chrysantheme

Den Reis mit 1 Prise Salz in wenig Wasser aufkochen und dann zugedeckt bei sehr schwacher Hitze 20 Minuten

quellen lassen. Zum Schluß den Reis ohne Deckel noch einige Minuten trocken dämpfen.
Die Chrysanthemenblätter in Butter kurz andünsten und dann mit der Butter unter den Reis mischen. Den Chrysanthemen-Reis anrichten und mit einigen Blütenblättern garnieren.
Der Reis eignet sich als Beilage zu Ragouts, kurzgebratenem Fleisch, Geflügel und gebratenem Fisch.

Beifuß (*Artemisia vulgaris*)

Inhaltsstoffe und Wirkung

Ätherische Öle, verschiedene Bitterstoffe, Inulin, Cholin, Terpene.

Appetitanregend, verdauungsfördernd, die Magensaftsekretion anregend, gegen Blähungen.

Verwendung

Keine bitteren Blätter, sondern nur Blütenrispen ohne Blätter noch vor der Entfaltung der Blüten verwenden, da es später zu einer Anreicherung von Bitterstoffen kommt; frische oder getrocknete Blütenrispen.
Zu allen fetten Speisen wie Gänse- und Entenbraten, Schweinefleisch und Hammel, zu Füllungen und Geflügelfarcen, zu Gemüse und Hülsenfrüchten, zu Zwiebeln und Knoblauch.

Gefüllte Gans

(Für 8 Personen)

1 bratfertige Gans, ca. 3 kg
Salz
einige Pfefferkörner, im Mörser zerstoßen
1 Beifuß-Blütenrispe, frisch oder getrocknet, zerrieben
1 Bund frischer Majoran, fein gewiegt
2 Gläser Cognac
750 g geschälte Schalotten oder geviertelte Zwiebeln
Schale von ½ Zitrone, möglichst dünn geschält
¼ l Sahne

Für die Füllung:
Magen, Herz, ausgelöstes Fleisch vom Hals
250 g Kalbfleisch
250 g Schweineschulter
100 g grüner Speck
ca. 50 g Gänseflomen oder Gänseschmalz zum Anbraten
250 g Champignons, in etwas Gänsefett gedünstet, im Mixer oder mit dem Schnellmixstab eines Handrührers püriert
1 Bund frischer Majoran, grob geschnitten
1 Beifuß-Blütenrispe, zerrieben
Salz
Pfeffer aus der Mühle
einige Spritzer Tabasco
Gänseleber

Die Innereien der Gans, Magen, Herz, Hals in 1 l Wasser mit Suppengrün und Salz in 1—1½ Stunden weich kochen. Die Gans innen und außen mit Salz, Pfeffer, Beifuß und Majoran einreiben. Den Cognac in die Bauchhöhle gießen und die Gans mehrmals drehen und wenden.
Für die Füllung Gänsemagen und -herz, ausgelöstes Fleisch vom Hals, Kalbfleisch, Schweineschulter und Speck durch den Fleischwolf drehen. Das Ganze dann unter ständigem Rühren in Gänseschmalz gut anbraten. Das Pilzpüree und die Kräuter untermischen und die Füllung kräftig mit Salz, Pfeffer und Tabasco abschmecken. Dann die

Gänseleber und die Füllung in die Gans stopfen und mit Küchengarn zunähen.
Die Gans mit der Brustseite nach unten auf den Rost über der Fettpfanne des Bratrohrs legen. Das Rohr auf 250°C vorheizen und in die Fettpfanne ½ l Kochsud von den Innereien gießen. Die Gans 1 Stunde braten und dabei immer wieder begießen. Die Keulen mit einer Gabel einstechen, damit das Fett auslaufen kann.
Dann die Schalotten und die Zitronenspirale in die Fettpfanne geben und die Gans auf den Rücken legen. Die Hitze auf 200°C reduzieren und die Gans unter fleißigem Begießen noch etwa 1½ Stunden braten. Gelegentlich etwas Kochbrühe nachgießen.
Die Gans dann mit etwas Sauce übergossen im Rohr warm stellen und auf dem Herd die Sauce zubereiten. Den Bratenfond mit den Schalotten aus der Fettpfanne durch ein Sieb gießen und die Schalotten zur Gans im Rohr geben. Den Bratenfond entfetten, das Gänsefett für weitere Gerichte aufbewahren. Die Sahne dazugießen und die Sauce so stark einkochen lassen, bis sie die gewünschte Konsistenz hat. Die Sauce mit Salz abschmekken und in einer Sauciere zur Gans und den Schalotten reichen.
Als Beilagen Kartoffelknödel, Selleriesalat, Rote-Bete-Salat.

Eberraute (*Artemisia abrotanum*)

Inhaltsstoffe und Wirkung

Ätherische Öle, Gerbstoffe, Abrotanin (Alkaloid mit chininartiger Wirkung).

Appetitanregend, verdauungsfördernd, beruhigend bei nervösen Magen-Darmstörungen.

Verwendung

Die frischen Blätter der Eberraute haben einen angenehm aromatischen, zitronenartigen bitter-würzigen Geschmack.
Man kann die Eberraute, vorsichtig dosiert, in der Küche wie Beifuß verwenden.
Zu allen fetten Speisen, zu Schwein und Hammel, Gans und Ente, zu Kräutersaucen und Mayonnaisen, zu Salaten, Quark und zu Kräuter-Drinks mit Alkohol.

Estragon (*Artemisia dracunculus*)

2 Estragonarten: Russischer/Sibirischer Estragon und Deutscher/Französischer bzw. Echter aromatischer Estragon. Dem Russischen Estragon fehlt das ätherische Öl Estragol. Er ist daher deutlich weniger aromatisch. Der Echte Estragon kann nicht ausgesät werden und muß als vegetativ durch Stockteilung oder durch Stecklinge vermehrte Pflanze gekauft werden.

Inhaltsstoffe und Wirkung

Ätherische Öle, Gerb- und Bitterstoffe, Enzyme, Harz, Jod, Vitamine, reichlich Mineralstoffe.

Verdauungsfördernd, harntreibend.

Verwendung

Zu Gewürzmischungen, zu Suppen, Kräutersaucen, Salaten, vor allem Gurkensalat, zu Gemüse, Eierspeisen, zu Füllungen und Hackfleisch, zu Geflügel, Rind- und Kalbfleisch, zu Fisch, zum Estragonessig und zum Einlegen von Gurken.

Estragon-Kräuter-Suppe

1 Scheibe Butter
1 feingewiegte Zwiebel
1—2 Estragonzweige, die Blätter abgestreift und grob geschnitten
etwas kleingeschnittenes Basilikum
2 Gläser trockener Weißwein
¾ l Geflügelbrühe
1 Eigelb mit 1 TL Speisestärke und ½ Tasse Crème fraîche verquirlt
1 Prise frischgeriebene Muskatnuß
Salz
Pfeffer aus der Mühle
1 Handvoll Weißbrotwürfel, in Butter geröstet
1 Handvoll Gartenkresse zum Bestreuen

In einem Suppentopf die Zwiebel in zerlassener Butter glasig dünsten. Die Kräuter darunterrühren, mit Weißwein ablöschen und mit Geflügelbrühe aufgießen. Die Suppe einmal aufkochen und dann bei schwacher Hitze zugedeckt 10 Minuten köcheln lassen. Das mit Stärkemehl und Crème fraîche verquirlte Eigelb unter die nicht mehr kochende Suppe rühren. Die Suppe noch 2 Minuten ziehen lassen, dann mit Weißwein, Muskat, Salz und Pfeffer abschmecken. Die Estragon-Kräutersuppe in den Tellern mit gerösteten Weißbrotwürfeln und mit Gartenkresse bestreuen.

Kalbsröllchen in Aspik

4 Kalbsschnitzel aus der Keule, mit den Händen flach gedrückt
4 Scheiben roher Schinken
abgeriebene Schale von ½ unbehandelten Orange
Salz
1 Prise Cayennepfeffer
1 Glas Sherry oder Madeira zum Beträufeln
etwas Butter zum Ausfetten einer feuerfesten Form
¼ l Weißwein
⅛ l Fleischbrühe
¼ l Weinessig
Salz
Pfeffer aus der Mühle
1 Zweig Estragon
2 Nelken
1 kleingeschnittene Zwiebel
1 Zweig Estragon, die Blätter abgezupft
1 Bund krause Petersilie, zerpflückt
6 Blätter weiße Gelatine, nach Packungsvorschrift eingeweicht
einige Spritzer Zitronensaft

Die flachgedrückten Kalbsschnitzel mit abgeriebener Orangenschale und mit Cayennepfeffer bestreuen. Den Schinken darauflegen und etwas Sherry darüberträufeln. Das Ganze 1 Stunde durchziehen lassen.
Die Fleischscheiben dann zusammenrollen, halbieren und mit Spießchen feststecken. Eine Form ausbuttern und die Röllchen hineinlegen.
Weißwein, Fleischbrühe und Weinessig aufkochen und mit Estragon, Nelken und Zwiebel über die Röllchen gießen. Mit Salz und Pfeffer würzen. Im Backofen bei 200 °C die Kalbsröllchen ½ Stunde lang schmoren lassen. Die Röllchen dann herausnehmen und in eine passende enge Schüssel legen.
Die Brühe durchsieben, entfetten und mit Zitronensaft, Salz und Pfeffer abschmecken. Die aufgelöste Gelatine untermischen und Estragonblätter und zerpflückte Peter-

silie dazugeben. Das Ganze über die Kalbsröllchen gießen. Nach dem Abkühlen die Aspik-Röllchen im Kühlschrank erstarren lassen.
Als Beilagen Toast- oder Weißbrote mit Butter.

Estragon-Poularde

1 große Poularde
Salz
Pfeffer aus der Mühle

Für die Füllung:
100 g durchwachsener Speck, gewürfelt
Hühnerleber, Herz und Magen, klein geschnitten
3 Estragonzweige, die Blätter abgestreift
1 Scheibe Butter
2 gewürfelte Zwiebeln
1 kleingeschnittene Karotte
½ l Fleisch- oder Geflügelbrühe
1—2 Gläschen Madeira

Die Poularde innen und außen mit Salz und Pfeffer einreiben. Mit Speck, den Innereien und mit Estragon füllen und mit Küchengarn zunähen.
In einem Schmortopf in zerlassener Butter die Poularde rundum anbraten. Zwiebeln und Karotte dazugeben und mit etwas Brühe angießen. Die Poularde im geschlossenen Topf im Rohr bei 200°C 45—60 Minuten schmoren lassen. Einmal wenden und Brühe nachgießen.
Die Poularde dann im Rohr warm stellen und auf dem Herd die Sauce zubereiten. Den Saucenfond mit etwas Wasser aufgießen, aufkochen lassen und durch ein Sieb passieren. Die Sauce entfetten, etwas einkochen lassen und Madeira dazugießen. Mit Salz und Pfeffer abschmecken.
Die Poularde tranchieren, mit der Füllung anrichten und mit etwas Sauce übergießen. Die restliche Sauce in einer Sauciere reichen.

Estragonhähnchen

(Kalt serviert; für 4—6 Personen)

2 Poularden

Für den Kräutersud:
3—4 l Wasser
1 kg Kalbsknochen
kleingeschnittenes Wurzelwerk: 1 Karotte, 1 Stück Sellerie, Porree, 1 Petersilienwurzel
2 Zwiebeln
2 Lorbeerblätter
1 kleines Liebstöckelblatt
1 Zweig Thymian
1 Zweig Estragon
1 Bund glatte Petersilie
2 Zitronen, in Scheiben geschnitten
ca. 2 EL Salz

Für die Estragonsauce:
1 l durchgeseihter Kochsud, auf ¼ l eingekocht
10 Eigelb
2 Estragonzweige, die Blätter abgezupft und fein gewiegt
Saft von 2 Zitronen
400 g Crème fraîche

Den Kräutersud mit den Kalbsknochen und den anderen Zutaten einmal aufkochen lassen. Die Poularden in den Sud legen und bei schwacher Hitze 1¼ Stunden lang köcheln lassen. Die Poularden dann herausnehmen, häuten und in Portionsstücke tranchieren.
Für die Sauce die erkaltete eingekochte Brühe mit den Eigelb, Estragon, Zitronensaft und Crème fraîche verrühren. Die Poulardenteile auf einer Platte anrichten und mit der cremigen Estragonsauce überziehen. Mit etwas zurückbehaltener Petersilie, einigen Estragonblättchen und mit Zitronenscheiben garnieren.

Seezungenfilets mit Estragon-Paprika-Creme

8 Seezungenfilets à 60 g (oder andere Fischfilets), quer halbiert
3 rote Paprikaschoten, geputzt, grob geschnitten, mit dem Schnellmixstab eines Handrührers püriert
1 Scheibe Butter zum Andünsten des Paprikapürees
1—2 Tassen Fleischbrühe
2 Handvoll abgezupfte Estragonblätter
Salz
Pfeffer aus der Mühle
etwas Mehl zum Wenden der Fischfilets
1 Scheibe Butter und 1 EL Sonnenblumenöl zum Anbraten
½ Tasse Crème fraîche
1 EL edelsüßer Paprika
1 Spritzer Tabasco

In einem Topf in zerlassener Butter das Paprikapüree unter Rühren kurz andünsten. Mit Fleischbrühe aufgießen und das Püree unter gelegentlichem Rühren etwas einkochen lassen. Crème fraîche unterrühren und das edelsüße Paprikapulver dazugeben. Mit Salz und Tabasco abschmecken und die Creme sämig einkochen lassen. Zum Schluß die Estragonblätter unterheben.
Die Seezungenfilets salzen und pfeffern und in Mehl wenden. Überschüssiges Mehl abklopfen. In einer Pfanne die Fischfilets in Butter und Öl bei mittlerer Hitze auf beiden Seiten kurz braten, aber nicht bräunen lassen.
Die Fischfilets mit der Paprikacreme anrichten und mit einigen zurückbehaltenen Estragonblättern garnieren. Dazu Butterkartoffeln oder Reis reichen.

Löwenzahn (*Taraxacum officinale*)

Wildform und kultivierter Löwenzahn.

Inhaltsstoffe und Wirkung

Reichlich Vitamin A, B und C; Mineralstoffe, ätherische Öle, Bitter- und Schleimstoffe; hoher Inulingehalt.

Galle- und harntreibend; stoffwechselanregend, blutdrucksenkend; ideal bei Frühjahrskuren.

Verwendung

Gekochte Wurzeln in kleiner Menge zu Salaten, Gemüsen und Saucen.

Blätter und noch geschlossene Blütenknospen zu Salaten, grünen Saucen, Suppen und Eintöpfen; zu Gemüse, Käse und Quark.

Löwenzahn-Tomaten-Salat

1 kleine Schüssel junge Löwenzahnblätter, zerpflückt oder in breite Streifen geschnitten
500 g Tomaten, geachtelt
2 feingewiegte Zwiebeln
1 Bund frischer Kräuter, grob geschnitten: Basilikum, Petersilie, Kerbel, Borretsch o. a.

Für die Salatsauce:
3 EL Rotweinessig
3 EL kaltgepreßtes Olivenöl
Salz
Pfeffer aus der Mühle
1 Prise Zucker

Löwenzahn, Tomaten und Zwiebeln mit den Kräutern mischen und anrichten. Die Sauce anrühren, kräftig abschmecken und über den Salat gießen. Sofort servieren.

Löwenzahn-Wildkräuter-Salat

1 kleine Schüssel junge Löwenzahnblätter, zerpflückt oder in Streifen geschnitten
1 kleine Schüssel Wildkräuter nach Jahreszeit, zerpflückt: Gänseblümchen, Geißfuß (Giersch), Scharbockskraut, Sauerampfer, Bachbunge, Brunnenkresse, Bitterkresse, etwas feingewiegte Schafgarbe, etwas feingewiegter Dost und Quendel (Wilder Oregano und Wilder Thymian) o. a.
2 Scheiben durchwachsener Räucherspeck, gewürfelt
1 Knoblauchzehe zum Ausreiben der Salatteller

Für die Salatsauce:
2 EL Weinessig
1 Prise Zucker
Salz
Pfeffer aus der Mühle
2—3 EL kaltgepreßtes Olivenöl

Die Salatteller mit einer Knoblauchzehe ausreiben. Die Löwenzahnblätter mit den Wildkräutern mischen und anrichten. Die Salatsauce anrühren, kräftig abschmecken und unter den Salat mischen. Die Speckwürfel in einer Pfanne auslassen und heiß über den Salat streuen. Nach Belieben auch das Bratfett über den Salat träufeln. Sofort servieren.

Knospensalat von Löwenzahn

3 Handvoll noch geschlossene Löwenzahn-Blütenknospen
Salz
Pfeffer aus der Mühle
1 Prise Zucker
1 feingewiegte Zwiebel
einige durchgepreßte Knoblauchzehen
4 hartgekochte Eier, geviertelt
2 Scheiben durchwachsener Speck, gewürfelt
½ Tasse Weinessig

Die Blütenknospen mit Salz, Pfeffer und 1 Prise Zucker würzen und mit Zwiebel und Knoblauch auf Salattellern anrichten.
Die Speckwürfel in einer Pfanne auslassen. Mit Weinessig ablöschen und die Specksauce heiß über den Salat gießen. Die geviertelten Eier darauf anrichten und sofort servieren.

Löwenzahnsalat mit Pilzen und Wachteleiern

1 kleine Schüssel junge Löwenzahnblätter, zerpflückt
8 Wachteleier, hartgekocht, abgeschreckt und geschält
200 g frische Champignons oder andere Zuchtpilze, blättrig geschnitten; in der Salatsauce mariniert oder in Butter kurz angedünstet
50 g grobgehackte Walnußkerne, unter Rühren in einer Pfanne ohne Fett kurz geröstet

Für die Salatsauce:
Saft von 1 Zitrone
1 gute Prise Zucker
Salz
Pfeffer aus der Mühle
5 EL kaltgepreßtes Olivenöl oder Walnußkernöl

Die Nüsse unter den Löwenzahn mischen. Den Salat auf Tellern anrichten, die Sauce unterziehen und die Pilze dazugeben. Die Wachteleier halbieren, schwach salzen und auf den Salat setzen.
Dazu Weißbrote mit Butter reichen.

Löwenzahnsalat mit Kalbsleber

1 kleine Schüssel junge Löwenzahnblätter und -blütenknospen; kleine Blätter ganz belassen, größere in Streifen geschnitten
1 feingewiegte Zwiebel
1 säuerlicher Apfel, geschält, das Kernhaus ausgestochen, in Scheibchen geschnitten, mit Zitronensaft beträufelt
2 EL Weinessig oder Balsamessig
1 gute Prise Zucker
Salz
Pfeffer aus der Mühle
2—3 EL kaltgepreßtes Olivenöl
ca. 200 g Kalbsleber, in dünne Streifen geschnitten; oder Rinderleber, einige Stunden in Milch gelegt und dann abgespült
1 Scheibe Speck, gewürfelt
2 Scheiben Butter zum Braten
Salz
Pfeffer aus der Mühle

Löwenzahn, Zwiebel und Apfelschnitze vermischen. Den Salat auf Tellern anrichten und die Salatsauce darübergießen.
Die Speckwürfel in einer Pfanne auslassen. Die Butter dazugeben und die Leberstreifen bei starker Hitze unter häufigem Wenden in wenigen Minuten braten. Dann die Leber salzen und pfeffern und mit den Speckwürfeln auf dem Löwenzahnsalat verteilen. Sofort servieren.

Löwenzahnhonig (Sirup)

4 Handvoll Löwenzahnblüten, ohne Stengel und bittere grüne Blättchen
1½ l Wasser
1½ kg Zucker
Saft von 1 Zitrone
abgeriebene Schale von 1 Zitrone

In einem großen Topf die Löwenzahnblüten in Wasser einmal kurz aufkochen lassen. Die abgeriebene Zitronenschale dazugeben und die Blüten über Nacht ziehen lassen.
Den Sud dann durch ein Sieb gießen, Zucker und Zitronensaft dazugeben und das Ganze bei kleiner Flamme unter Rühren so lange köcheln lassen, bis eine sirupartige Masse entsteht. Den Löwenzahnhonig dann in Schraubgläser abfüllen.
Löwenzahnhonig eignet sich als Brotaufstrich und zum Süßen von Desserts und Gebäck.

Marienblatt/Balsamkraut

(*Chrysanthemum balsamita*)

Verwendung

Das Marienblatt erinnert in Duft und Geschmack an Pfefferminze, Zitrone und Balsam.
Junge Blätter, nicht überdosiert; zu Salaten, grünen Saucen, Suppen, zu Eierspeisen, Geflügelfarcen und Füllungen, zu Fleischgerichten, vor allem zu Kalbfleisch, zu Geflügel und Wildbret, zu Süßspeisen und Kräuter-Drinks.

Hühnersuppe mit Marienblatt

(Für 4—6 Personen)

1 Suppenhuhn
100 g Reis
Saft von 1 Zitrone
1 Bund junge Marienblätter, in feine Streifen geschnitten
1 Prise Zucker

Für den Kochsud:
ca. 2 l Wasser
3 Zwiebeln
Wurzelwerk: 1 Karotte, 1 Stück Porree und Sellerie, 1 Petersilien- und Pastinakwurzel
1 Liebstöckelblatt
einige Pfefferkörner
Salz

Das Suppenhuhn im Kochsud in etwa 1½ Stunden weich kochen, bis sich das Fleisch sehr leicht von den Knochen lösen läßt. Das Suppenhuhn dann häuten, das Fleisch auslösen und in kleine Stücke schneiden. Die Hühnerbrühe durchseihen und den größten Teil des Fetts abschöpfen. Etwas Fett aber des Aromas wegen in der Suppe lassen.
Dann den Reis zur Hühnerbrühe geben und in 20—30 Minuten bei schwacher Hitze gar kochen. Den Zitronensaft dazugießen und das Hühnerfleisch und die Marienblätter dazugeben. Mit Zucker und Salz abschmecken.

Lammcurry mit Marienblatt

3 EL Färberdistelöl
2 gewürfelte Zwiebeln
einige Knoblauchzehen, mit etwas Salz zerdrückt
1 Stück Ingwerknolle, frisch gerieben
2 EL Currypulver
1 gute Prise Cayennepfeffer
Salz
Pfeffer aus der Mühle
1 kg ausgelöste Lammschulter, in Würfel geschnitten
¼ l Wasser
Saft von ½ Zitrone
einige junge Marienblätter, in Streifen geschnitten
1 Bund glatte Petersilie und Koriandergrün, grob geschnitten

In einem Schmortopf das Öl erhitzen, Zwiebeln, Knoblauch, Ingwer, Curry und Cayennepfeffer unter ständigem Rühren bei milder Hitze 5 Minuten andünsten. Das Ganze mit Salz und Pfeffer bestreuen.
Die Lammwürfel untermischen und etwas Wasser angießen. Das Lammcurry im geschlossenen Topf bei milder Hitze etwa 1½ Stunden schmoren lassen, bis das Fleisch weich ist. Gelegentlich umrühren und etwas Wasser nachgießen.
Zum Schluß den Zitronensaft unterrühren und Marienblätter, Petersilie und Koriander untermischen.
Dazu Reis servieren.

Lammkoteletts mit Marienblatt-Kiwi-Sauce

8 Lammkoteletts, ca. à 80 g
Salz
Pfeffer aus der Mühle
2 feingewiegte Schalotten
3 EL Färberdistelöl
$\frac{1}{8}$ l Fleischbrühe
$\frac{1}{8}$ l trockener Weißwein

Für die Sauce:
4 Kiwis, geschält und in einem Rührbecher mit dem Schnellmixstab eines Handrührers püriert
Saft von $\frac{1}{2}$ Zitrone
1—2 TL Zucker
einige Spritzer Tabasco
einige junge Marienblätter, in Streifen geschnitten

Die Lammkoteletts mit Salz und Pfeffer einreiben. In einer großen Pfanne in heißem Öl die Koteletts portionsweise auf jeder Seite 3—4 Minuten braten und dann warm stellen. Die Schalotten in die Pfanne geben und glasig dünsten. Brühe und Wein dazugießen und den Bratensatz loskochen. Die Sauce etwas einkochen lassen, dann die pürierten Kiwis darunterrühren.
Die Sauce durch ein Sieb passieren und wieder erhitzen. Mit Zitronensaft, Zucker, Tabasco und Salz abschmekken. Zum Schluß die Marienblattstreifen untermischen. Die Sauce zu den Lammkoteletts servieren und Stangenweißbrot und Salate nach Saison dazu reichen.

Ringelblume (*Calendula officinalis*)

Inhaltsstoffe und Wirkung

Ätherische Öle, Saponin, Bitter- und Schleimstoffe, Karotinfarbstoff.

Krampflösend, entzündungshemmend, die Produktion der Gallenflüssigkeit anregend.

Verwendung

Die aromatisch-bitteren Blütenblätter zum Garnieren und Färben von Speisen. Man kann die Blütenblätter der Ringelblume in der Küche wie Safran zum Würzen und Gelbfärben verwenden.
Zu Fischsuppen, Fleischsuppen, zu Salaten, Käsegerichten, zu Fischgerichten und zu Geflügel, zum Färben von Butter und Kuchen.

Ringelblumen-Kaltschale

½ l Milch
1 aufgeschlitzte Vanilleschote
2 EL Speisestärke, in etwas Wasser angerührt
100 g Zucker
einige Ringelblumen-Blütenköpfe, die Blütenblätter abgezupft
1 Eiweiß mit 1 Spritzer Zitronensaft steif geschlagen

Die Milch leicht erhitzen, die aufgeschlitzte Vanilleschote 15 Minuten darin ziehen lassen und dann wieder entfernen. Den Zucker und die abgezupften Blütenblätter der Ringelblume unterrühren. Mit Speisestärke binden und das Ganze abkühlen lassen.

Das in den Blütenblättern enthaltene Karotin, eine Vorstufe zum Vitamin A, färbt die Milch safrangelb.
Aus dem Eischnee mit einem Löffel kleine Klößchen abstechen, in leise siedendes Wasser legen und steif werden lassen.
Die Kaltschale mit einigen frischen Blütenblättchen der Ringelblume garnieren und die Klößchen darauf verteilen.

Wermut (*Artemisia absinthium*)

Inhaltsstoffe und Wirkung

Ätherische Öle, Glykoside, Bitterstoffe (Absinthium).

Appetitanregend, die Sekretion im Magen-Darmtrakt fördernd, galletreibend, desinfizierend, krampflösend.

Verwendung

Wermut ist sehr aromatisch, würzig-bitter. Man verwendet junge Zweigspitzen kurz vor der Blüte, frisch oder getrocknet. Er kann in der Küche wie Beifuß oder Eberraute verwendet werden. Da er sehr intensiv würzt, sollte er nur in Messerspitzen-Mengen zu den Gerichten gegeben werden.
Zu fettem Fleisch wie Gans und Ente, Schwein und Hammel, zu Eintöpfen, Pfannkuchen und Eiergerichten; 1 Wermutblatt zu Martinis und Mixgetränken.

KREUZBLÜTLER (*Cruciferae*)

Barbarakraut (*Barbarea vulgaris*)

Inhaltsstoffe und Wirkung

Senfölglykosid, Bitterstoffe, Vitamine, vor allem reichlich Vitamin C.

Appetitanregend, stoffwechselanregend.

Verwendung

Das aromatisch-bittere Barbarakraut kann auch den Winter über geerntet werden. Man nimmt nur junge Blätter und mischt sie am besten mit mild schmeckenden Kräutern.

Zu Salaten, eventuell zusammen mit Brunnenkresse, Bitterkresse und Bachbunge, die an den gleichen Standorten wachsen, zu Kräutermischungen, grünen Saucen, gedünstet in Butter, zu Kräuterpürees und Spinat.

Barbarakraut-Rapunzel-Salat

50 g Rapunzel (Feldsalat), gut gewaschen
1 kleine Schüssel junges Barbarakraut, zerpflückt
1 feingewiegte Zwiebel

Für die Salatsauce:
3 EL Rotweinessig
1 hartgekochtes ausgelöstes Eigelb, zerdrückt
1—2 TL scharfer Senf
Salz
Pfeffer aus der Mühle
ca. 4 EL kaltgepreßtes Olivenöl

Rapunzel, Barbarakraut und Zwiebel vermischen und auf Salattellern anrichten. Die Sauce anrühren, abschmecken und erst bei Tisch über den Salat träufeln. Die Speckwürfel in einer Pfanne auslassen und heiß über den Salat streuen.

Barbarakrautsalat

1 kleine Schüssel junge Barbarakrautblätter, zerpflückt
1 Handvoll Löffelkraut, zerpflückt
1 Handvoll Brunnenkresse, ohne grobe Stiele, zerpflückt
1 feingewiegte Zwiebel
2 hartgekochte gewürfelte Eier
1 Scheibe Schinkenspeck, gewürfelt
1 Scheibe Weißbrot, in Würfel geschnitten

Für die Sauce:
Saft von ½ Zitrone
Saft von 1 Orange
1 TL Zucker
3 EL kaltgepreßtes Olivenöl
1 Spritzer Tabasco
Salz
Pfeffer aus der Mühle

Barbarakraut mit Löffelkraut, Brunnenkresse, Zwiebel und Eiern vermischen. Die Salatsauce anrühren, pikant abschmecken und unter den Salat ziehen. Schinken- und Weißbrotwürfel in einer Pfanne rösten, über den Salat streuen und teilweise unterheben.
Dazu Schwarzbrot mit Butter reichen.

Barbarakrautsalat mit Quarkmayonnaise

1 kleine Schüssel junge Barbarakrautblätter, zerpflückt
1 feingewiegte Zwiebel

Für die Quarkmayonnaise:
250 g trockener Magerquark (in einem Sieb abgetropft), mit etwas Sahne glattgerührt
1—2 EL scharfer Senf
1 Eigelb
1 TL Tomatenketchup
1 Spritzer Worcestersauce
einige Spritzer Tabasco
1 Spritzer Zitronensaft
1—2 EL kaltgepreßtes Olivenöl
Salz
Pfeffer aus der Mühle

Das Barbarakraut mit der feingewiegten Zwiebel auf Salattellern anrichten. Die Quarkmayonnaise in einem Rührbecher mit einem elektrischen Handrührer gut verquirlen. Die Mayonnaise mit Salz und Pfeffer abschmekken und in die Mitte des Salats setzen.

Barbarakraut-Eier-Salat mit Radieschen

1 kleine Schüssel junges Barbarakraut, zerpflückt
1 feingewiegte Zwiebel
4 hartgekochte Eier, geachtelt
2 Bund Radieschen, in Scheibchen geschnitten; einige Radieschen zum Garnieren ganz belassen, blättrig eingeschnitten und leicht gesalzen

Für die Salatsauce:
2 EL Weinessig
3 EL kaltgepreßtes Olivenöl
1—2 TL scharfer Senf
½ geriebene Zwiebel
1 Prise Zucker
Salz
Pfeffer aus der Mühle

Barbarakraut, Zwiebel, Eier und Radieschen vorsichtig vermischen und auf Salattellern anrichten. Die Sauce anrühren, abschmecken und über den Salat träufeln. Mit einigen ganzen Radieschen garnieren.

Barbarakraut-Orangen-Salat

2 Handvoll junge Barbarakrautblätter, zerpflückt oder grob geschnitten
2 Orangen, geschält, quer halbiert und in dünne Scheibchen geschnitten
1 Banane, geschält und in Scheibchen geschnitten
einige Eisbergsalatblätter zum Anrichten

Für die Salatsauce:
Saft von 1/2 Zitrone
Saft von 1 Orange
1—2 TL Zucker
1 EL scharfer Senf
einige Spritzer Tabasco
3 EL kaltgepreßtes Olivenöl
Pfeffer aus der Mühle
Salz

Barbarakraut, Orangen- und Bananenscheiben auf den Salatblättern anrichten. Die Sauce anrühren, pikant abschmecken und über den Salat träufeln. Kurz durchziehen lassen.

Barbarakraut-Kartoffel-Salat

500 g gargekochte Salatkartoffeln, geschält und in Scheibchen geschnitten
½ Tasse Fleischbrühe
1 feingewiegte Zwiebel
3 EL Weinessig
1 EL kaltgepreßtes Olivenöl
1 Scheibe durchwachsener Speck, gewürfelt
Salz
Pfeffer aus der Mühle
1—2 Handvoll junges Barbarakraut, zerpflückt oder grob geschnitten
1 Handvoll Gartenkresse zum Bestreuen

Die noch warmen Kartoffelscheiben mit der heißen Fleischbrühe übergießen. Zwiebel, Essig und Öl untermischen und den Salat ½ Stunde durchziehen lassen. Die Speckwürfel in einer Pfanne auslassen und über den Salat streuen. Das Barbarakraut dazugeben und mit dem Speck unterheben. Zum Schluß den Salat mit Salz und Pfeffer abschmecken und mit Gartenkresse bestreuen.

Kresse

Brunnenkresse (*Nasturtium officinale*)
Gartenkresse (*Lepidium sativum*), in verschiedenen Sorten
Bitterkresse/Bitteres Schaumkraut (*Cardamine amara*)

Inhaltsstoffe und Wirkung

Senfölglykosid, ein schwefelhaltiges Öl;
Mineralstoffe, Gerb- und Bitterstoffe, reichlich Jod; reichlich Vitamin C, Vitamine A, D und E.

Appetitanregend, stoffwechselanregend, verdauungsfördernd, Leber und Galle aktivierend. Ideal bei Frühjahrskuren.

Verwendung

Zu Salaten, belegten Broten, Käse, Quark, Kräuterbutter; zu Eierspeisen und Kartoffelgerichten; zu Gemüse, Suppen und Eintöpfen; zu Salatsaucen und Sahnesaucen.

Die *Samen der Brunnenkresse* können in der Küche wie Senfkörner und zusammen mit ihnen verwendet werden.

Brunnen- und Bitterkresse können auch den Winter über an Quellen und Bächen gesammelt werden. Die *Gartenkresse,* die schon nach 3—5 Tagen keimt, läßt sich problemlos in Folgesaaten am Fensterbrett ziehen.

Weniger bekannt, aber für die Kräuterküche sehr wertvoll ist die *Bitterkresse.* Sie schmeckt trotz ihres Namens keineswegs bitter, sondern intensiv scharf-würzig, im Geschmack an Rettich, Radieschen und Meerrettich erinnernd. Da ihr Kresse-Aroma sehr stark ist, genügen zum Würzen schon einige feingewiegte Blätter. Die Bitterkresse wächst oft gemeinsam mit der Brunnenkresse an Quellen, Gräben und feuchten oder überfluteten kiesigen Stellen. Doch läßt sich die Bitterkresse im Gegensatz zur Wasserpflanze Brunnenkresse auch im Fensterkasten kultivieren, wenn sie regelmäßig ausreichend gegossen wird.

Brunnenkressensuppe

1 kleine Schüssel Brunnenkresse, ohne grobe Stiele
1 Scheibe Butter zum Andünsten
3 kleingewürfelte Kartoffeln
½ l Fleisch- oder Hühnerbrühe
ca. 1 Tasse Milch
½ Tasse Sahne
Salz
Pfeffer aus der Mühle
1 Scheibe Butter zum Unterschlagen

In einem Topf die Brunnenkresse in zerlassener Butter unter Rühren andünsten, bis sie zusammenfällt. Die Kartoffeln dazugeben und mit Brühe aufgießen. Die Suppe bei schwacher Hitze 20 Minuten köcheln lassen und dann mit dem Schnellmixstab eines Handrührers pürieren. Die Suppe durch ein Sieb streichen, mit etwas Milch verdünnen und die Sahne unterrühren. Mit Salz und Pfeffer abschmecken und zum Schluß die Butter unterschlagen. Die Suppe in den Tellern mit einigen zurückbehaltenen Brunnenkressenblättern garnieren.

Brunnenkressen-Kartoffel-Suppe

1 kleine Schüssel Brunnenkresse, ohne grobe Stiele
1 Scheibe Butter zum Andünsten
300—500 g Kartoffeln, geschält, klein gewürfelt
¾ l Fleischbrühe
etwas Milch zum Verdünnen der Suppe
einige EL Sahne
Salz
Pfeffer aus der Mühle

In einem Suppentopf die Brunnenkresse in zerlassener Butter unter Rühren andünsten, bis sie zusammenfällt. Die Kartoffeln dazugeben und mit Fleischbrühe aufgie-

ßen. Die Suppe einmal aufkochen und dann bei schwacher Hitze 20—30 Minuten köcheln lassen.
Die Suppe mit dem Schnellmixstab eines Handrührers pürieren und durch ein Sieb passieren. Wieder erhitzen und etwas Milch unterrühren, bis die gewünschte Konsistenz erreicht ist. Mit Salz und Pfeffer abschmecken und etwas Sahne unterrühren. Die Suppe in den Tellern mit einigen zurückbehaltenen Brunnenkressenblättern garnieren.

Brennessel-Brunnenkressen-Suppe

1 kleine Schüssel Brennesseltriebe
1 kleine Schüssel Brunnenkresse, grob geschnitten
1 Zwiebel oder einige Schalotten, fein gewiegt
1 Scheibe Butter
1 l Hühnerbrühe
¼ Sahne mit 1 Eigelb verquirlt
1 Prise Muskatnuß, frisch gerieben
Salz
Pfeffer aus der Mühle

Zwiebel oder Schalotten in zerlassener Butter kurz andünsten. Die in einem Sieb gewaschenen Brennesseltriebe und die Brunnenkresse dazugeben und unter Rühren so lange dünsten, bis die Blätter zusammenfallen. Mit Hühnerbrühe aufgießen, die Suppe einmal aufkochen lassen und dann bei milder Hitze noch ¼ Stunde köcheln lassen.
Dann die Suppe mit dem Schnellmixstab eines Handrührers pürieren und durch ein Sieb streichen. Mit Muskatnuß würzen, mit Salz und Pfeffer abschmecken und wieder kurz erhitzen. Zum Schluß die nicht mehr kochende Suppe mit der Eiersahne legieren. Die Suppe in den Tellern oder Tassen mit einigen zurückbehaltenen Brunnenkressenblättchen garnieren.

Brunnenkressensuppe mit Forellenklößchen

Für die Forellenklößchen:
1 Forelle zu ca. 250 g, ausgenommen und gewaschen
Salz
Pfeffer aus der Mühle
1 Prise frischgeriebene Muskatnuß
1 Ei
1 EL Crème fraîche
ca. ½ Tasse Sahne, steif geschlagen
1 Scheibe Butter
1 großes Bund Brunnenkresse, ohne grobe Stiele
1 l Hühnerbrühe
3 EL Crème fraîche
Salz
3 Eigelb mit ⅛ l Sahne verquirlt

Um die Forelle zu filetieren, den Rücken zu beiden Seiten der Hauptgräte mit einem scharfen Messer etwas einschneiden. Dann den Schnitt den Gräten entlang vertiefen und die beiden Fischfilets am Kopf und am Schwanz abtrennen. In einem Rührbecher die Forellenfilets mit 1 Ei und Crème fraîche mit dem Schnellmixstab eines Handrührers pürieren und mit Salz, Pfeffer und Muskat würzen. Dann die geschlagene Sahne untermischen.
Für die Suppe die Brunnenkresse in einem Topf in zerlassener Butter andünsten, bis sie zusammenfällt. Mit Hühnerbrühe aufgießen und einmal aufkochen lassen. Die Suppe dann mit dem Schnellmixstab pürieren und durch ein Sieb streichen. Crème fraîche unterrühren und mit Salz abschmecken. Die nicht mehr kochende Suppe mit der Eiersahne legieren.
Von der Forellenmasse mit einem in Wasser getauchten Teelöffel Klößchen abstechen und in schwach gesalzenem, nur leise siedendem Wasser 10 Minuten ziehen lassen.
Die Forellenklößchen dann zur Brunnenkressensuppe in

den Tellern geben. Mit einigen zurückbehaltenen Kressenblättchen garnieren.

Gartenkressensuppe

1 Scheibe Butter
2 feingewiegte Zwiebeln
¾ l Fleischbrühe
⅛ l Crème fraîche mit
1 Eigelb verquirlt
3 Handvoll Gartenkresse
einige Spritzer Zitronensaft
Salz
Pfeffer aus der Mühle
1 Prise frischgeriebene Muskatnuß

In einem Suppentopf in zerlassener Butter die Zwiebeln glasig andünsten. Mit Fleischbrühe aufgießen und die Suppe 20 Minuten bei schwacher Hitze köcheln lassen. Die Zwiebeln dann mit dem Schnellmixstab eines Handrührers pürieren.

Unter die nicht mehr kochende Suppe die Eiersahne rühren und die Gartenkresse unterziehen. Die Suppe mit Zitronensaft, Salz, Pfeffer und Muskat abschmecken. Zum Schluß die Suppe in den Tellern mit etwas zurückbehaltener Kresse bestreuen.

Bitterkressensuppe

2 Handvoll Bitterkresse, fein gewiegt
$^3/_4$ l Fleischbrühe
$^1/_8$ l Weißwein
1 Eigelb mit $^1/_8$ l Sahne verquirlt
Salz
Pfeffer aus der Mühle
einige Weißbrotwürfel, in etwas Butter geröstet

Die Fleischbrühe aufkochen und die feingewiegte Bitterkresse unterrühren. Den Weißwein dazugießen und die nicht mehr kochende Suppe mit der Eiersahne legieren. Mit Salz und Pfeffer abschmecken. Zur Suppe in den Tellern geröstete Weißbrotwürfel geben.

Brunnenkressensalat

1 kleine Schüssel Brunnenkresse, ohne grobe Stiele, zerpflückt

Für die Salatsauce:
2 hartgekochte zerdrückte Eigelb
2 EL Weinessig
2 EL kaltgepreßtes Olivenöl
Salz
Pfeffer aus der Mühle

Die Brunnenkresse auf Salattellern anrichten. Die Salatsauce mit den genannten Zutaten anrühren und erst bei Tisch über die Brunnenkresse gießen, da die Kresse sehr schnell zusammenfällt.

Brunnenkressensalat mit Radieschen und Champignons

1 kleine Schüssel Brunnenkresse, ohne grobe Stiele, zerpflückt
ca. 300 g Radieschen, in Scheibchen geschnitten
ca. 150 g Champignons, blättrig geschnitten und mit dem Saft von ½ Zitrone beträufelt

Für die Salatsauce:
Saft von ½ Zitrone
1 Ei
1 Prise Zucker
1 Prise Salz
einige Spritzer Tabasco
1 EL scharfer Senf
2 EL kaltgepreßtes Olivenöl

Die Salatzutaten mischen und anrichten. Die Sauce in einem Rührbecher verquirlen, abschmecken und erst bei Tisch unter den Salat heben.

Brunnenkressensalat mit Frühlingszwiebeln

1 kleine Schüssel Brunnenkresse, zerpflückt, ohne grobe Stiele
ca. 500 g Frühlingszwiebeln, den Lauch in breite Ringe geschnitten
2 filetierte Blutorangen
1 Bund frische Kräuter, grob geschnitten: Petersilie, Kerbel, Borretsch o. a.

Für die Salatsauce:
2 EL Weinessig
Salz
einige im Mörser grob zerstoßene Pfefferkörner
3 EL kaltgepreßtes Olivenöl

Brunnenkresse, Frühlingszwiebeln und Orangenfilets auf Salattellern anrichten und mit den Kräutern bestreuen. Die Sauce anrühren und erst kurz vor dem Servieren darübergießen.

Brunnenkressen-Spargel-Salat

1 kleine Schüssel Brunnenkresse, ohne grobe Stiele, zerpflückt
ca. 500 g gegarte Spargelstangen, in Stücke geschnitten
1 Zwiebel oder einige Schalotten, fein gewiegt
3 hartgekochte Eier, geschält, und in Scheiben geschnitten
Salz

Für die Marinade:
½ Tasse heiße Hühnerbrühe
Saft von 1 Zitrone
1 Spritzer Tabasco
1 Prise Zucker
Salz
Pfeffer aus der Mühle

Die Marinade durchrühren und die Spargelstücke und die feingewiegte Zwiebel darin 1 Stunde lang ziehen lassen. Dann das Ganze mit der Brunnenkresse auf Salattellern anrichten und mit gesalzenen Eischeiben garnieren.

Brunnenkressensalat mit Wachteleiern

1 kleine Schüssel Brunnenkresse, zerpflückt, ohne grobe Stiele
8 Wachteleier, hart gekocht, abgeschreckt und geschält

Für die Salatsauce:
1 EL Sherryessig
einige Knoblauchzehen, in Salz zerdrückt
1 feingewiegte Zwiebel
1 TL scharfer Senf
Salz
Pfeffer aus der Mühle
3—5 EL kaltgepreßtes Olivenöl

Die Salatsauce gut durchrühren. Die Brunnenkresse auf den Tellern anrichten und die Sauce untermischen. Die Wachteleier halbieren, schwach salzen und auf den Salat setzen. Den Salat sofort servieren, damit er nicht zusammenfällt.

Brunnenkressen-Frühlingssalat

1 kleine Schüssel Brunnenkresse, ohne grobe Stiele, zerpflückt
etwas Friséesalat, zerpflückt
100 g gut gewaschene Rapunzel (Feldsalat)
1 kleine Schüssel Löwenzahn und Löwenzahn-Blütenknospen, junge kleine Blätter ganz belassen, größere in breite Streifen geschnitten
1 Scheibe Räucherspeck, gewürfelt und in einer Pfanne ausgelassen
kleingehacktes Eiweiß

Für die Salatsauce:
3 EL Rotweinessig
2 EL kaltgepreßtes Olivenöl
1 EL scharfer Senf
1 ausgelöstes hartgekochtes Eigelb, zerdrückt
Salz
Pfeffer aus der Mühle
1 Prise Zucker

Die genannten Salatzutaten durchmischen und auf Salattellern anrichten. Die Speckwürfel untermischen.
Die Salatsauce anrühren, abschmecken, über den Salat gießen und unterheben. Sofort servieren.

Grüner Bohnensalat mit Kresse

(Brunnen-, Bitter- oder Gartenkresse)

500 g junge grüne Bohnen, geputzt
1 Zweig frisches Bohnenkraut
Salz
1 Bund Frühlingszwiebeln, samt den grünen Schlotten in Ringe geschnitten
1 kleine Schüssel Brunnenkresse, ohne grobe Stiele, zerpflückt, oder zerpflückte Bitterkresse, oder Gartenkresse, ganz belassen
1 Knoblauchzehe zum Ausreiben der Salatschüssel

Für die Salatsauce:
4 EL Weinessig
2—3 EL kaltgepreßtes Olivenöl
einige Spritzer Zitronensaft
1 Prise Zucker
1 Spritzer Tabasco
Salz
Pfeffer aus der Mühle

Die geputzten Bohnen mit dem Zweig Bohnenkraut in Salzwasser etwa 12 Minuten garen. Dann die Bohnen in einem Sieb abgießen und unter kaltem Wasser abschrecken.
Die Salatschüssel mit einer Knoblauchzehe ausreiben, Bohnen und Frühlingszwiebeln dazugeben und durchmischen. Die Salatsauce anrühren, pikant abschmecken und untermischen. Den Bohnensalat im Kühlschrank 1 Stunde oder länger durchziehen lassen. Erst vor dem Servieren die Kresse darüberstreuen und teilweise vorsichtig unterheben.

Brunnenkressen-Truthahn-Salat

1 kleine Schüssel Brunnenkresse, ohne grobe Stiele, zerpflückt
einige grob geschnittene oder zerpflückte Wildkräuter: Geißfuß (Giersch), Scharbockskraut, Bachbunge, Barbarakraut; ein wenig Dost, Bibernelle, Quendel (wilder Thymian)
einige EL grobgehackte Walnüsse
ca. 500 g Truthahnbrust bzw. -filets
Salz
Pfeffer aus der Mühle
2 EL Sonnenblumenöl zum Braten
1 Zwiebel oder einige Schalotten, fein gewiegt
1 Scheibe durchwachsener Speck, gewürfelt

Für die Senfsauce:
½ Tasse heiße Geflügelbrühe
1—2 EL scharfer Senf
1 TL kaltgepreßtes Olivenöl
1 EL Weinessig
1 Prise Zucker
1 Spritzer Tabasco
Salz zum Abschmecken

In heißem Sonnenblumenöl die Speckwürfel knusprig braten und Zwiebel oder Schalotten dazugeben. Die Truthahnfilets salzen und pfeffern und mitbraten. Dabei einmal wenden.
Die Geflügelbrühe mit Senf und den anderen Zutaten verquirlen und mit Salz abschmecken.
Brunnenkresse und Wildkräuter mischen, auf Salattellern anrichten und mit Walnüssen bestreuen. Die gegarten Truthahnfilets in Streifen schneiden und mit Zwiebel und Speck darauf verteilen. Mit der heißen Senfsauce übergießen.
Dazu Weißbrot oder Kartoffelkroketten reichen.

Bunter Bitterkressensalat

1—2 Handvoll Bitterkresse, zerpflückt oder grob geschnitten
50 g Rapunzel (Feldsalat), gut gewaschen
5 Tomaten, die Stielansätze herausgeschnitten, geachtelt
300 g magerer Kochschinken, gewürfelt oder in Streifen geschnitten
4 hartgekochte Eier, in Scheiben geschnitten

Für die Salatsauce:
Saft von 1 Orange
Saft von ½ Zitrone
1 gute Prise Zucker
1—2 TL scharfer Senf
einige EL Crème fraîche
Salz
Pfeffer aus der Mühle

Die genannten Zutaten vorsichtig vermischen und auf Salattellern anrichten. Die Salatsauce anrühren, abschmekken und erst bei Tisch über den Salat gießen.

Gartenkressen-Spargel-Salat

1 kg Spargel, gar gekocht und in Stücke geschnitten
2 Zwiebeln oder einige Schalotten, fein gewiegt
1 Bund glatte Petersilie, grob geschnitten
1 kleine Schüssel Gartenkresse
2 hartgekochte Eier, in Scheiben geschnitten

Für die Salatsauce:
Saft von 1 Zitrone
1 Prise Zucker
¼ l Sahne
½ Tasse entfettete Hühner- oder Fleischbrühe
Salz
Pfeffer aus der Mühle

Die Spargelstücke mit den Zwiebeln und der Petersilie vermischen. Die Salatsauce mit den genannten Zutaten

anrühren, abschmecken und untermischen. Den Salat 1 Stunde durchziehen lassen.
Den Salat auf Tellern anrichten, die Gartenkresse darüberstreuen und zum Teil unterheben. Mit Eischeiben garnieren.

Champignonsalat mit Gartenkresse

250 g weiße oder braune Champignons (Egerlinge)
2 feingewiegte Zwiebeln
einige Tomaten, in Scheiben geschnitten
etwas zerpflückte krause Petersilie
2 Handvoll Gartenkresse
einige Kopfsalatblätter zum Anrichten

Für die Salatsauce:
2 EL Weinessig
2 Knoblauchzehen, mit etwas Salz zerdrückt
Salz
Pfeffer aus der Mühle
5 EL kaltgepreßtes Olivenöl

Die Champignons blättrig schneiden, mit dem Saft von 1 Zitrone beträufeln und durchmischen. Anschließend die marinierten Champignons mit den Zwiebeln mischen. Die Salatsauce anrühren, abschmecken und unterheben. Die Pilze etwas durchziehen lassen. Dann vorsichtig die Tomatenscheiben und die krause Petersilie unterheben und den Salat auf Kopfsalatblättern anrichten. Zum Schluß reichlich Gartenkresse darüberstreuen und zum Teil unterheben.

Gartenkressen-Sellerie-Salat

ca. 800 g Sellerie, in Salzwasser bei mittlerer Hitze in ca. 45 Minuten gargekocht, nach dem Abkühlen geschält und kleingewürfelt oder geraspelt
3 Handvoll Gartenkresse

Für die Salatsauce:
Saft von ½ Orange
1 Becher Joghurt
1 Eigelb
2 EL Magerquark
2 EL kaltgepreßtes Olivenöl
1 EL gemahlene Nüsse
Salz
Pfeffer aus der Mühle

Die Salatsauce mit den genannten Zutaten anrühren und unter den Sellerie mischen. Das Ganze etwas durchziehen lassen. Den Salat auf Tellern anrichten, die Gartenkresse darüberstreuen und zum Teil unterheben.

Gartenkressen-Bananen-Salat

2—3 Bananen, in Scheiben geschnitten, mit dem Saft von ½ Zitrone beträufelt
3 Handvoll Gartenkresse

Für das Orangen-Dressing:
Saft von ½ Zitrone
Saft von 1 Orange
1 TL Honig
1 EL kaltgepreßtes Olivenöl
etwas abgeriebene Schale von 1 unbehandelten Orange
etwas geriebener frischer Ingwer
einige Spritzer Tabasco

Die Bananen auf Salattellern anrichten und die Kresse zum Teil unterheben. Die Salatsauce anrühren, pikant abschmecken und erst bei Tisch über den Salat gießen.

Gartenkressen-Remoulade

¼ l Crème fraîche
⅛ l Sahne, halb steif geschlagen
2 Eigelb
Saft von ½ Zitrone
1 Prise Zucker
1 Prise frischgeriebene Muskatnuß
Salz
Pfeffer aus der Mühle
3 Handvoll Gartenkresse

Crème fraîche, Eigelb und Zitronensaft verrühren und die leicht steif geschlagene Sahne untermischen. Mit Zucker, Muskat, Salz und Pfeffer abschmecken und zum Schluß die Gartenkresse unterheben.

Kresse-Mayonnaise

(Zu Fleisch und Geflügel vom Grill oder aus der Pfanne, zu Gemüse, Aufläufen, Terrinen, Salatplatten)

2—3 Handvoll Gartenkresse
½ Tasse Fleischbrühe
1 TL scharfer Senf
1 Eigelb
½—1 Tasse kaltgepreßtes Olivenöl
1 EL Sherryessig
Salz
Pfeffer aus der Mühle

In einem Rührbecher mit einem elektrischen Handrührer Fleischbrühe, Senf und Eigelb verquirlen. Langsam zuerst tropfenweise, dann in dünnem Strahl das Öl einrühren. Mit Sherryessig, Salz und Pfeffer würzen und rühren, bis eine cremige Mayonnaise entsteht. Dann die Kresse dazugeben und mit dem Schnellmixstab eines Handrührers pürieren. Kühl stellen.

Bitterkressen-Mayonnaise

(Zu gekochtem Fleisch)

2 Handvoll Bitterkresse
150 g Thunfisch (Konserve)
1 Eigelb
ca. 1 Tasse abgekühlte Kochbrühe vom Fleisch
1 TL scharfer Senf
1 Prise Zucker
Salz
Pfeffer aus der Mühle
einige Spritzer Zitronensaft
ca. 1 Tasse kaltgepreßtes Olivenöl

In einem Rührbecher mit dem Schnellmixstab eines Handrührers Bitterkresse und Thunfisch pürieren. Dann Eigelb und Senf unterrühren und mit Zucker, Salz und Pfeffer würzen. Das Olivenöl langsam nach und nach unterrühren und einige Spritzer Zitronensaft dazugeben. So lange rühren, bis eine cremige Mayonnaise entsteht.

Brunnenkressensauce zu Hähnchen-, Truthahn- oder Entenbrust

1 kleine Schüssel Brunnenkresse, ohne grobe Stiele
1 EL Magerquark
2 EL Joghurt
1 EL kaltgepreßtes Olivenöl
Salz
Pfeffer aus der Mühle
1 Spritzer Tabasco
etwas Geflügelfond, Bratensatz des jeweiligen Geflügels, mit etwas Weißwein losgekocht und leicht eingekocht

In einem Rührbecher die Brunnenkresse zusammen mit Quark, Joghurt und Olivenöl mit dem Schnellmixstab eines Handrührers pürieren. Dann so viel Geflügelfond unterrühren, bis eine leicht cremige Sauce entsteht. Mit Salz, Pfeffer und Tabasco abschmecken.

Brunnenkressenschaum

(Zu Spargel, knackig gegartem Gemüse und zu Fisch)

1 Zwiebel oder einige Schalotten, fein gewiegt
$^1/_8$ l trockener Weißwein
Saft von $^1/_2$ Zitrone
2 Eigelb
150 g Crème fraîche
1 kleine Schüssel Brunnenkresse, ohne grobe Stiele, zerpflückt oder grob geschnitten
Salz
Pfeffer aus der Mühle
1 Scheibe weiche Butter
2 Eiweiß, steif geschlagen

In einem Topf in Wein und Zitronensaft Zwiebel oder Schalotten bei starker Hitze dünsten. Den Topf dann in ein Wasserbad stellen und die beiden Eigelb mit einem Schneebesen oder Elektroquirl darunterschlagen.
In einem Rührbecher die Brunnenkresse in der Crème fraîche mit dem Schnellmixstab eines Handrührers pürieren und dann in den Topf geben. Mit Salz und Pfeffer würzen und die Butter darunterschlagen. Zum Schluß den Eischnee unterheben.

Bitterkressenquark

500 g trockener Magerquark (in einem Sieb abgetropft)
1—2 Handvoll Bitterkresse, fein gewiegt
1—2 EL kaltgepreßtes Olivenöl oder Leinöl
Salz
Pfeffer aus der Mühle

Den Quark mit Bitterkresse und Oliven- oder Leinöl verrühren und mit Salz und Pfeffer abschmecken. Zu Pellkartoffeln servieren oder Vollkorn- oder Bauernbrote damit bestreichen.

Safran-Quark-Törtchen mit Gartenkressensauce

1 Döschen gemahlener Safran
1 Päckchen Safranfäden zum Garnieren
250 g trockener Magerquark (in einem Sieb abgetropft)
2 Eiweiß, steifgeschlagen
Salz
Pfeffer aus der Mühle
etwas Butter zum Ausfetten der Förmchen

Für die Gartenkressensauce:
2—3 Handvoll Gartenkresse
einige feingewiegte Blätter Bitterkresse
2 Eigelb
Salz
Pfeffer aus der Mühle
100 g Butter, geschmolzen

Den gemahlenen Safran in 1 EL Wasser auflösen und unter den Quark rühren. Mit Salz und Pfeffer würzen und den Eischnee unterheben. Ausgefettete Portionsförmchen mit der Masse zu $^3/_4$ füllen. Die Safrantörtchen in ein heißes, aber nicht kochendes Wasserbad stellen und etwa $^1/_2$ Stunde lang zugedeckt stocken lassen.
Für die Sauce in einem Rührbecher die Kresse und die beiden Eigelb mit dem Schnellmixstab eines Handrührers pürieren. Mit Salz und Pfeffer würzen und die geschmolzene, nicht zu heiße Butter unterrühren.
Die Safrantörtchen auf vorgewärmte Teller stürzen. Die Törtchen mit einigen Safranfäden verzieren und mit der Sauce umgießen. Mit etwas zurückbehaltener Kresse bestreuen.

Pochierte Eier mit Brunnenkressenpüree

4 Eier
½ l Wasser
1 EL Essig
Salz

Für das Brunnenkressenpüree:
1 kleine Schüssel Brunnenkresse, ohne grobe Stiele
1 EL Magerquark
2 EL Crème fraîche
einige Spritzer Zitronensaft
1 Spritzer Tabasco
Salz
Pfeffer aus der Mühle

½ l Wasser mit Essig und Salz erhitzen. Die Eier nacheinander in einer Tasse aufschlagen und in das leise siedende Wasser gleiten lassen. Die Eier etwa 5 Minuten ziehen lassen.
In einem Rührbecher die Brunnenkresse mit dem Schnellmixstab eines Handrührers pürieren. Quark und Crème fraîche unterrühren und das Püree mit Tabasco, Salz und Pfeffer abschmecken.
Die pochierten Eier mit einem Schaumlöffel aus dem Topf heben, abtropfen lassen und anrichten. Mit Salz und Pfeffer bestreuen und das Brunnenkressenpüree dazugeben.

Brunnenkressen-Kartoffelpüree mit Speck

1 kleine Schüssel Brunnenkresse, ohne grobe Stiele, zerzupft oder grob geschnitten
150 g Schinkenspeck, in dünne Streifen geschnitten
500 g Kartoffeln
½ Tasse kochend heiße Milch
1 Prise Muskatnuß, frisch gerieben
Salz

Die Kartoffeln schälen, in Würfel schneiden und in wenig Salzwasser gar kochen. Abgießen, mit Muskat würzen und mit etwas heißer Milch cremig stampfen. Die Brunnenkresse unterheben und das Püree mit Salz abschmekken. Die Speckstreifen in einer Pfanne ausbraten und auf dem Püree verteilen.

Löffelkraut (*Cochleria officinalis*)

Inhaltsstoffe und Wirkung

Ätherisches schwefelhaltiges Öl, Gerb- und Bitterstoffe, reichlich Vitamin C.

Appetitanregend, stoffwechselanregend, leber- und galleanregend, verdauungsfördernd gegen Darmträgheit.

Verwendung

Löffelkraut ist neben Brunnenkresse das ideale vitaminreiche Gewürzkraut für den Winter. Löffelkraut kann im Frühjahr und dann für den Winter im Spätsommer im August/September gesät werden. Man kann das Kraut den Winter über im Freien pflücken. Es empfiehlt sich aber,

auch etwas Löffelkraut an einem hellen kühlen Platz im Haus zu kultivieren.
Löffelkraut läßt sich in der Küche wie Schnittlauch verwenden.
Zu Salaten, Suppen, Sahnesaucen und grünen Saucen, zu Mayonnaisen, Gemüse, Quark, Käse, zu Kartoffelgerichten und zu belegten Broten.

Löffelkrautsuppe

2 Scheiben Butter
1—2 Handvoll Löffelkraut, grob geschnitten
3 EL Mehl
½ l Hühnerbrühe
2 Gläser trockener Weißwein
½ Tasse Sahne
Salz
Pfeffer aus der Mühle

Das Löffelkraut unter Rühren in Butter kurz andünsten. Das Mehl darüberstäuben und unterrühren. Mit Hühnerbrühe aufgießen und die Suppe glattrühren. Zugedeckt bei schwacher Hitze 20 Minuten köcheln lassen. Dann Wein und Sahne unterrühren und mit Salz und Pfeffer abschmecken.

Bunter Salat mit Löffelkraut und Speck

einige zerpflückte Friséesalatblätter
einige zerpflückte Kopfsalatblätter
2 Bund Radieschen, in Scheibchen geschnitten
3 Tomaten, quer in dünne Scheiben geschnitten
3 hartgekochte Eier, geachtelt
2 Scheiben durchwachsener Speck, gewürfelt und in einer Pfanne ausgelassen
1—2 Handvoll Löffelkraut, grob geschnitten

Für die Salatsauce:
4 EL Sherryessig
5—6 EL kaltgepreßtes Olivenöl
einige feingewiegte Schalotten
Salz
Pfeffer aus der Mühle

Die Salatzutaten vorsichtig vermischen. Die Speckwürfel noch heiß über den Salat streuen und das Löffelkraut untermischen. Die Salatsauce anrühren und erst bei Tisch über den Salat träufeln.

Meerrettich (*Armoracia rusticana*)

Inhaltsstoffe und Wirkung

Schwefelhaltiges ätherisches Senföl (Senfölglykosid), reichlich Vitamin C.

Verdauungsfördernd, kreislaufanregend, antibiotisch, bakterienhemmende Wirkung im Bereich von Niere und Blase.

Verwendung

Geriebene Meerrettichwurzeln zu Fleisch- und Fischgerichten, zu Saucen, Quark und Rohkostgerichten.
Die Schärfe kann durch Zugabe von Sahne, geriebenen Äpfeln oder Fleischbrühe gemildert werden.

Geschält und in Stücke gespalten zum Einlegen von Gewürz- und Senfgurken.

Fränkische Krensuppe

(Meerrettichsuppe)

1 Scheibe Butter
3 EL Mehl
½ l Fleischbrühe
¼ l Milch
1 Stück Meerrettichwurzel, frisch gerieben
Salz
1 Prise Zucker
1 Bund Schnittlauch, in Röllchen geschnitten, zum Bestreuen
1 Handvoll Brotwürfel, in Butter geröstet

In einem Suppentopf mit Butter und Mehl eine helle Schwitze bereiten und mit Fleischbrühe und Milch aufgießen. Die Suppe glattrühren und 15 Minuten köcheln lassen. Den Meerrettich darunterrühren, mit Salz und Zucker abschmecken und die Suppe noch etwas köcheln lassen.
Zur Krensuppe in den Tellern die gerösteten Brotwürfel geben und reichlich Schnittlauch darüberstreuen.

Rote-Bete-Salat mit Meerrettich

500 g rote Bete
1 Zwiebel, in sehr feine Ringe geschnitten

Für die Sauce:
1 geriebener Apfel
50 g frischgeriebener Meerrettich
1 feingewiegte Zwiebel
1 durchgepreßte Knoblauchzehe
Saft von 1 Zitrone
2 EL Zucker
½ TL gemahlener Kümmel
einige Spritzer Tabasco
Salz
3 EL Sonnenblumenöl

Die rote Bete in einem Topf in Wasser in etwa 45 Minuten gar kochen oder im Backofen bei 200°C in ca. 1 Stunde weich garen. Dann die rote Bete noch heiß schälen und in Scheiben schneiden.
Für die Sauce Apfel und Meerrettich mit den anderen Zutaten verrühren und pikant abschmecken. Die Sauce vorsichtig unter die noch heißen rote Betescheiben heben und die Zwiebelringe darüber verteilen. Den Salat durchziehen lassen und Bauernbrot dazu reichen.

Huhn in Meerrettichsauce

1 großes Suppenhuhn, im Wurzelsud von Zwiebeln, Karotten, Porree und Sellerie in 2 Stunden gargekocht, dann ausgelöst und gewürfelt

Für die Meerrettichsauce:
ca. 100 g geriebener Meerrettich
ca. 50 g geriebene Mandeln
1 feingewiegte Zwiebel
1 EL Mehl
50 g weiche Butter
1 Tasse Sahne
1 Stück frischgeriebene Ingwerwurzel oder etwas Ingwerpulver
Salz

Die Hühnerbrühe entfetten, etwa 4 Tassen davon in einen Topf gießen und Meerrettich, Mandeln und die Zwiebeln darin ¼ Stunde köcheln lassen. Butter und Mehl verkneten und dazugeben. Sahne und Ingwer unterrühren und mit Salz abschmecken.
Das ausgelöste gewürfelte Hühnerfleisch in die Meerrettichsauce geben und wieder heiß werden lassen.
Als Beilagen Reis oder Pell- oder Salzkartoffeln, Salate nach Saison reichen.

Gekochte Gans im Kräutersud mit Meerrettichsauce

1 ganze oder ½ Gans; auch ältere Tiere sind geeignet

Für den Kräutersud:
ca. 3 l Wasser
1 halbierte Zwiebel
1—2 EL Salz
2 EL Pfefferkörner
einige Nelken
2 Lorbeerblätter
kleingeschnittenes Wurzelwerk: 1 Karotte, 1 Stück Sellerie und Porree,
1 Petersilien- und Pastinakwurzel
2 Thymianzweige
2 Liebstöckelblätter, grob geschnitten
einige Beifuß-Blütenrispen, frisch oder getrocknet
einige Majoranzweige

Für die Meerrettichsauce:
1 EL Gänseschmalz, vom Kochsud abgeschöpft
2 EL Mehl
½ l durchgeseihterGanssud
ca. 150 g Meerrettichwurzel, frisch gerieben
1 Eigelb mit ⅛ l Sahne verquirlt
Salz

In einem großen Topf den Kräutersud mit den genannten Zutaten aufkochen. Die Majoranzweige erst gegen Ende der Garzeit dazugeben. Die Gans in die Brühe legen und zugedeckt ca. 3 Stunden lang kochen, bis sie weich ist und die Knochen sich leicht auslösen lassen. Die Gans dann tranchieren. Das abgeschöpfte Gänseschmalz aufbewahren und den Ganssud für Suppen und Saucen verwenden.

Für die Meerrettichsauce in einem Topf in 2 EL Gänseschmalz 2 EL Mehl anschwitzen. Mit ½ l Ganssud aufgießen. Die Sauce auf die Hälfte einkochen lassen, dann den frischgeriebenen Meerrettich dazugeben. Die Sauce bei schwacher Hitze noch 10 Minuten köcheln lassen. Zum Schluß die Eiersahne unter die nicht mehr kochende Sauce rühren und mit Salz abschmecken.

Rauke (*Eruca vesicaria sativa*)

Inhaltsstoffe und Wirkung

Ätherisches Öl, Schwefelverbindungen, Vitamine, reichlich Vitamin C, Mineralsalze, organische Säuren.

Appetitanregend, stoffwechselanregend.

Verwendung

Die Rauke hat einen pikant ölig-nussigen Geschmack, ausgeprägter als das Senfaroma der Senfsprossen.

Die Rauke kann in der Küche so vielseitig wie Schnittlauch verwendet werden.

Zu Salaten, Suppen, kalten Platten, zu Gemüse, Quark, Käse, belegten Broten, zu Fleisch, Geflügel, Fisch und zu Kräutermischungen.

Senfsprossen

Weißer/Gelber Senf (*Sinapis alba*)
Schwarzer Senf (*Brassica nigra*)

Inhaltsstoffe und Wirkung

Ätherisches Öl, Bitterstoff Sinapin, Schleimstoffe, Vitamine.

Verwendung

Folgesaaten den ganzen Winter hindurch. Senf keimt bereits nach wenigen Tagen.

Die jungen Senfsprossen können wie Gartenkresse und Schnittlauch in der Küche verwendet werden.

Zu Suppen, Salaten, Rohkost, Saucen, Mayonnaisen, zu Quark, Käse, Eierspeisen, zu Fleisch, Geflügel, Fisch.

Senfsamen zum Einlegen, von Salz-, Essig- und Senfgurken, zu roten Beten und Fisch.

Senfsprossensuppe mit Eierstich

¾ l Fleischbrühe
1 Glas Sherry
2 Handvoll Senfsprossen

Für den Eierstich:
3 Eier
1 EL Milch
Salz
Pfeffer aus der Mühle
2 EL Tomatenpüree
1 Spritzer Tabasco

Für den Eierstich die Eier mit Milch und Tomatenpüree verquirlen und mit Salz, Pfeffer und Tabasco würzen. Das Ganze in ein ausgefettetes Förmchen oder in ausgefettete Tassen füllen. Mit Alufolie bedecken und in ein halbhohes leise siedendes Wasserbad stellen. Den Eier-

stich stocken lassen, dann stürzen und in kleine Würfel schneiden.
Die Fleischbrühe einmal kurz aufkochen lassen und den Sherry dazugießen. Die Senfsprossen und den Eierstich dazugeben und sofort servieren.

Wachsweiche Eier in Sahnesauce mit Senfsprossen

8 Eier, wachsweich gekocht, abgeschreckt und geschält, halbiert

Für die Sahnesauce:
2 Scheiben Butter
4 EL Mehl
½ l Fleisch- oder Gemüsebrühe
200 g Crème fraîche
Saft von ½ Zitrone
1 TL scharfer Senf
Salz
Pfeffer aus der Mühle
3—4 EL Kapern
2—3 Handvoll Senfsprossen

In zerlassener Butter unter Rühren das Mehl anschwitzen. Dann nach und nach unter ständigem Rühren mit Fleischbrühe aufgießen. Die Sauce bei milder Hitze zugedeckt ¼ Stunde köcheln lassen. Dann Crème fraîche unterrühren und mit Zitronensaft und Senf würzen. Mit Salz und Pfeffer abschmecken und die Kapern dazugeben.
Die Senfsprossen erst zum Schluß zur nicht mehr kochenden Sauce geben. Die halbierten wachsweichen Eier anrichten und die Sauce dazugießen.
Dazu passen Pellkartoffeln oder Reis.

Senfsprossensauce

2 Handvoll Senfsprossen
¼ l Crème fraîche
1 Becher Joghurt
Salz
einige Spritzer Tabasco

Crème fraîche und Joghurt verrühren und mit Salz und Tabasco abschmecken. Die Senfsprossen unterheben. Die Sauce anrichten und mit einigen zurückbehaltenen Senfsprossen garnieren.
Die Sauce paßt zu Fisch, Gerichten mit harten Eiern, Räucherlachs, kalten Platten und Gemüsesalaten.

LILIENGEWÄCHSE (*Liliaceae*)

Bärlauch (*Allium ursinum*)

Inhaltsstoffe und Wirkung

Ätherische Öle mit schwefelhaltigen Bestandteilen, Vitamine.

Appetitanregend, galletreibend, blutdrucksenkend.

Verwendung

Bärlauch besitzt ein angenehm-würziges Knoblaucharoma.

Junge Triebe, Blätter, Bärlauchzwiebeln und noch weiche Samen.
Zu Salaten, Suppen, Kräutersaucen, Mayonnaisen, Quark und Käse, zu Eierspeisen, Kartoffelgerichten, zu Füllungen und Kräutermischungen.

Kalte Bärlauch-Cremesuppe

1 großes Bund Bärlauch, samt den Zwiebeln mit einem Stecheisen ausgestochen; den Wurzelbart bei den Zwiebeln abgeschnitten; gewaschen und klein geschnitten
1 Scheibe Butter
½ l Fleischbrühe
200 g Sahne
einige Spritzer Zitronensaft
Salz
Pfeffer aus der Mühle
2 hartgekochte Eier; die Eigelb ausgelöst und durch eine Knoblauchpresse gedrückt

In einem Suppentopf den Bärlauch in zerlassener Butter andünsten. Mit Fleischbrühe aufgießen. Die Suppe zugedeckt bei schwacher Hitze 10 Minuten köcheln lassen und dann mit dem Schnellmixstab eines Handrührers pürieren und durch ein Sieb streichen.
Die Bärlauchsuppe wieder erhitzen und die Sahne unterrühren. Die Suppe etwas einkochen lassen und mit Zitronensaft, Salz und Pfeffer abschmecken.
Die Suppe abkühlen lassen und in den Tellern mit dem durchgedrückten Eigelb bestreuen. Mit etwas zurückbehaltenem kleingeschnittenen Bärlauch garnieren.

Bärlauch-Fisch-Suppe

3 feingewiegte Zwiebeln
1 sehr großes Bund Bärlauch, samt den Zwiebeln mit einem Stecheisen (Unkrautstecher) ausgestochen
3—4 EL kaltgepreßtes Olivenöl
5 Tomaten, blanchiert, geschält und klein geschnitten
1 Prise Zucker
einige Spritzer Tabasco
Salz
¾ l Fleischbrühe
¼ l trockener Weißwein
ca. 800 g Kabeljau, gewaschen und trockengetupft, mit Zitronensaft beträufelt und mit Salz bestreut

Den Bärlauch waschen und den Wurzelbart bei den Zwiebeln abschneiden. Die Bärlauchzwiebeln längs halbieren, die Triebe und Blätter in Röllchen und Streifen schneiden.
In einem Suppentopf in heißem Olivenöl die Zwiebeln andünsten. Dann die Bärlauchzwiebeln dazugeben und unter Rühren kurz mitdünsten. Die Tomaten unterrühren und mit Fleischbrühe aufgießen. Die Suppe im geschlos-

senen Topf bei schwacher Hitze 20 Minuten lang köcheln lassen. Dann den Weißwein dazugießen und mit 1 Prise Zucker, Tabasco und Salz abschmecken.
Den Kabeljau häuten, entgräten und in Stücke zerpflükken. Den Fisch in der nur leise siedenden Suppe gar ziehen lassen. Zum Schluß den restlichen Bärlauch unterrühren.
Dazu passen in Butter geröstete Weißbrotwürfel oder Stangenweißbrot.

Bärlauch-Kräuter-Quark

500 g Magerquark, in einem Sieb gut abgetropft
100 g Crème fraîche
2 EL kaltgepreßtes Olivenöl
Salz
Pfeffer aus der Mühle
1 großes Bund Bärlauchtriebe oder -blätter, in Röllchen oder Streifen geschnitten
50 g schwarze Oliven, entsteint und in Streifen geschnitten
1 Bund Dill und Petersilie o. a. Kräuter, grob geschnitten
4 Tomaten, der Stielansatz ausgeschnitten, geachtelt
2 hartgekochte Eier, in Scheiben geschnitten
einige Salatblätter zum Anrichten

Den trockenen Quark mit Crème fraîche und Olivenöl verrühren und mit Salz und Pfeffer würzen. Bärlauch, Kräuter und Oliven untermischen. Den Quark auf Salatblättern anrichten und mit Tomaten und Eischeiben garnieren. Mit einigen zurückbehaltenen zerpflückten oder in Streifen geschnittenen Kräutern bestreuen.
Dazu Weiß- oder Bauernbrot reichen.

Bärlauch-Kartoffelpuffer

1 kg Kartoffeln, geschält und grob geraspelt, trockengetupft
2 feingewiegte Zwiebeln
1 großes Bund Bärlauch, samt den Zwiebeln ausgestochen
Salz
Pfeffer aus der Mühle
2 verquirlte Eier

Für die Thunfischsauce:
ca. 200 g Thunfisch, abgetropft (Konserve)
4 Sardellenfilets oder etwas Sardellenpaste
1/8 l Sahne
2 EL kaltgepreßtes Olivenöl
Saft von 1/2 Zitrone
1 Prise Salz
Pfeffer aus der Mühle
2 EL Kapern
Sonnenblumenöl zum Ausbacken der Kartoffelpuffer
einige Zitronenviertel

Die Bärlauchtriebe waschen und den Wurzelbart bei den Zwiebeln abschneiden. Waschen und die Triebe in Röllchen, die Zwiebeln in Streifen schneiden.
Die geraspelten Kartoffeln mit den Zwiebeln und dem Bärlauch vermischen. Mit Salz und Pfeffer würzen und die verquirlten Eier unterrühren.
Für die Thunfischsauce in einem Rührbecher Thunfisch und Sardellen in Sahne und Olivenöl mit dem Schnellmixstab eines Handrührers pürieren. Mit Zitronensaft, Salz und Pfeffer abschmecken und die Kapern untermischen.
In einer Pfanne in heißem Öl nacheinander dünne Kartoffelpuffer braten. Mit Zitronenvierteln zum Beträufeln servieren und die Thunfischsauce dazu reichen.

Bärlaucheier

1 großes Bund junge noch zusammengerollte Bärlauchtriebe, in breite Röllchen geschnitten
1 Scheibe Butter
6 Eier mit ½ Tasse Sahne verquirlt
Salz
Pfeffer aus der Mühle

Die Bärlauchtriebe in einer Pfanne in zerlassener Butter kurz andünsten. Die mit Sahne verquirlten Eier salzen und pfeffern und in die Pfanne gießen. Unter häufigem Wenden die Eier stocken lassen.

Bärlauch-Kartoffel-Gratin

etwas Butter zum Ausfetten der Auflaufform
½ Tasse Sahne
500 g Kartoffeln, geschält und in dünne Scheiben geschnitten
Salz
Pfeffer aus der Mühle
1 Prise frischgeriebene Muskatnuß
1 großes Bund Bärlauch, samt den Zwiebeln mit einem Stecheisen ausgestochen; der Wurzelbart bei den Zwiebeln abgeschnitten; die Zwiebeln in Scheibchen und die Blätter in Streifen geschnitten
1 Ei mit ½ Tasse Sahne verquirlt

In eine ausgefettete Form etwas Sahne gießen. Eine Schicht Kartoffeln darauf verteilen und mit Salz, Pfeffer und Muskat würzen. Darauf die Hälfte des Bärlauchs verteilen. Eine zweite Kartoffelschicht darüberlegen, würzen und mit dem restlichen Bärlauch bestreuen. Die Eiersahne darübergießen und das Kartoffelgratin im vorgeheizten Rohr bei 200 °C ½ Stunde backen.

Schinken mit jungen Bärlauchtrieben gefüllt

(Für 4—6 Personen)

1,5—2 kg gepökelter Schinken (evtl. Spanferkelschinken, beim Metzger vorbestellt)

1 großes Bund junge noch zusammengerollte Bärlauchtriebe, mit einem Stecheisen (Unkrautstecher) samt den Zwiebeln ausgestochen

Ein Gericht für die Vorfrühlingszeit, wenn der Bärlauch gerade zu treiben beginnt.
Die Bärlauchtriebe waschen und den Wurzelbart bei den Zwiebeln abschneiden. Den gepökelten Schinken mit einem langen schmalen Messer in Faserrichtung einstechen und jeweils einen Bärlauchtrieb hineinschieben. Den Backofen auf 250°C vorheizen und den Schinken auf dem Bratrost 20 Minuten lang garen. Die Temperatur dann auf 200°C herunterschalten und den Schinken weitere 20 Minuten garen.
Vor dem Anschneiden den Schinken einige Zeit im abgeschalteten Rohr ruhen lassen. Dann den gefüllten Bärlauch-Schinken quer zur Faser in dicke Scheiben schneiden.
Dazu Kartoffelsalat und eine Salatplatte reichen.

Gefüllte Bärlauch-Forellen

4 Forellen à ca. 250 g, ausgenommen und gewaschen
etwas Butter zum Ausfetten einer Auflaufform
¼ l trockener Weißwein
1 großes Bund junger Bärlauch, samt den Zwiebeln mit einem Stecheisen ausgestochen
Saft von 1 Zitrone
Salz

Für die Bärlauchbutter:
150 g weiche Butter

Den Bärlauch waschen und den Wurzelbart der Zwiebeln abschneiden. Einige große Bärlauchblätter zum späteren Umwickeln der Forellen zurückbehalten. Die Bärlauchzwiebeln abschneiden und im Porzellanmörser mit etwas Salz zerdrücken oder durch eine Knoblauchpresse drücken. Triebe und Blätter sehr fein schneiden.
Die Butter mit einem Schneebesen schaumig schlagen. Bärlauch, Zitronensaft und Salz dazugeben und unter die Butter schlagen.
Die Forellen mit der Bärlauchbutter füllen und in einige Bärlauchblätter wickeln. Die Fische dann in eine ausgebutterte Auflaufform legen. Den Weißwein dazugießen und die Form mit Alufolie abdecken.
Im vorgeheizten Rohr bei 200 °C die Bärlauchforellen etwa 20 Minuten garen, bis sich die Rückenflossen leicht lösen lassen.
Als Beilagen Pellkartoffeln oder Weißbrot, Salat nach Saison.

Knoblauch (*Allium sativum*)

Inhaltsstoffe und Wirkung

Ätherische Öle, Enzyme, Glykoside, Zucker, Schwefel, Vitamin A, B_1, B_2, B_3 und C.

Die Magensekretion anregend, galletreibend, harntreibend, krampflösend im Bereich des Magen-Darmtrakts, die Durchblutung der Herzkranzgefäße fördernd, gegen hohen Blutdruck, gegen Blähungen.

Verwendung

Knoblauch ist in der Küche universell verwertbar. Er verträgt sich mit allen kräftigen Kräutern und allen Gewürzen für salzige Gerichte.
Zu Salaten, Suppen, Saucen, Mayonnaisen, zu Gemüse, zu Kartoffelgerichten, zu Fleisch, vor allem Schwein und Hammel, zu Geflügel und Kaninchen, zu Kräutermischungen.

Junge Triebe von Knoblauch können wie Schnittlauch und zusammen mit ihm verwendet werden.

Knoblauchsuppe mit Kräutern

(Für 6—8 Personen)

1½ l Fleischbrühe
1—2 Knoblauchknollen, die Zehen geschält
einige Salbeiblätter
1 Thymianzweig, die Blättchen gerebelt
1 Majoranzweig
1 Ysopzweig, die Blättchen gerebelt
Salz
Pfeffer aus der Mühle
1 Handvoll Brotwürfel, in Olivenöl geröstet
½ Tasse geriebener Gouda, Gruyère oder anderer Hartkäse zum Bestreuen

Die Fleischbrühe aufkochen, die Knoblauchzehen dazugeben und zugedeckt bei mittlerer Hitze 20 Minuten köcheln lassen. Die Kräuter dazugeben und einige Minuten ziehen lassen. Die Suppe dann mit dem Schnellmixstab eines Handrührers pürieren und durch ein Sieb streichen. Die Suppe wieder erhitzen und mit Salz und Pfeffer abschmecken.
Zur Knoblauchsuppe in den Tellern die gerösteten Brotwürfel geben und geriebenen Käse darüberstreuen.

Knoblauchknollen vom Grill

(Zu Lammkoteletts und Fleisch und Geflügel vom Grill)

4—6 ganze junge Knoblauchknollen
Salz
Pfeffer aus der Mühle
4—6 EL kaltgepreßtes Olivenöl

Die Knoblauchknollen gleichzeitig mit dem Fleisch auf dem Rost 15—20 Minuten grillen. Dabei öfter wenden.

Wenn der Knoblauch püreeartig weich ist, die Knollen vom Rost nehmen und auf einem Teller mit 2 Gabeln die Knoblauchmasse herausdrücken. Salzen und pfeffern und das Olivenöl unterarbeiten. Das Fleisch dann mit dem Knoblauch bestreichen.

Überbackenes Knoblauchbrot

1 dickes Stangenweißbrot
einige EL kaltgepreßtes Olivenöl
reichlich Knoblauchzehen mit Salz im Mörser zerstoßen
Pfeffer aus der Mühle
1 Bund glatte Petersilie, grob geschnitten
1 feingewiegte Zwiebel

Das Stangenweißbrot im Abstand von 3 cm schräg einschneiden. Die zerstoßenen Knoblauchzehen mit Pfeffer, Petersilie und der Zwiebel vermengen. Die Einschnitte im Brot mit Olivenöl beträufeln und die Knoblauchpaste darauf verteilen.

Das Knoblauchbrot im vorgeheizten Backofen bei 220°C 10—15 Minuten überbacken und sofort heiß servieren.

Eignet sich als Zwischenmahlzeit zu Wein oder Bier, oder zu herzhaften Eintöpfen.

Knoblauchhähnchen in Tomatensauce

1 großes Brathähnchen, in Portionsstücke geteilt
Salz
Pfeffer aus der Mühle
3 EL Sonnenblumenöl oder kaltgepreßtes Olivenöl
1 kg Tomaten, blanchiert, geschält und geviertelt
1 Knolle Knoblauch, die Zehen geschält
2 Zweige Thymian, die Blättchen gerebelt
1 Zweig Ysop, die Blätter gerebelt
1 Zweig Oregano, grob geschnitten

Die Hähnchenstücke salzen und pfeffern und in einem Schmortopf in heißem Öl rundum anbraten. Die Tomaten und Knoblauchzehen dazugeben und das Ganze zugedeckt bei schwacher Hitze $\frac{1}{2}$ Stunde schmoren lassen. Dann die Kräuter untermischen und das Hähnchen noch 10 Minuten schmoren lassen. Zum Schluß die Sauce mit Salz und Pfeffer abschmecken.
Dazu Reis oder Teigwaren und Grünen Salat servieren.

Schnittlauch

Schnittlauch (*Allium schoenoprasum*); Sorten:
fein-, mittel- und grobröhriger Schnittlauch;
rotstieliger Schnittlauch
Chinesischer Schnittlauch/Knoblauch-Schnittlauch
(*Allium odorum*)

Inhaltsstoffe und Wirkung

Reichlich Vitamin C, Vitamin B_2, schwefelhaltiges ätherisches Öl, Phosphor, Karotin, Natrium, Kalzium, Kalium und Eisen.

Appetitanregend, verdauungsfördernd, blutdrucksenkend.

Verwendung

Zu Quark, Kräuterbutter, Eierspeisen, Kartoffeln, Gemüsegerichten, Suppen und Salaten; zu Sahnesaucen und kalten Saucen; zu Käse und belegten Broten, zu gekochtem Fleisch und Fisch.
Schnittlauch ist wie Petersilie ein Allround-Küchenkraut, das fast überall paßt. Für die Küche besonders interessant ist der Chinesische Schnittlauch mit seinem scharfwürzigen Knoblaucharoma.
Im Winter kann man Zwiebeln und Knoblauchzehen in Töpfe stecken und die ausgetriebenen Zwiebelschlotten und die Knoblauchtriebe anstelle des Schnittlauchs oder zusammen mit ihm verwenden.

Schnittlauch-Dressing

(Zu Blatt- und Gemüsesalaten)

2 Becher saure Sahne
1 großes Bund Schnittlauch, in Röllchen geschnitten
1 Spritzer Zitronensaft
Salz
Pfeffer aus der Mühle
einige Spritzer Tabasco

Die Schnittlauchröllchen unter die saure Sahne rühren. Das Dressing mit Zitronensaft, Salz, Pfeffer und Tabasco pikant abschmecken.

Schnittlauch-Joghurt-Mayonnaise

(Zu Frikadellen, Fleisch vom Grill und zu kalten Platten)

1 Eigelb
Salz
1 Prise Zucker
etwas abgeriebene Zitronenschale
⅛ l kaltgepreßtes Olivenöl
1—2 EL Zitronensaft
150 g Joghurt
1 großes Bund Schnittlauch, in Röllchen geschnitten

In einem Rührbecher Eigelb, Salz, Zucker und abgeriebene Zitronenschale verrühren. Mit einem Elektroquirl tropfenweise das Olivenöl darunterrühren. Sobald die Sauce sämig wird, nach und nach etwas Zitronensaft unterrühren. Zum Schluß den Joghurt und die Schnittlauchröllchen untermischen.
Die angerichtete Schnittlauchmayonnaise noch mit zurückbehaltenen Schnittlauchröllchen bestreuen.

Eier-Schnittlauch-Sauce

(Zu Räucherfisch, kaltem Braten und kalten Platten)

2 hartgekochte Eier, halbiert
$\frac{1}{8}$ l Kefir
100 g Crème fraîche
Salz
Pfeffer aus der Mühle
1 großes Bund Schnittlauch, in Röllchen geschnitten

Die harten Eier in einem Rührbecher in Kefir und Crème fraîche mit dem Schnellmixstab eines Handrührers pürieren. Mit Salz und Pfeffer würzen und den größten Teil des Schnittlauchs unterrühren. Die Sauce anrichten und mit den restlichen Schnittlauchröllchen bestreuen.

Schnittlauch-Dip

$\frac{1}{4}$ l saure Sahne
3 EL Magerquark
3 EL Tomatenketchup
1 EL edelsüßer Paprika
Saft von $\frac{1}{2}$ Zitrone
1 Prise Zucker
Salz
Pfeffer aus der Mühle
1 großes Bund Schnittlauch, in Röllchen geschnitten

Die saure Sahne mit den genannten Zutaten verrühren und mit 1 Prise Zucker, Salz und Pfeffer abschmecken. Den größten Teil des Schnittlauchs untermischen und den angerichteten Schnittlauch-Dip mit den restlichen Röllchen bestreuen.
Dieser Dip paßt zu Fleisch, Geflügel und Fisch vom Grill und zu Gemüsesalaten.

Schnittlauch-Gemüse-Sauce

(Zu gekochtem Rindfleisch und kaltem Braten und Geflügel)

kleingeschnittenes Wurzelwerk: 1 Zwiebel, 1 Karotte, 1 Stück Sellerie und Porree, 1 Petersilienwurzel
1 kleingeschnittenes Liebstöckelblatt
1 Scheibe Butter zum Andünsten
$\frac{1}{8}$ l Fleischbrühe
Salz
Pfeffer aus der Mühle
1 großes Bund Schnittlauch, in Röllchen geschnitten

In einem Topf in zerlassener Butter unter Rühren Wurzelwerk und Liebstöckelblatt andünsten. Mit Fleischbrühe aufgießen und das Ganze bei schwacher Hitze zugedeckt $\frac{1}{2}$ Stunde köcheln lassen.
Das Gemüse dann mit dem Schnellmixstab eines Handrührers pürieren und durch ein Sieb passieren. Mit Salz und Pfeffer abschmecken und zum Schluß die Schnittlauchröllchen untermischen.

Schnittlauch-Eierröllchen

(Zu Gemüse und Blattsalaten)

2 Eier
1 EL Wasser
Salz
Pfeffer aus der Mühle
1 Bund Schnittlauch, in Röllchen geschnitten
2 EL Sonnenblumenöl zum Braten

In einem Rührbecher Eier und Wasser gut verquirlen. Mit Salz und Pfeffer würzen und die Schnittlauchröllchen unterrühren.

Die Eiermasse in eine Pfanne mit heißem Öl gießen und bei milder Hitze stocken lassen. Den Pfannkuchen goldgelb braten und einmal wenden. Dann den Pfannkuchen fest zusammenrollen und in Scheiben schneiden. Die Eierröllchen noch warm zu Salaten servieren und mit etwas zurückbehaltenem Schnittlauch bestreuen.

Avocadosalat mit Schnittlauch-Joghurt-Sauce

3—4 Avocados

Für die Schnittlauch-Joghurt-Sauce:
2 Becher Joghurt
Saft von 1 Zitrone
2 kleingewürfelte Äpfel
1 großes Bund Schnittlauch, in Röllchen geschnitten
1—2 TL scharfer Senf
einige Spritzer Tabasco
1 Prise Zucker
Salz
Pfeffer aus der Mühle

Die Avocados schälen und halbieren, den Kern entfernen und die Hälften in dünne Scheiben schneiden. Anschließend mit etwas Zitronensaft beträufeln.
Joghurt und Zitronensaft verrühren und die Apfelwürfel und Schnittlauchröllchen untermischen. Mit den Gewürzen abschmecken. Die Avocadoscheiben anrichten und die Sauce dazugeben. Mit zurückbehaltenen Schnittlauchröllchen bestreuen.
Als Beilagen Knäckebrot oder Weißbrot.

Schnittlauchbrote

4 Scheiben Bauernbrot
etwas Butter zum Bestreichen der Brote
200 g kerniger Frischkäse oder trockener Quark (in einem Sieb abgetropft)
1 feingewiegte Zwiebel
2 Tomaten, blanchiert, geschält und klein geschnitten
1 großes Bund Schnittlauch, in Röllchen geschnitten
1—2 TL edelsüßer Paprika
Salz
Pfeffer aus der Mühle
1 Bund Radieschen, in Scheiben geschnitten

Die Bauernbrote mit Butter bestreichen. Frischkäse oder Quark mit Zwiebel, Tomaten und der Hälfte der Schnittlauchröllchen vermengen. Mit Paprika, Salz und Pfeffer abschmecken.
Die Brote mit der Käsemasse bestreichen und mit den Radieschenscheiben belegen. Mit Salz und den restlichen Schnittlauchröllchen bestreuen.

Schnittlauch-Käse-Brote

4 Scheiben Bauernbrot
Butter zum Bestreichen
200 g Gouda oder anderer Hartkäse, klein gewürfelt
1 großes Bund Schnittlauch, in Röllchen geschnitten
Salz
Pfeffer aus der Mühle

Die Brote mit Butter bestreichen. Käsewürfel und Schnittlauchröllchen mischen und auf den Broten verteilen. Mit 1 Prise Salz und Pfeffer bestreuen.

Radieschen-Schnittlauch-Salat

1 kleine Schüssel Radieschen, geputzt
1 großes Bund Schnittlauch, in Röllchen geschnitten
Salz
Pfeffer aus der Mühle
2 EL Weinessig
2—3 EL kaltgepreßtes Olivenöl

Die Radieschen in Scheibchen schneiden oder mit einem Gemüsehobel raffeln. Die Schnittlauchröllchen untermischen und mit Salz und Pfeffer würzen. Essig und Öl über den Salat gießen und untermischen. Sofort servieren.

Eier im Glas mit Schnittlauch

8 Eier
4 Stückchen Butter
Salz
1 großes Bund Schnittlauch, in Röllchen geschnitten

Die Eier in 4 Minuten wachsweich kochen, unter kaltem Wasser nur kurz abschrecken, damit sie noch heiß bleiben, dann vorsichtig schälen.
4 Gläser vorwärmen. In jedes Glas 2 wachsweiche Eier gleiten lassen. Salzen und 1 Stückchen Butter daraufsetzen. Reichlich mit Schnittlauch bestreuen.
Salz bereitstellen und geröstete Toastbrote oder knuspriges Weißbrot dazu reichen.

Schnittlauch-Rühreier

8 Eier mit 1 Schuß Mineralwasser verquirlt
1 Prise frischgeriebene Muskatnuß
Salz
Pfeffer aus der Mühle
1 großes Bund Schnittlauch, in Röllchen geschnitten
1 Scheibe Butter zum Braten
4 Scheiben Roggenvollkornbrot zum Anrichten

Die verquirlten Eier mit Muskatnuß, Salz und Pfeffer würzen und den größten Teil der Schnittlauchröllchen untermischen. Die Eier dann in einer Pfanne in zerlassener Butter stocken lassen und auf Vollkornbrotscheiben servieren. Die restlichen Schnittlauchröllchen darüberstreuen.

Tomaten mit Schnittlauchsahne

(Zu Braten und kurzgebratenem Fleisch aus der Pfanne)

1 kg Tomaten, die Stielansätze herausgeschnitten, blanchiert, geschält und halbiert
1 feingewiegte Zwiebel
1 Scheibe Butter
200 g Crème fraîche
1 großes Bund Schnittlauch, in Röllchen geschnitten
Salz
Pfeffer aus der Mühle

In einem Topf die Zwiebel in zerlassener Butter andünsten. Die Crème fraîche unterrühren und auf die Hälfte einkochen lassen. Die Tomatenhälften in die Sauce geben und heiß werden lassen. Zum Schluß die Schnittlauchröllchen untermischen und das Ganze mit Salz und Pfeffer abschmecken.

Schnittlauch-Kartoffelpuffer mit Quarkfüllung

(16 Kartoffelpuffer insgesamt; 2 gefüllte Kartoffelpuffer pro Person)

Für den Teig:
1 kg Kartoffeln, geschält und gerieben
1 geriebene Zwiebel
1—2 EL Mehl
3 Eier
Salz
1 großes Bund Schnittlauch, in Röllchen geschnitten
Fett zum Ausbacken

Für die Quarkfüllung:
500 g trockener Magerquark (im Sieb abgetropft)
3 EL Sahne
etwas Milch
1 großes Bund Schnittlauch, in Röllchen geschnitten
1 Knoblauchzehe, in etwas Salz zerdrückt
Salz
Pfeffer aus der Mühle
einige Spritzer Zitronensaft
1 Prise Zucker
150 g Schinken, fein gewürfelt
1 Bund glatte Petersilie, fein gewiegt

Die geriebenen Kartoffeln und die geriebene Zwiebel mit Mehl, Eiern und Salz verrühren. Den Schnittlauch untermischen und die Kartoffelpuffer in einer Pfanne mit heißem Fett nacheinander auf jeder Seite 3—4 Minuten backen.
Für die Quarkfüllung den Magerquark mit Sahne und Milch glattrühren und mit Salz und Pfeffer und einigen Spritzern Zitronensaft und 1 Prise Zucker abschmecken. Knoblauch, Schnittlauchröllchen, Petersilie und Schinkenwürfel untermischen.
Jeweils 1 Kartoffelpuffer mit etwas Quarkfüllung bestreichen und einen zweiten darauflegen.

Tafelspitz mit Schnittlauch-Mayonnaise
(Gekochtes Rindfleisch)

ca. 800 g Tafelspitz
1 kleingeschnittene Zwiebel
1 Stück Sellerie und Porree
3 Karotten, in Stifte geschnitten
1 Liebstöckelblatt
1 Lorbeerblatt
1—1½ l Fleischbrühe

Für die Schnittlauch-Mayonnaise:
1 hartgekochtes Ei, das Eigelb durch ein Sieb gestrichen, das Eiweiß klein gehackt
1 rohes Eigelb
⅛ l kaltgepreßtes Olivenöl
50 g frisches Weißbrot ohne Rinde, mit etwas Fleischbrühe glattgerührt
1 großes Bund Schnittlauch, in Röllchen geschnitten
Salz
Pfeffer aus der Mühle

Die Fleischbrühe aufkochen lassen und den Tafelspitz und die genannten Zutaten in den Topf geben. Das Fleisch dann bei schwacher Hitze 1½—2 Stunden leise sieden lassen.
Für die Schnittlauch-Mayonnaise in einem Rührbecher mit einem Elektroquirl das rohe Eigelb mit dem hartgekochten vermengen. Unter ständigem Rühren nach und nach zuerst tropfenweise, dann in dünnem Strahl das Olivenöl dazugießen. Das abgekühlte in Brühe glattgerührte Weißbrot und zum Schluß die Schnittlauchröllchen darunterrühren. Mit Salz und Pfeffer würzen.
Den Tafelspitz aus der Brühe nehmen. (Die Brühe für

Suppen aufbewahren.) Das Fleisch in Scheiben schneiden und mit den Karottenstiften anrichten. Die Petersilien-Mayonnaise dazu reichen.
Als Beilagen Pellkartoffeln und Grüner Salat.

Pellkartoffeln mit warmer Schnittlauchsauce

1 kg gekochte Pellkartoffeln, geschält

Für die Schnittlauchsauce:
1 Scheibe Butter zum Andünsten
1 feingewiegte Zwiebel
einige zerdrückte Knoblauchzehen
200 g Crème fraîche
500 g Tomaten, blanchiert, geschält und klein geschnitten
Salz
Pfeffer aus der Mühle
1 großes Bund Schnittlauch, in Röllchen geschnitten

In einem kleinen Topf in zerlassener Butter Zwiebel und Knoblauch andünsten. Crème fraîche dazugeben und etwas einkochen lassen. Die Tomaten daruntermischen und die Sauce mit Salz und Pfeffer abschmecken. Zum Schluß den größten Teil der Schnittlauchröllchen untermischen.
Die Sauce zu den heißen Pellkartoffeln servieren und alles noch mit dem zurückbehaltenen Schnittlauch bestreuen.
Dazu grüne Salate nach Saison reichen.

Schweinekoteletts mit Schnittlauch-Käse-Sauce

4 Schweinekoteletts à ca. 180 g
2 EL Butterschmalz zum Braten
Salz
Pfeffer aus der Mühle

Für die Schnittlauch-Käse-Sauce:
⅛ l Sahne
200 g Doppelrahmkäse
Salz
Pfeffer aus der Mühle
1 großes Bund Schnittlauch, in Röllchen geschnitten

In einer Pfanne das Butterschmalz stark erhitzen und die Koteletts auf jeder Seite 2 Minuten kräftig anbraten. Das Fleisch dann aus der Pfanne nehmen, salzen und pfeffern und zugedeckt warm stellen.
Das Bratfett aus der Pfanne abgießen. Sahne und Frischkäse in die Pfanne geben, gut durchrühren und cremig einkochen lassen. Mit Salz und Pfeffer abschmecken. Die Koteletts samt dem ausgetretenen Fleischsaft wieder in die Pfanne geben und gar ziehen lassen. Zum Schluß die Schnittlauchröllchen unterrühren.
Dazu Pellkartoffeln oder Teigwaren und Grünen Salat reichen.

Safranhähnchen mit Schnittlauchsauce

1 großes Hähnchen, geviertelt
Salz
Pfeffer aus der Mühle
2 Scheiben Butter zum Anbraten
2 Scheiben Butter in kleinen Stückchen für die Sauce
1/8—1/4 l trockener Weißwein
1/4 l Sahne
2 g Safran (2 Döschen)
1 großes Bund Schnittlauch, in Röllchen geschnitten

Die Hähnchenteile mit Salz und Pfeffer einreiben und in einem Schmortopf in zerlassener Butter rundum goldbraun anbraten. Die Hähnchenteile dann aus dem Topf nehmen und die verbliebene Butter weggießen.
Den Bratfond mit Weißwein aufgießen und bei starker Hitze unter Rühren loskochen. Die Hähnchenstücke in die Sauce legen, 1/8 l Sahne dazugießen und den Safran unterrühren. Das Hähnchen zugedeckt bei schwacher Hitze 30—40 Minuten schmoren lassen.
Die Hähnchenteile dann aus dem Topf nehmen und warm stellen. Die restliche Sahne in den Topf gießen und die Sauce einmal aufkochen lassen. Den Topf dann vom Feuer nehmen und mit dem Schneebesen die Butterflöckchen unter die Sauce schlagen, bis sie sich auflösen. Die Sauce mit Salz und Pfeffer abschmecken und den größten Teil der Schnittlauchröllchen untermischen.
Die Hähnchenteile anrichten, mit der Sauce übergießen und mit dem zurückbehaltenen Schnittlauch bestreuen. Als Beilagen Reis oder Nudeln oder andere Teigwaren.

Steinbutt in Schnittlauchsahne

1 ganzer Steinbutt, ca. 1 kg

Für den Fischsud:
½ l Wasser
½ l trockener Weißwein
1 Stück Karotte, Sellerie und Porree
1 Zwiebel, in Ringe geschnitten
1 Lorbeerblatt
1 frisches Kräuterbund: Petersilie, Schnittsellerie, Estragon, Thymian, Rosmarin
1 Prise Salz

Für die Schnittlauchsahne:
1 feingewiegte Zwiebel
1 Scheibe Butter
¼ l Fischsud
100 g Crème fraîche
1 TL scharfer Senf
1 Eigelb
1 großes Bund Schnittlauch, in Röllchen geschnitten
einige Spritzer Zitronensaft
Salz
Pfeffer aus der Mühle

Den ausgenommenen Steinbutt waschen und trockentupfen, mit Zitronensaft beträufeln und salzen.
Den Fischsud mit den genannten Zutaten einmal aufkochen lassen. Den Steinbutt in den Sud legen und bei schwacher Hitze in etwa 20 Minuten gar ziehen lassen.
Für die Schnittlauchsahne in einem Topf in zerlassener Butter die Zwiebel andünsten. Mit Fischsud ablöschen und den Sud bis auf etwa 1 Tasse einkochen lassen. Crème fraîche unterrühren und etwas köcheln lassen. Die Sauce dann vom Feuer nehmen und Eigelb, Senf und Schnittlauchröllchen unterrühren. Mit Zitronensaft, Salz und Pfeffer abschmecken.
Den Steinbutt auf einer vorgewärmten Platte servieren und die Schnittlauchsahne dazu reichen.
Als Beilagen Salz- oder Pellkartoffeln, Spargel oder Salat nach Saison.

Schnittlauch-Bloody-Mary

½ l Tomatensaft
¼ l Sangrita pikante
1 Spritzer Worcestersauce
1 Prise Zucker
1 Prise Salz
Pfeffer aus der Mühle
1 großes Bund Schnittlauch, in Röllchen geschnitten
4 rohe Eigelb
1 Prise Salz und etwas edelsüßer Paprika zum Bestreuen

Den Tomatensaft mit Sangrita mischen und mit den Gewürzen pikant abschmecken. Die Hälfte der Schnittlauchröllchen untermischen. Den Drink auf 4 Gläser verteilen und jeweils 1 Eigelb daraufsetzen. Mit Salz, Paprika und dem restlichen Schnittlauch bestreuen.

SCHMETTERLINGSBLÜTLER (*Fabaceae*)

Bärenschote/Süßer Tragant

(*Astragalus glycophyllos*)

Inhaltsstoffe und Wirkung

Ätherisches Öl, Gerb- und Bitterstoffe, in Wurzeln und Blättern Zucker und andere süß schmeckende Verbindungen.

Appetitanregend, magenstärkend.

Verwendung

Die aromatisch würzig-süßen, an Lakritze erinnernden Blätter und Wurzeln der Bärenschote können in der Küche wie *Sternanis* verwendet werden. Die Bärenschote gibt man anstelle oder zusammen mit Sternanis-Samensternen zu asiatischen Gerichten, läßt sie während des Garens mitziehen und entfernt sie dann wieder.
Zu Schweinefleisch und Geflügel, zu Ragouts und Saucen, zu Gewürzmischungen mit Pfeffer, Nelken, Fenchel, Zimt und Ingwer; zu Süßspeisen, Kompotten, Gelees, Kaltschalen, zum Aromatisieren von Getränken.

Ochsenschwanz mit Bärenschote

(Für 4—6 Personen)

1 kg Ochsenschwanz, in kleine Stücke geschnitten
ca. 2 l Wasser
2 Zimtstangen
2 junge Bärenschotentriebe
½ Tasse Sojasauce
2 EL Zucker
Salz

In einem Topf in ca. 2 l Wasser den Ochsenschwanz mit den genannten Zutaten bei schwacher Hitze zugedeckt 3 Stunden köcheln lassen. Das Fleisch dann warm stellen. Die Sauce durch ein Sieb passieren und bei starker Hitze auf etwa ¼ l einkochen lassen. Mit Salz abschmekken und zum Ochsenschwanz servieren. Dazu Reis reichen.

Gekochtes Schweinefleisch mit Bärenschote

(Für 4—6 Personen)

1,5 kg Schweinefleisch, Schulter oder Keule
ca. 2 l Wasser
2 Gläser Sherry
½ Tasse Sojasauce
2 Zimtstangen
2 junge Bärenschotentriebe
5 EL Zucker
1 Stück frische Ingwerknolle, in Scheibchen geschnitten
Salz

In einem Topf 2 l Wasser zum Kochen bringen, das Schweinefleisch und die Gewürze dazugeben und alles zugedeckt bei mittlerer Hitze 2 Stunden köcheln lassen. Das Fleisch gelegentlich wenden.
Den Kochsud im offenen Topf noch ½ Stunde lang einkochen lassen. Das Schweinefleisch dann warm stellen und in Scheiben schneiden. Den Kochsud durch ein Sieb passieren und noch stärker einkochen lassen. Die Sauce mit Salz abschmecken und zum Schweinefleisch servieren.
Dazu Reis reichen.

Früchtecurry mit Bärenschote

2 Scheiben Butter
4 Bananen, geschält und in Scheiben geschnitten
3 Äpfel, geschält, entkernt und in Scheiben geschnitten
4 Ananasscheiben, in Stücke geschnitten
1 rote Paprikaschote, geputzt und klein gewürfelt
1 Gemüsegurke, geschält, längs halbiert, die Kerne herausgeschabt, in Scheibchen geschnitten
2 EL Rosinen, in Wasser eingeweicht
2 junge Bärenschotentriebe

1 EL Speisestärke mit
2 EL Currypulver vermischt
¼ l Wasser
Saft von 1 Zitrone
1 Prise Zucker
Salz
Pfeffer aus der Mühle
etwas frischgeriebene Kokosflocken zum Bestreuen

In einem Topf die Butter zerlassen. Die Früchte und die Bärenschotentriebe dazugeben und zugedeckt bei schwacher Hitze einige Minuten schmoren lassen.
Speisestärke und Currypulver darunterrühren und 3 Minuten anschwitzen. Nach und nach ¼ l Wasser dazugießen und den Früchtecurry 10 Minuten köcheln lassen. Dabei immer wieder umrühren.
Zum Schluß die Bärenschote entfernen und den Curry mit Zitronensaft, Zucker, Salz und Pfeffer abschmecken. Mit Kokosflocken bestreuen.

RAUHBLATTGEWÄCHSE (*Boraginaceae*)

Borretsch (*Borago officinalis*)

Inhaltsstoffe und Wirkung

Ätherisches Öl, Schleimstoffe, Saponine, Gerbsäure, Vitamin C, Mineralstoffe, Antocyan-Farbstoff.

Stoffwechselanregend, harntreibend, leicht abführend, beruhigende Wirkung, nervenstärkend, lindernd bei Husten und Bronchitis.

Verwendung

Borretsch besitzt einen frischen würzigen gurkenähnlichen Geschmack.

Junge Blätter zu Salaten oder als Salat angemacht, zu Gurkengerichten, zu Kräutersaucen, Kräutermischungen, Kräuterbutter, zu Gemüse, Käse und Eierspeisen, zum Einlegen von Gurken; zu Spinat und Mangold und als Gemüse wie Spinat zubereitet; Borretschblätter, in Ausbackteig getaucht und in der Fritüre herausgebacken.

Borretschblüten zum Garnieren von Suppen, Salaten, Sahnesaucen, kalten Platten; zum Blaufärben von Essig.

Kalte russische Gurkensuppe

1 große oder 2 kleine Salatgurken
$^3/_4$ l Fleisch- oder Hühnerbrühe
1 Prise frischgeriebene Muskatnuß
Salz
Pfeffer aus der Mühle
1 hartgekochtes Eigelb, zerdrückt
1 EL scharfer Senf
Saft von $^1/_2$ Zitrone
1 Prise Zucker
1 Handvoll junge Borretschblätter, fein gewiegt
1 Handvoll Borretschblüten
verbliebenes hartgekochtes Eiweiß, klein gehackt
einige EL saure Sahne

Die Gurke schälen und längs halbieren, die Kerne mit einem Löffel herausschaben, das Fruchtfleisch in Würfel schneiden, in kochendem Wasser kurz blanchieren und dann in einem Sieb unter kaltem Wasser abschrecken.
Die Fleisch- oder Hühnerbrühe einmal aufkochen, mit Muskatnuß, Salz und Pfeffer abschmecken und wieder abkühlen lassen.
Die Hälfte der blanchierten Gurkenwürfel im Mixer oder im Rührbecher mit dem Schnellmixstab eines Handrührers pürieren.
Eigelb, Senf und Zitronensaft verrühren und unter das Gurkenpüree mischen. Das Ganze dann unter die kalte Brühe rühren. Die restlichen Gurkenwürfel und den Borretsch untermischen.
Die Gurkensuppe in den Tellern mit gehacktem Eiweiß bestreuen. Einen Klecks saure Sahne daraufsetzen und mit den hübschen eßbaren blauen Borretschblüten garnieren.

Kasseler Salat mit Borretsch

200 g Kasseler, in Streifen geschnitten
1 Salatgurke, gut gewaschen; ungeschält in dünne Scheiben geschnitten oder gehobelt
½ Kopf Chinakohl, in Streifen geschnitten
5 Tomaten, die Stielansätze herausgeschnitten, quer in Scheiben geschnitten

Für die Salatsauce:
1 Tasse saure Sahne
1 EL kaltgepreßtes Olivenöl
1—2 TL scharfer Senf
Salz
Pfeffer aus der Mühle
1 Handvoll junge Borretschblätter, in feine Streifen geschnitten
1 Bund Dill, grob geschnitten
1 Bund Schnittlauch, in Röllchen geschnitten

einige Borretschblüten zum Garnieren

Kasseler, Gurke, Chinakohl und Tomaten vermischen und anrichten. Die Salatsauce anrühren, abschmecken und die Kräuter untermischen. Die Sauce unter den Salat heben und einige Borretschblüten darauf verteilen.

Rohkost mit Borretsch

1 geschälte Salatgurke
1 Rettich
1 Karotte
1 Apfel, geschält, das Kernhaus ausgestochen, mit etwas Zitronensaft beträufelt

Für die Sauce:
Saft von ½ Zitrone
1 EL Weinessig
Salz
Pfeffer aus der Mühle
1 TL Zucker
2 EL Färberdistelöl
1 Handvoll junge Borretschblätter, in sehr feine Streifen geschnitten
1 Bund Schnittlauch, in Röllchen geschnitten
2 EL geriebene Haselnüsse

Auf einer Rohkostreibe Gurke, Rettich, Karotte und Apfel raffeln. Die Sauce anrühren und abschmecken. Die Kräuter untermischen und die Sauce unter die Rohkost heben. Mit Nüssen bestreut servieren.

Gurken-Apfel-Rohkost mit Borretsch

½ Salatgurke, geschält und grob geraffelt
2 säuerliche Äpfel, gerieben und mit etwas Zitronensaft beträufelt
1—2 Handvoll junge Borretschblätter, zerpflückt oder in Streifen geschnitten
einige Borretschblüten zum Garnieren
1 Becher Joghurt
3 EL Magerquark
3 EL Crème fraîche
1 Prise Zucker
Salz
Pfeffer aus der Mühle
einige Spritzer Tabasco

Gurke und Äpfel vermischen. Die Sauce anrühren und gut abschmecken. Borretschblätter und Sauce untermischen und das Ganze mit eßbaren Borretschblüten garnieren.

Gurkenmilch

1 Salatgurke, geschält, längs halbiert, die Kerne herausgeschabt
½ l Milch
2 Becher Joghurt
Saft von ½ Zitrone
1 Handvoll junge Borretschblätter, in sehr feine Streifen geschnitten
1 Bund glatte Petersilie, fein gewiegt
1 Prise frischgeriebene Muskatnuß
1 EL Zucker
Salz
Pfeffer aus der Mühle

Die Salatgurke in einem Rührbecher mit dem Schnellmixstab eines Handrührers pürieren. Milch, Joghurt und Zitronensaft darunterquirlen. Die Borretschblätter und die Petersilie unterrühren und das Ganze mit Muskat, Salz und Pfeffer abschmecken.

Apfelsaft-Drink mit Borretschblüten

(Für 1 Drink)

⅛ l Apfelsaft
1 Orangenscheibe
1 Gurkenscheibe
einige Borretschblüten

Den gut gekühlten Apfelsaft in ein hohes Glas gießen. Die Orangen- und Gurkenscheiben dazugeben und den Drink mindestens 15 Minuten durchziehen lassen. Dann die Borretschblüten darüberstreuen.

Borretsch-Gurken-Drink

2 Salatgurken, geschält, längs halbiert und die Kerne herausgeschabt; klein geschnitten
Saft von 1 Zitrone
Salz
Pfeffer aus der Mühle
1 Spritzer Tabasco
1 Prise Zucker
1 Handvoll junge Borretschblätter, sehr fein gewiegt
einige Borretschblüten zum Garnieren

Die Gurken im Mixer oder im Rührbecher mit dem Schnellmixstab eines Handrührers pürieren. Den Zitronensaft unterrühren und mit Salz, Pfeffer, Tabasco und Zucker abschmecken. Die Borretschblätter untermischen und die Drinks in den Gläsern mit Borretschblüten garnieren.

GÄNSEFUSSGEWÄCHSE (*Chenopodiaceae*)

Wohlriechender Gänsefuß

(*Chenopodium ambrosioides*)

Inhaltsstoffe und Wirkung

Aromatisches ätherisches Öl, Bitter- und Gerbstoffe, Saponine, organische Säuren.

Appetitanregend, beruhigend, krampflösend, stark wurmtreibend.

Verwendung

Der wohlriechende Gänsefuß besitzt einen angenehm würzigen kampferartigen Geruch und ein scharfes Aroma. Da er sehr intensiv würzt, darf er ähnlich wie Weinraute und Wermut nur in Messerspitzen-Mengen verwendet werden.

Junge Blätter oder kleine grünliche Blüten-Knäuel zu Salatsaucen, Sahnesaucen, Remouladen und Mayonnaisen, zu Kräutermischungen, Füllungen und Geflügelfarcen, zu Salaten und Gemüse, zu Fleisch und Geflügel.

KAPUZINERKRESSENGEWÄCHSE (*Tropaeolaceae*)

Kapuzinerkresse (*Tropaeolum majus*)

Kanarische Kresse (*Tropaeolum peregrinum*)
und andere Sorten

Inhaltsstoffe und Wirkung

Reichlich Vitamin C, Vitamin B_1 und B_2; Eisen, Calcium, Phosphor, Magnesium, Kalium.

Verwendung

Der Geschmack der Kapuzinerkresse ist herb-aromatisch, scharf-pfeffrig, an Garten-, Brunnen- und Bitterkresse erinnernd.
Zu Suppen, Salaten, Kräutersaucen, kalten Platten, zu Fisch, Quark und Käse, zu Eierspeisen.

Die *Blüten der Kapuzinerkresse* zum Garnieren von Salaten, Suppen, kalten Platten, Bowlen und Kräuter-Drinks.

Eingelegte oder frische *Blütenknospen* und noch *junge weiche Samen* können in der Küche wie Kapern verwendet werden.

Kapuzinerkressensuppe

1 Handvoll Kapuzinerkressenblätter, in kochendem Wasser kurz blanchiert
1 Scheibe Butter
3 kleingewürfelte Kartoffeln
½ l Fleischbrühe
⅛ l trockener Weißwein
1 Tasse Sahne
Salz
Pfeffer aus der Mühle
1 Scheibe Butter zum Unterschlagen
einige Kapuzinerkressenblüten zum Garnieren

In einem Suppentopf die blanchierten Kapuzinerkressenblätter in zerlassener Butter andünsten. Die Kartoffeln dazugeben und mit Fleischbrühe aufgießen. Die Suppe 20 Minuten köcheln lassen, dann den Weißwein dazugießen. Mit dem Schnellmixstab eines Handrührers die Suppe pürieren und durch ein Sieb streichen. Die Suppe wieder erhitzen, mit Salz und Pfeffer abschmekken und die Sahne unterrühren. Mit einem Schneebesen die Butter unterschlagen und die Suppe in den Tellern mit einigen — ebenfalls eßbaren — Kapuzinerkressenblüten garnieren.

Kartoffelpüree mit Kapuzinerkresse

1 kg gekochte Salzkartoffeln
1 Tasse heiße Milch
1 Prise frischgeriebene Muskatnuß
1 Scheibe Butter
1 Handvoll Kapuzinerkressenblätter, fein gewiegt
einige Kapuzinerkressenblüten zum Garnieren

Die Salzkartoffeln mit heißer Milch zu einem Püree stampfen. Mit Muskatnuß würzen und Butter und Kapuzinerkresse untermischen. Mit einigen — ebenfalls eßbaren — Kapuzinerkressenblüten garnieren.

Kapuzinerkressensalat

einige Blätter Eisbergsalat, zerpflückt
2 Handvoll Kapuzinerkressenblätter, zerpflückt oder in breite Streifen geschnitten
1 Handvoll Kapuzinerkressenblüten
1 Knoblauchzehe zum Ausreiben der Salatteller

Für die Salatsauce:
2 EL Weinessig
Salz
Pfeffer aus der Mühle
1 gute Prise Zucker
2—4 EL kaltgepreßtes Olivenöl

Die Salatteller mit der Knoblauchzehe ausreiben und Eisbergsalat und Kresseblätter darauf anrichten. Die Salatsauce anrühren und untermischen. Die Kresseblüten dekorativ auf dem Salat verteilen und vorsichtig mit etwas Sauce beträufeln. Sofort servieren.

Kapuzinerkressen-Kapern

2 Tassen Blütenknospen oder noch ganz junge weiche Samen der Kapuzinerkresse
100 g Salz
1 Bund Dill und Estragon, zerpflückt
½—¾ l Weinessig
1 Prise Zucker
einige Pfefferkörner, im Mörser grob zerstoßen

Zunächst die Kapuzinerkressenknospen oder -samen einsalzen, damit ihnen Feuchtigkeit entzogen wird, und über Nacht stehenlassen.
Die Knospen oder Samen dann in einem Sieb abbrausen, trockentupfen und zusammen mit den Kräutern und dem grob zerstoßenen Pfeffer in ein Schraubglas füllen.

Eine Prise Zucker dazugeben und den Weinessig darübergießen.
Die Kapuzinerkressen-Kapern 4 Wochen durchziehen lassen, bevor man sie verwendet. Stehen im Sommer Blüten der Kapuzinerkresse zur Verfügung, so kann man Gerichte mit Kressenkapern mit den dekorativen eßbaren Blüten garnieren.

Poularde mit Kapuzinerkressen-Kapern

1 große Poularde, in Portionsstücke geteilt
Salz
Pfeffer aus der Mühle
3—4 EL kaltgepreßtes Olivenöl zum Anbraten
1 feingewiegte Zwiebel
einige Knoblauchzehen, mit etwas Salz zerdrückt
1/8—1/4 l trockener Weißwein
Saft von 1/2 Zitrone
1 Prise Zucker
einige Spritzer Tabasco
4—5 EL eingelegte Kapuzinerkressen-Kapern (siehe Rezept Seite 300)
1 Bund glatte Petersilie und Basilikum, grob geschnitten
1/2 Tasse Sahne

Die Poulardenstücke mit Salz und Pfeffer einreiben und in einem Schmortopf in heißem Olivenöl rundum anbraten. Zwiebel und Knoblauch dazugeben und kurz andünsten. Etwas Weißwein angießen und die Poularde zugedeckt bei schwacher Hitze 40 Minuten lang schmoren lassen. Gelegentlich Weißwein nachgießen und die Poulardenstücke wenden.
Die Sauce dann mit Zitronensaft, 1 Prise Zucker und einigen Spritzern Tabasco pikant säuerlich-frisch abschmecken und die Kapuzinerkressen-Kapern und die Kräuter untermischen. Die Sahne dazugießen und die Sauce etwas einkochen lassen. Das Gericht, wenn möglich, mit einigen Blüten der Kapuzinerkresse garnieren.

Kaltschale mit Kapuzinerkressenblüten

½ l trockener Weißwein
Saft von 1 Zitrone
100 g Zucker
2 EL Speisestärke, mit etwas Wein angerührt
1 verquirltes Eigelb
1 Spritzer Tabasco
Blüten und Blättchen der Kapuzinerkresse, größere Blätter in Streifen geschnitten

Den Wein mit dem Zitronensaft erhitzen und die Speisestärke unterrühren. Den Zucker dazugeben und unter Rühren auflösen. Den nicht mehr kochenden Sud mit 1 Eigelb legieren.
Das Ganze dann abkühlen lassen und im Kühlschrank kalt stellen. Die Kaltschale in den Tellern dekorativ mit den würzigen Blüten und Blättchen der Kapuzinerkresse garnieren.

Gefüllte Eier mit Kapuzinerkressen-Kapern

4 hartgekochte Eier, abgeschreckt, geschält, längs halbiert, das Eigelb ausgelöst
2 EL Doppelrahmfrischkäse
4 EL Thunfisch (Konserve)
Saft von 1 Zitrone
1 Prise Salz
1 TL scharfer Senf
1 Bund krause Petersilie, die Hälfte davon grob geschnitten
ca. 4 EL Kapuzinerkressenkapern (siehe Rezept Seite 300)

Die 4 ausgelösten Eigelb mit einer Gabel zerdrücken und mit dem Frischkäse vermischen. Den Thunfisch untermengen und Zitronensaft und Senf unterrühren. Mit

Salz abschmecken und etwas Petersilie und die Kapuzinerkressenkapern untermischen.
Die Eihälften füllen und mit der übrigen krausen Petersilie garnieren.
Dazu Vollkornbrote mit Butter reichen.

Kapuzinerkressensalat mit ausgebackenen Blüten

1 Handvoll Kapuzinerkressenblätter, größere Blätter in Streifen geschnitten
einige Blätter Eisbergsalat zum Anrichten
1 Handvoll Kapuzinerkressenblüten

Für die Sauce:
1 Tasse saure Sahne
2 EL kaltgepreßtes Olivenöl
Saft von ½ Zitrone
1 Prise Zucker
1 Spritzer Tabasco
Salz
1—2 TL scharfer Senf

Für den Ausbackteig:
150 g Mehl
1 Tasse Weißwein
1 Glas Rum
1 EL Sonnenblumenöl
1 Prise Salz
2 Eiweiß, steifgeschlagen

Die Kapuzinerkressenblätter auf den Salatblättern anrichten. Die Sauce anrühren, abschmecken und erst bei Tisch über den Salat träufeln.
Den Ausbackteig mit den genannten Zutaten durchrühren und zum Schluß den Eischnee unterheben. Die Blüten der Kapuzinerkresse am Stiel halten und in den Teig tauchen. Den Teig etwas abtropfen lassen und die Blüten in der Fritüre in heißem Fett kurz ausbacken. Die Blüten dann auf Küchenkrepp entfetten und zum Salat geben.

ROSENGEWÄCHSE (*Rosaceae*)

Pimpinelle/Wiesenknopf (*Sanguisorba minor*)

Inhaltsstoffe und Wirkung

Ätherische Öle, Vitamine, Gerb- und Bitterstoffe.

Appetitanregend, verdauungsfördernd, adstringierende (zusammenziehende) Wirkung.

Verwendung

Die Blätter besitzen einen angenehmen nußartigen, erfrischenden Geschmack, der an Gurken erinnert.
Junge Blätter zu Salaten, Gurkengerichten, zur Frankfurter Grünen Sauce, zu Sahnesaucen und Mayonnaisen, zu Kräutermischungen, zu Eiergerichten und Quarkspeisen, zu Suppen und Eintöpfen, zu Bowlen und Drinks.

Kopfsalat mit Eiern und Pimpinellensauce

1 zerpflückter Kopfsalat
3 hartgekochte Eier, geachtelt oder in Scheiben geschnitten

Für die Salatsauce:
⅛ l saure Sahne
1 Spritzer Zitronensaft
1 TL scharfer Senf
1 Spritzer Tabasco
1 EL kaltgepreßtes Olivenöl
1—2 Handvoll junge Pimpinellenblätter, fein gewiegt
Salz
Pfeffer aus der Mühle

Kopfsalat und Eier anrichten. Die Salatsauce anrühren, abschmecken und vorsichtig unterheben.

Ochsenbrust mit Pimpinellensauce

ca. 1 kg Ochsenbrust
1 l Wasser
Salz
einige Pfefferkörner
2 Lorbeerblätter
einige Nelken
1 Liebstöckelblatt
2 Zwiebeln
kleingeschnittenes Wurzelwerk: 2 Karotten, 1 Stück Sellerie und Porree, 1 Petersilienwurzel

Für die Sauce:
1 Handvoll junge Pimpinellenblätter, ohne grobe Blattrippen, fein gewiegt
1 Bund Schnittlauch, in Röllchen geschnitten
1 kleines Bund frische Kräuter, grob geschnitten: Zitronenmelisse, Estragon, Borretsch, Sauerampfer
Saft von ½ Zitrone
1—2 TL scharfer Senf
1 Prise Zucker
Salz
Pfeffer aus der Mühle
ca. 6 EL kaltgepreßtes Olivenöl
4 hartgekochte Eier, abgeschreckt, geschält und in kleine Würfel geschnitten

In einem großen Suppentopf das Wasser aufkochen lassen und die Ochsenbrust hineinlegen. Gewürze und Wurzelwerk dazugeben und das Fleisch zugedeckt bei mittlerer Hitze 1½—2 Stunden köcheln lassen.
Für die Sauce Zitronensaft, Senf, Zucker, Salz und Pfeffer verrühren und nach und nach das Olivenöl unterrühren. Dann die Kräuter und die gewürfelten Eier untermischen.
Die Ochsenbrust in fingerdicke Scheiben schneiden und auf einer vorgewärmten Platte anrichten. Etwas durchgeseihten Kochsud darübergießen und das Fleisch mit Wurzelwerk aus dem Sud garnieren. Dazu in einer Sauciere die Pimpinellensauce reichen und als Beilage Salz- oder Pellkartoffeln servieren.

Gedünstete Kartoffeln mit Pimpinelle

200 g Räucherspeck, gewürfelt
2 feingewiegte Zwiebeln
2 Handvoll junge Pimpinellenblätter, grob geschnitten
½—1 Tasse Fleischbrühe
500 g Kartoffeln, geschält und in dünne Scheiben geschnitten
Salz
Pfeffer aus der Mühle

In einem Schmortopf die Speckwürfel auslassen und die Zwiebeln im Fett glasig dünsten. Etwas Fleischbrühe dazugießen und Kartoffelscheiben und Pimpinelle dazugeben. Mit Salz und Pfeffer bestreuen. Die Kartoffeln zugedeckt bei schwacher Hitze etwa ½ Stunde dünsten lassen und nochmals mit Salz und Pfeffer abschmecken. Als Beilage zu Braten oder gekochtem Rindfleisch reichen.

PORTULAKGEWÄCHSE (*Portulacaceae*)

Portulak (*Portulaca oleracea*)

Inhaltsstoffe und Wirkung

Ätherische Öle, Vitamine, vor allem reichlich Vitamin C, Mineralstoffe, Saccharide.

Appetitanregend, harntreibend, eine übermäßige Bildung von Magensäure verhindernd, gegen Sodbrennen.

Verwendung

Portulak schmeckt salzig, erfrischend, leicht bitter-würzig. Nur junge Blätter verwenden, da ältere einen bitteren Geschmack haben.
Zu Salaten, Suppen, Saucen, Rohkost und Gemüse, zu Mayonnaisen und Kräuterbutter, zu Quark und Käse, zu Eiergerichten und zu Kräutermischungen; als Spinat oder Gemüse zubereitet.

Portulaksalat

1 kleine Schüssel junger Portulak, zerpflückt
1 feingewiegte Zwiebel
1 Bund Schnittlauch, in Röllchen geschnitten, zum Bestreuen

Für die Salatsauce:
2 EL Weinessig
3—4 EL kaltgepreßtes Olivenöl
1 Prise Zucker
Salz
Pfeffer aus der Mühle

Portulak und Zwiebel vermischen. Die Salatsauce anrühren und untermischen. Den Salat mit Schnittlauchröllchen bestreuen.

Portulak-Spargel-Salat

1 kleine Schüssel Portulaktriebe, geputzt
2 EL kleingehackte Walnußkerne
500 g gegarter Spargel

Für die Salatsauce:
1 EL Weinessig
1 EL Obstessig
1 EL Apfeldicksaft (Reformhaus)
einige EL Walnußöl
Salz

Den Spargel auf Salattellern anrichten und die Portulaktriebe dekorativ darauf verteilen. Die Sauce gut verquirlen und darübergießen. Das Ganze mit Walnußstückchen bestreuen.

Portulak-Tomaten-Salat

1 kleine Schüssel junger Portulak, zerpflückt
3 Tomaten, geachtelt
einige Kopfsalatblätter zum Anrichten

Für die Salatsauce:
2 EL Weinessig
5—6 EL kaltgepreßtes Olivenöl
1 TL scharfer Senf
1 Spritzer Tabasco
Salz
Pfeffer aus der Mühle

Portulak und Tomaten auf Salatblättern anrichten. Die Salatsauce anrühren, abschmecken und darüberträufeln.

Portulak-Quark-Remoulade

250 g trockener Magerquark (in einem Sieb abgetropft)
1 Eigelb
1 TL kaltgepreßtes Olivenöl
1 TL Tomatenketchup
1 Spritzer Worcestersauce
Salz
Pfeffer aus der Mühle
1 Handvoll junger Portulak, grob geschnitten

In einem Rührbecher mit einem elektrischen Handrührer den Magerquark mit den anderen Zutaten gut verquirlen. Die Remoulade mit Salz und Pfeffer abschmekken und den Portulak untermischen.
Die Quarkremoulade paßt gut zu Blatt-, Frucht- und Gemüsesalaten, zu kaltem Braten und kalten Platten.

KNÖTERICHGEWÄCHSE (*Polygonoceae*)

Sauerampfer (*Rumex acetosa*)

Verschiedene Wild- und Kulturformen; klein- und großblättrige Gartensorten

Inhaltsstoffe und Wirkung

Reichlich Vitamin A und C; Mineralstoffe, Gerb- und Bitterstoffe; Oxalsäure.

Appetitanregend, stoffwechselanregend; ideal bei Frühjahrskuren.

Sauerampfer sollte wegen seines hohen Oxalsäuregehalts nicht in zu großen Mengen genossen werden. Nicht zu empfehlen ist der Genuß von Sauerampfer bei Arthritis, Gicht und Rheuma, bei Herz-, Magen- und Nierenbeschwerden.

Verwendung

Frisch zu Suppen, grünen Saucen und Salaten; zu Gemüse und als Püree zu Fleisch, Fisch und Eiergerichten.

Sauerampfersuppe

2 Handvoll Sauerampferblätter, ohne Stiele
2 Scheiben Butter
2 EL Mehl
½ l Fleischbrühe
1 Glas trockener Weißwein
200 g Crème fraîche
Salz
Pfeffer aus der Mühle
1 Prise Zucker
einige Spritzer Tabasco
2 verquirlte Eigelb zum Legieren der Suppe

Als Einlage:
Räucherlachs, in Streifen geschnitten oder Krabben oder geröstete Weißbrotwürfel

In einem Topf in zerlassener Butter das Mehl unter Rühren kurz anschwitzen, dann mit Fleischbrühe aufgießen. Die Suppe einmal aufkochen und dann ¼ Stunde köcheln lassen. Gelegentlich umrühren.
Dann den Sauerampfer zur Suppe geben und mit dem Schnellmixstab eines Handrührers pürieren. Weißwein und Crème fraîche unterrühren und mit Salz, Pfeffer, 1 Prise Zucker und Tabasco abschmecken. Zum Schluß die nicht mehr kochende Suppe mit den verquirlten Eigelb legieren.

Sauerampfer-Kartoffel-Suppe

1 kleine Schüssel Sauerampferblätter, von den Stielen gezupft und klein geschnitten
1 Scheibe Butter zum Andünsten
1 l Fleischbrühe
1 kg Kartoffeln, geschält und in dünne Scheiben geschnitten
Salz
Pfeffer aus der Mühle

In einem Suppentopf in zerlassener Butter den Sauerampfer unter Rühren einige Minuten dünsten, bis er zusammenfällt. Die Kartoffelscheiben dazugeben und mit Fleischbrühe aufgießen. Die Suppe einmal aufkochen und dann 20 Minuten bei schwacher Hitze köcheln lassen. Mit Salz und Pfeffer abschmecken und die Suppe in den Tellern mit einigen zurückbehaltenen kleinen Sauerampferblättern garnieren.
Dazu Weißbrot mit Butter reichen.

Sauerampfersalat

2—3 Handvoll junge Sauerampferblätter, verlesen
1 Kopf grüner Salat, zerpflückt
200 g Schinken, in Streifen geschnitten
einige Weißbrotwürfel, in etwas Butter goldbraun geröstet
4 hartgekochte Eier, halbiert

Für die Vinaigrette:
2 EL Balsamessig
Salz
Pfeffer aus der Mühle
einige EL kaltgepreßtes Olivenöl

Sauerampfer und grünen Salat mischen und auf Teller verteilen. Die Vinaigrette darübergießen und Schinkenstreifen, Croûtons und Eihälften dekorativ darauf anrichten. Dazu Bauernbrot reichen.

Kartoffel-Sauerampfer-Salat

1 kg gekochte Pellkartoffeln, in Scheiben geschnitten
1 Tasse heiße Fleischbrühe
1 feingewiegte Zwiebel
2 Handvoll Sauerampfer, ohne Stiele, zerpflückt oder in Streifen geschnitten
3 EL Weinessig
1 TL scharfer Senf
1 EL Sonnenblumen- oder Olivenöl
Salz
Pfeffer aus der Mühle

Die noch warmen Kartoffelscheiben mit heißer Fleischbrühe übergießen und sich vollsaugen lassen. Unter die etwas abgekühlten Kartoffeln Zwiebel und Sauerampfer mischen. Weinessig, Senf und Öl verrühren und unter den Salat ziehen. Mit Salz und Pfeffer abschmecken.

Kalbsbrust mit Sauerampferfüllung

1 kg ausgelöste Kalbsbrust, eine tiefe Tasche eingeschnitten
3 EL Sonnenblumenöl zum Braten
Salz
Pfeffer aus der Mühle
¼ l Fleischbrühe
⅛—¼ l trockener Weißwein
½ Tasse Sahne

Für die Sauerampferfüllung:
1 kleine Schüssel Sauerampferblätter; dicke Stiele entfernt; in kochendem Wasser kurz blanchiert
1 feingewiegte Zwiebel
1 Bund glatte Petersilie, grob geschnitten
1 Zweig Zitronenmelisse, die Blättchen abgezupft und klein geschnitten
2 Scheiben zerbröseltes Toast- oder Weißbrot ohne Rinde
2 Eier
Salz
Pfeffer aus der Mühle

Die Sauerampferblätter mit den anderen Zutaten vermengen und mit Salz und Pfeffer würzen. Die Füllung in die Fleischtasche stopfen und die Kalbsbrust dann mit Küchengarn zunähen.
Die Kalbsbrust in einem Bräter in heißem Öl rundum kräftig anbraten, dann salzen und pfeffern. Etwas Fleischbrühe und Wein angießen und die Kalbsbrust im vorgeheizten Bratrohr bei 200°C 1½ Stunden lang braten. Wein und Fleischbrühe nachfüllen und das Fleisch öfter begießen.
Die Kalbsbrust dann im Rohr warm stellen. Den Bratenfond im Bräter mit etwas Wasser aufgießen und entfet-

ten. Die Sauce etwas einkochen lassen, mit Salz und Pfeffer abschmecken und die Sahne unterrühren.
Als Beilagen Salzkartoffeln und Gemüse nach Saison.

Gefüllte Kalbsbrust mit Lammhack und Sauerampfer

(Für 4—6 Personen)

ca. 1,5 kg Kalbsbrust ohne Knochen, eine tiefe Tasche eingeschnitten
Salz
Pfeffer aus der Mühle

Für die Füllung:
250 g Lammfleisch (Keule oder Schulter), zusammen mit 100 g Speck durch den Fleischwolf gedreht
1 kleine Schüssel Sauerampferblätter; von den Stielen gezupft und grob geschnitten, in etwas Butter angedünstet
1 Prise frischgeriebene Muskatnuß
1 Prise Cayennepfeffer
Salz
1—2 EL Crème fraîche
1 Eigelb
1 Bund glatte Petersilie, grob geschnitten

etwas Mehl zum Überstäuben
Butter und Sonnenblumenöl zum Braten
¼ l trockener Weißwein
¼ l Fleischbrühe

Die Kalbsbrust innen und außen mit Salz und Pfeffer einreiben. Für die Füllung die genannten Zutaten vermengen und mit Muskat, Cayennepfeffer und Salz würzen. Die Füllung in die Kalbsbrusttasche stopfen und mit Küchengarn zunähen.
Die Kalbsbrust mit etwas Mehl überstäuben und in einem Schmortopf in Butter und Öl rundum knusprig anbraten. Weißwein und Fleischbrühe angießen und die Kalbsbrust zugedeckt im Rohr bei 180°C 2 Stunden lang

schmoren lassen. Dabei immer wieder mit dem Saucenfond begießen und öfter wenden.
Die Kalbsbrust dann im Rohr warm stellen. Den Schmorfond im Topf entfetten, auf die Hälfte einkochen lassen und mit Salz und Pfeffer abschmecken. Die Kalbsbrust in Scheiben schneiden, anrichten und mit der Sauce beträufeln.
Dazu Reis oder gebratene Kartoffeln, Salat nach Saison reichen.

Sauerampfersauce

(Zu gekochtem Rindfleisch, Fisch, Eiern und Gemüse)

1 Scheibe Butter
2 EL Mehl
½ l Milch
Salz
Pfeffer aus der Mühle
1 Prise frischgeriebene Muskatnuß
1 Prise Zucker
1 kleine Schüssel Sauerampferblätter
100 g frischer Blattspinat, kurz blanchiert; oder tiefgekühlter Spinat
⅛ l Sahne, leicht geschlagen

In einem Topf in zerlassener Butter das Mehl anschwitzen. Mit Milch ablöschen, die Sauce glattrühren und einmal aufkochen lassen. Dann die Sauce unter Rühren cremig einkochen lassen und mit Salz, Pfeffer, Muskat und Zucker würzen.
Sauerampfer und Spinat dazugeben und das Ganze mit dem Schnellmixstab eines Handrührers pürieren. Die Sauce nach Belieben noch durch ein Sieb streichen. Nochmals abschmecken und zum Schluß die leicht geschlagene Sahne unterziehen.

DICKBLATTGEWÄCHSE (*Crassulaceae*)

Tripmadam (*Sedum reflexum*)
Fetthenne (*Sedum telephium*)

Inhaltsstoffe und Wirkung

Gerb- und Schleimstoffe.

Appetitanregend.

Verwendung

Die jungen Blätter besitzen einen angenehm säuerlichen frischen Geschmack.
Zu Salaten, Saucen, Remouladensaucen, zu Rohkost und Gemüse, zu gekochtem Rindfleisch und anderem Kochfleisch, zu Quarkspeisen und Käse; zusammen mit Gurken sauer eingelegt.

Tripmadamsalat

1 kleine Schüssel junger Tripmadam und junge Fetthennentriebe und -blätter, zerpflückt
1 Bund Schnittlauch, in Röllchen geschnitten, zum Bestreuen

Für die Sauce:
1 Glas trockener Weißwein
5 EL kaltgepreßtes Olivenöl
1 Spritzer Zitronensaft
1 Prise Zucker
Salz
Pfeffer aus der Mühle

Die Salatsauce anrühren, abschmecken und unter den Salat mischen. Etwas durchziehen lassen, dann den Salat anrichten und mit Schnittlauchröllchen bestreuen.

Tripmadam-Birnen-Salat

2 Handvoll Tripmadam, zerpflückt
2 Birnen, geschält, geviertelt, entkernt und in Scheibchen geschnitten
1 Bund Brunnenkresse, zerpflückt oder 1 Handvoll Gartenkresse
einige Kopfsalatblätter zum Anrichten

Für die Sauce:
Saft von ½ Orange
2 EL Obstessig
1 TL Zucker
5 EL kaltgepreßtes Olivenöl
1 Spritzer Tabasco
Pfeffer aus der Mühle
Salz

Die Salatsauce anrühren, abschmecken und über Tripmadam und Birnen gießen. Das Ganze 15 Minuten durchziehen lassen. Tripmadam und Birnen dann mit der Sauce auf Salatblättern anrichten und mit Brunnen- und Gartenkresse bestreuen.

Tripmadam-Krabben-Salat

1 kleine Schüssel junger Tripmadam und junge Fetthennentriebe und -blätter, zerpflückt
100 g Krabben
2 Mandarinen, geschält und in kleine Würfel geschnitten, die Kerne entfernt
einige Salatblätter zum Anrichten

Für die Salatsauce:
Saft von ½ Zitrone
3 EL kaltgepreßtes Olivenöl
1 verquirltes Eigelb
1 TL scharfer Senf
2 EL Sangrita pikante
1 Prise Zucker
Salz
Pfeffer aus der Mühle

Tripmadam, Krabben und Mandarinen auf Salatblättern anrichten. Die Salatsauce in einem Rührbecher mit einem elektrischen Handrührer verquirlen, abschmecken und über den Salat träufeln.

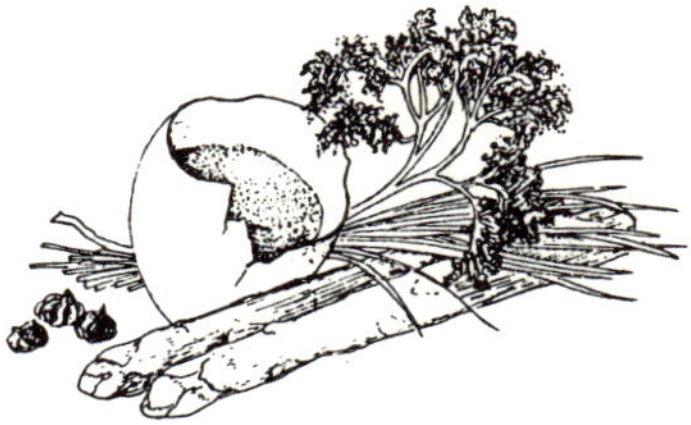

LABKRAUTGEWÄCHSE (*Rubiaceae*)

Waldmeister (*Galium odoratum*)

Inhaltsstoffe und Wirkung

Glykosid Asperulosid, das beim Welken das wohlriechende Cumarin entwickelt, Vitamin C, fettes und ätherisches Öl, Gerb- und Bitterstoffe.

Beruhigend, krampflösend, magenstärkend, verdauungs- und stoffwechselanregend.

Verwendung

Waldmeister sollte nicht überdosiert werden. Man läßt den Waldmeister etwas anwelken, da sich das Cumarin, das den typischen Waldmeisterduft ausmacht, erst beim Welken bildet.
Zur Maibowle, zum Aromatisieren von Wein und alkoholfreien Bowlen mit Apfelsaft oder Traubenmost, zu Fruchtsäften, Drinks und Mixgetränken, zu Kräutermischungen, zu Pudding, Gelees, Kaltschalen, Süßspeisen.

Waldmeister-Kaltschale

½ l trockener Weißwein
1 Sträußchen noch nicht blühender Waldmeister, leicht angewelkt
100 g Gelierzucker
2 Pfirsiche, die Haut abgezogen und entsteint
einige Borretsch-Blüten zum Garnieren

Das Waldmeistersträußchen 15 Minuten im Wein ziehen lassen und dann wieder entfernen. Die Pfirsiche in einem Rührbecher mit dem Schnellmixstab eines Handrührers pürieren und mit Gelierzucker und Wein verrühren. Das Ganze kalt stellen und mit einigen Borretschblüten garniert servieren.

Maiwein

4 Flaschen trockener Weißwein
1 Bund noch nicht blühender Waldmeister, leicht angewelkt
1 Flasche trockener Sekt

Den gut gekühlten Wein in eine Bowlenschüssel gießen. Das Bund Waldmeister an einem Faden etwa ½ Stunde lang in den Wein hängen. Vor dem Servieren den Sekt dazugießen und den Waldmeister entfernen.

Waldmeisterbowle

(mit Weiß- und Rotwein)

1 Bund noch nicht blühender Waldmeister, leicht angewelkt; zusammengebunden
2 Flaschen trockener Weißwein
1 Flasche Sekt
½ Flasche trockener Rotwein

Den Weißwein in ein Bowlengefäß gießen und das Bund Waldmeister für 20 Minuten in den Wein hängen. Den Waldmeister dann wieder entfernen und vor dem Servieren mit Sekt und Rotwein aufgießen. Gut gekühlt servieren!

Waldmeister-Aperitif

(6 Gläser)

1 Bund noch nicht blühender Waldmeister, leicht angewelkt
¼ l trockener Weißwein
Saft von 1 Zitrone
etwas Zitronensaft und Zucker für die Glasränder
Sekt zum Auffüllen
1 Spritzer Pfefferminzlikör (Crème de Menthe) pro Glas

Einige schöne Waldmeistertriebe für die Gläser zurückbehalten. Das Bund Waldmeister in Weißwein und Zitronensaft einige Stunden im Kühlschrank ziehen lassen. Den Rand der Weingläser mit Zitronensaft befeuchten und die Gläser dann in Zucker tauchen. In jedes Glas einige Waldmeistertriebe legen. Den durchgeseihten Waldmeister-Weinsud dazugießen, mit Sekt auffüllen und 1 Spritzer Pfefferminzlikör dazugeben.

Waldmeister-Pfirsich-Aperitif

3 Waldmeistertriebe pro Glas
1 TL Pfirsichlikör (Pêcher Mignon) pro Glas
Sekt zum Auffüllen

Die Waldmeistertriebe in Sektgläser legen. Pfirsichlikör dazugeben und mit gut gekühltem Sekt auffüllen.

RAUTENGEWÄCHSE (*Rutaceae*)

Weinraute (*Ruta graveolens*)

Inhaltsstoffe und Wirkung

Ätherische Öle, Gerb- und Bitterstoffe, Harze, Rutin.

Appetitanregend, gegen Kopfschmerzen.

Verwendung

Weinraute schmeckt pikant aromatisch herb-bitter. Da sie sehr intensiv würzt, darf sie nicht in höheren Konzentrationen verwendet werden. Eine Messerspitze feingewiegte Weinraute genügt zum Abschmecken.
Zu Salaten, Kräutersuppen, Saucen und Mayonnaisen, zu Eierspeisen, Käsegerichten, zu belegten Broten, zu Fleischfüllungen, Fleischragouts, zu Lamm und Wild.

Gerichte mit gemischten Kräutern

Salate mit frischen Kräutern

Frühlingskräutersalat

1 Kopfsalat, zerpflückt
1 Bund Radieschen, in Scheiben geschnitten
einige Zwiebelschlotten, in Röllchen geschnitten
einige Knoblauchtriebe (von eingetopften, ausgetriebenen Knoblauchzehen), in Röllchen geschnitten
1 großes Bund frischer Kräuter, grob geschnitten oder zerpflückt, wie Brunnen- oder Gartenkresse, Senfsprossen, Bärlauch, Kerbel, Löwenzahn, Petersilie

Für die Salatsauce:
3 EL Weinessig
3—5 EL kaltgepreßtes Olivenöl
1 Eigelb
Salz
Pfeffer aus der Mühle

Die genannten Salatzutaten durchmischen und anrichten. In einem Rührbecher mit einem Handrührer die Sauce verquirlen und über den Salat gießen. Sofort servieren.

Frühlingssalat mit Speck

ca. 500 g gekochte Pellkartoffeln, geschält und in Scheibchen geschnitten
4 hartgekochte Eier, geachtelt
2 Bund Radieschen, geputzt, blättrig oder mehrmals eingeschnitten und leicht gesalzen
1 feingewiegte Zwiebel
1 zerpflückter Kopfsalat
1 kleine Schüssel junge Löwenzahnblätter und Löwenzahn-Blütenknospen, die Blätter in breite Streifen geschnitten
1 Bund Brunnenkresse, ohne grobe Stiele, zerpflückt
einige Bärlauchblätter, in Streifen geschnitten
1 Bund Schnittlauch, in Röllchen geschnitten

Für die Salatsauce:
5 EL Weinessig
1—2 TL scharfer Senf
1 Spritzer Zitronensaft
1 Prise Zucker
Salz
Pfeffer aus der Mühle
3—5 EL kaltgepreßtes Olivenöl

150 g durchwachsener Speck, gewürfelt

Die genannten Salatzutaten vorsichtig durchmischen und auf 4 Salatteller verteilen. Die Salatsauce anrühren und zum Übergießen des Salats bei Tisch bereitstellen. Die Speckwürfel in einer Pfanne knusprig ausbraten, über dem Salat verteilen und teilweise unterheben. Zum Schluß den Salat mit Schnittlauchröllchen bestreuen.

Bunter Salat mit Kräuterquark

500 g Magerquark (in einem Sieb einige Stunden abgetropft)
100 g Crème fraîche
1 EL kaltgepreßtes Olivenöl
Salz
Pfeffer aus der Mühle
1 großes Bund frische Kräuter, grob geschnitten, wie Dill, Petersilie, Basilikum, Borretsch

einige Kopfsalatblätter zum Anrichten
einige geviertelte Tomaten
½ Salatgurke, in Stifte geschnitten
einige entsteinte Oliven, halbiert
einige Frühlingszwiebeln, in dünne Ringe geschnitten
4 hartgekochte Eier, geviertelt

In einem Rührbecher den Quark mit den genannten Zutaten verrühren, gut abschmecken und auf Kopfsalatblätter verteilen. Den bunten Salat dekorativ darauf anrichten. Leicht mit Salz bestreuen.

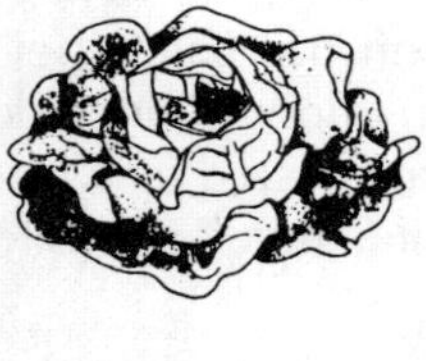

Wildkräuter-Käse-Salat

1 Schüssel gemischte Wildkräuter: Brunnen- und Bitterkresse, Bärlauch, Geißfuß (Giersch), Pimpinelle (Wiesenknopf), Bibernelle, Vogelmiere, etwas Löwenzahn, sehr wenig Schafgarbe oder andere Wildkräuter
200 g Gouda, Edamer oder anderer Hartkäse, gewürfelt
1 Gewürzgurke, in Scheibchen geschnitten
1 gewürfelter Apfel
einige entsteinte Oliven, in Scheibchen geschnitten
1 feingewiegte Zwiebel

Für die Salatsauce:
3 EL Weinessig
ca. 5 EL kaltgepreßtes Olivenöl
1 zerdrücktes hartgekochtes Eigelb
1—2 TL scharfer Senf
Salz
Pfeffer aus der Mühle
1 Spritzer Tabasco

Die Wildkräuter zerpflücken oder in grobe Streifen schneiden. Die anderen Zutaten untermischen und den Salat auf Tellern anrichten. Die Sauce erst bei Tisch über den Salat gießen, da er rasch zerfällt.

Kräutersuppen

Gründonnerstagssuppe mit Wild- und Gartenkräutern

1 Schüssel frische Kräuter, grob geschnitten, wie junge Brennesseltriebe, Geißfuß, Brunnenkresse, Bärlauch, Gänseblümchen, Spitzwegerich, Löwenzahn, Sauerampfer, Kerbel, Petersilie
1 feingewiegte Zwiebel
1 Scheibe Butter
¾ l Gemüse- oder Fleischbrühe
Salz
Pfeffer aus der Mühle
2 Eigelb mit ⅛ l Sahne verquirlt
verbliebenes Eiweiß, in etwas Butter gebraten und klein gehackt
Weißbrotwürfel, in Butter geröstet

In einem Suppentopf in zerlassener Butter die Zwiebel und dann die Kräuter andünsten, bis sie zusammenfallen. Mit Brühe aufgießen und die Suppe ¼ Stunde köcheln lassen. Dann die Suppe mit dem Schnellmixstab eines Handrührers pürieren und durch ein Sieb streichen.
Die Kräutersuppe wieder kurz erhitzen und mit Salz und Pfeffer abschmecken. Die nicht mehr kochende Suppe mit der Eiersahne legieren. In den Tellern mit gerösteten Weißbrotwürfeln, gehacktem Ei und einigen zurückbehaltenen zerpflückten Kräutern bestreuen.

Zwölfkräutersuppe

(Für 4—6 Personen)

2 Scheiben Butter
einige Knoblauchzehen mit etwas Salz zerdrückt
1 feingewiegte Zwiebel
1 kleine Schüssel mit 12 verschiedenen Gartenkräutern, grob geschnitten: Petersilie, Kerbel, Brunnenkresse, Dill, Basilikum, etwas Liebstöckel, Oregano, Estragon, Wiesenknopf, Thymian, Zitronenmelisse und krause Minze; oder andere Kräuter nach Saison
½ l Fleischbrühe
Salz
Pfeffer aus der Mühle
1 Prise frischgeriebene Muskatnuß
⅛ l Crème fraîche
¼ l Sahne, halbfest geschlagen

In einem Topf in zerlassener Butter Zwiebel und Knoblauch andünsten. Die Hälfte der Kräuter dazugeben und unter Rühren kurz mitdünsten. Mit Hühnerbrühe aufgießen. Die Suppe bei schwacher Hitze ¼ Stunde köcheln lassen. Crème fraîche und die leicht geschlagene Sahne unterziehen und die restlichen Kräuter untermischen. Mit Salz, Pfeffer und Muskat abschmecken.
Als Beilage geröstete Toastbrote oder Weißbrote.

Kräutersuppe mit Eierflädle

1 Scheibe Butter
1 feingewiegte Zwiebel
1—2 EL Mehl
¾ l Fleischbrühe
Salz
Pfeffer aus der Mühle
⅛ l Sahne
1 großes Bund frische Kräuter, grob geschnitten, wie Kerbel, Petersilie, Dill, etwas Liebstöckel

Für die Eierflädle mit Kräutern:
1 Ei mit 1 Prise Salz verquirlt
1 Scheibe Butter
die Hälfte der oben genannten Kräuter
1 Eigelb pro Suppenteller oder -tasse

In einem Topf in zerlassener Butter die Zwiebel andünsten. Mehl darüberstäuben und unter Rühren anschwitzen lassen. Mit Fleischbrühe aufgießen. Die Suppe einmal aufkochen und dann bei schwacher Hitze ¼ Stunde köcheln lassen. Die Sahne unterrühren und mit Salz und Pfeffer abschmecken. Erst zum Schluß die Hälfte der Kräuter unterrühren und mit dem Schnellmixstab eines Handrührers pürieren.
Für die Eierflädle das verquirlte Ei in einer Pfanne in zerlassener Butter stocken lassen. Die verbliebenen Kräuter daraufstreuen, das gestockte Ei fest zusammenrollen und in dünne Scheiben schneiden.
Zur Suppe in den Tellern die Eierflädle und jeweils ein Eigelb geben. Mit einigen zurückbehaltenen zerpflückten Kräutern garnieren.

Tomatenrahmsuppe mit Kräutern

750 g Tomaten, blanchiert, geschält und klein geschnitten
1 Scheibe Butter
1 feingewiegte Zwiebel
1 Bund glatte Petersilie, grob geschnitten
1 Handvoll Basilikumblätter, in Streifen geschnitten
1 Prise Zucker
Salz
Pfeffer aus der Mühle
½ l Milch
¼ l Sahne

Für die Knoblauch-Croûtons:
2 Scheiben Butter
einige zerdrückte Knoblauchzehen
1—2 Tassen Weißbrotwürfel

In einem Topf in zerlassener Butter die Zwiebel glasig andünsten. Die Tomaten dazugeben, das Ganze etwas köcheln lassen und dann mit dem Schnellmixstab eines Handrührers pürieren und noch durch ein Sieb treiben.
Die Kräuter zur Suppe geben und Milch und Sahne unterrühren. Die Suppe wieder erhitzen, aber nicht zum Kochen bringen. Mit 1 Prise Zucker und Salz und Pfeffer abschmecken.
Für die Croûtons die zerdrückten Knoblauchzehen in zerlassener Butter andünsten. Die Weißbrotwürfel dazugeben und unter häufigem Wenden langsam goldbraun rösten. Die Croûtons dann zur Suppe in den Tellern geben.

Kalte Tomatensuppe mit Kräutern

1 kg Tomaten, die Stielansätze ausgeschnitten, halbiert
1 gewürfelte Zwiebel
einige Knoblauchzehen, in etwas Salz im Mörser zerdrückt
1 großes Bund frische Kräuter, grob geschnitten, wie Basilikum, Petersilie, etwas Bohnenkraut und Thymian
1—2 EL kaltgepreßtes Olivenöl
einige Spritzer Tabasco
Salz
Pfeffer aus der Mühle
1 Scheibe Brot, mit 1 Knoblauchzehe eingerieben, dann gewürfelt
2 EL Olivenöl zum Braten der Croûtons

In einem Rührbecher nach und nach Tomaten, Zwiebel und Knoblauch mit dem Schnellmixstab eines Handrührers pürieren. Das Ganze durch ein Sieb passieren. Die Kräuter und das Olivenöl unterrühren und mit Tabasco, Salz und Pfeffer abschmecken.
Die Croûtons in einer Pfanne in Olivenöl rösten und zur Tomatensuppe geben. Mit einigen zurückbehaltenen Kräutern garnieren.

Kräutertaler

(Suppeneinlage)

4 Toastbrotscheiben, mit einer runden Form ausgestochen oder mit einem Messer zu »Talern« abgerundet
2 Scheiben weiche Butter

1 Bund frische Kräuter, grob geschnitten, wie Petersilie, Basilikum, Kerbel, Dill
Salz
einige durchgepreßte Knoblauchzehen

Die weiche Butter mit den Kräutern, Knoblauch und Salz verrühren. Die Toastbrote im Grill auf der Unterseite leicht anrösten, mit der Kräuterbutter bestreichen und noch etwas rösten. Zur Suppe in den Tellern jeweils einen Kräutertaler geben.

Kräutersaucen

Frankfurter Grüne Sauce

10 hartgekochte Eier, die Eigelb ausgelöst und durch ein Sieb gedrückt, das Eiweiß klein gehackt
ca. ¼ l kaltgepreßtes Olivenöl
½ Tasse Weinessig
Salz
Pfeffer aus der Mühle
einige EL kalte entfettete Fleischbrühe oder einige EL saure Sahne
1 sehr großes Bund gemischter frischer Kräuter nach Jahreszeit, grob geschnitten: Kerbel, Petersilie, Schnittlauch, Dill, krause Minze, Borretsch, etwas Estragon, Zitronenmelisse, Portulak, Sauerampfer, 1 kleines Liebstöckelblatt; oder andere Kräuter nach Saison

Die zerdrückten Eigelb mit Öl, Essig, Salz und Pfeffer vermengen. Dann soviel Brühe oder Sahne unterrühren, bis eine dickflüssige Sauce entsteht. Die gemischten Kräuter und das kleingehackte Eiweiß untermischen und nochmals mit Salz und Pfeffer abschmecken.

Frankfurter Grüne Sauce paßt zu gekochter Ochsenbrust und anderem Kochfleisch, zu Fisch, Kartoffeln, Gemüse, Quark.

Provençalische Kräuter-Knoblauch-Sauce (Aillade)

(Zu Fisch und kaltem Fleisch)

einige Knoblauchzehen
Salz
einige Pfefferkörner
1 Handvoll Basilikumblätter
1 Tomate, blanchiert und geschält, die Kerne entfernt
1 EL Weinessig
2 EL kaltgepreßtes Olivenöl
1 Bund glatte Petersilie, grob geschnitten
1 Bund Schnittlauch, in Röllchen geschnitten

In einem Porzellanmörser Knoblauch, Salz, Pfefferkörner, Basilikum und die Tomate zu einer Paste zerreiben. Essig und Öl unterrühren und die Kräuter untermischen.

Italienische Grüne Sauce (Salsa Verde)

(Zu gekochtem Fleisch, zu Fisch und Gemüse)

2 Sardellenfilets
1 EL Kapern
1 kleine Delikateßgurke
1 kleingeschnittene Zwiebel
einige Knoblauchzehen
1 Bund Schnittsellerie
1 Handvoll Basilikum
1 Prise Salz
Saft von 1 Zitrone
4 EL kaltgepreßtes Olivenöl

Mit einem Wiegemesser Sardellenfilets, Kapern, Gurke, Zwiebel und Knoblauchzehen fein wiegen. Dann die Kräuter dazugeben und ebenfalls fein wiegen. Das Ganze in eine Sauciere geben, mit Salz abschmecken und Zitronensaft und Olivenöl unterrühren.

Kräuter-Dressing

(Zu Blatt- und Gemüsesalaten)

2 Becher Joghurt
1 Becher Crème fraîche
Salz
Pfeffer aus der Mühle
einige Spritzer Zitronensaft
1 großes Bund frische Kräuter, grob geschnitten, wie Kerbel, Dill, Sauerampfer, Borretsch, Zitronenmelisse, Wiesenknopf oder etwas Liebstöckel, Estragon

In einem Rührbecher Joghurt, Crème fraîche und die Kräuter verrühren. Das Dressing mit dem Schnellmixstab eines Handrührers pürieren und mit Salz, Pfeffer und Zitronensaft abschmecken.

Kräuterjoghurt

300 g Joghurt
1 Tasse Crème fraîche
Salz
Pfeffer aus der Mühle
1 großes Bund frischer Kräuter nach Saison, grob geschnitten, wie Petersilie, krause Minze, Bitterkresse, Löffelkraut, Schnittlauch, Winterpostelein

Den Joghurt mit Crème fraîche verrühren und mit Salz und Pfeffer abschmecken. Dann die Kräuter unterheben.

Kräuter-Quark-Creme

500 g Magerquark (in einem Sieb abgetropft)
einige EL Sahne zum Glattrühren
Salz
Pfeffer aus der Mühle
1 Spritzer Zitronensaft
1 Spritzer Tabasco
1 großes Bund frischer Kräuter nach Saison, grob geschnitten, wie Schnittlauch, Petersilie, Borretsch, Dill, Ysop, etwas Bitterkresse, Kerbel

Den Magerquark mit einigen EL Sahne glattrühren und mit Salz, Pfeffer, Zitronensaft und Tabasco abschmecken. Dann die Kräuter unterheben.

Kräuterschaum

(Zu Fischgerichten, Räucherfisch, kaltem Braten und Geflügel)

1 großes Bund frische Kräuter, grob geschnitten, wie Petersilie, Dill, Majoran
100 g Crème fraîche
Saft von 1 Zitrone
Salz
$\frac{1}{8}$ l Sahne, steif geschlagen

In einem Rührbecher mit dem Schnellmixstab eines Handrührers in 100 g Crème fraîche die Kräuter pürieren. Mit dem Handrührer dann den Zitronensaft unterrühren. Mit Salz abschmecken und kurz vor dem Servieren die geschlagene Sahne unterheben. Den Kräuterschaum mit einigen zurückbehaltenen Blättchen garnieren.

Fleisch und Geflügel mit Kräutern

Schweineschulter mit Kräuterkruste

1 kg ausgelöste Schweineschulter
Salz
Pfeffer aus der Mühle
2 EL Sonnenblumenöl zum Anbraten
¼ l Fleischbrühe

Für die Kräuterkruste:
1 großes Bund glatte Petersilie, grob geschnitten
1 Handvoll Salbeiblätter, grob geschnitten
einige Knoblauchzehen
Salz
1 Prise Zucker
1 verquirltes Ei
1 EL scharfer Senf
einige Spritzer Tabasco
3—4 EL Semmelbrösel

Die Schweineschulter mit Salz und Pfeffer einreiben und in einem Bräter in heißem Öl rundum anbraten. Etwas Fleischbrühe angießen. Im vorgeheizten Bratrohr bei 200°C das Fleisch dann etwa 2 Stunden lang braten. Dabei die restliche Fleischbrühe dazugeben und die Schulter immer wieder begießen.
Für die Kräuterkruste in einem Porzellanmörser in Salz und Zucker die Kräuter und die Knoblauchzehen breiig zerstoßen. Ei, Senf und Semmelbrösel unter die Paste mengen und mit Tabasco abschmecken.
Die Schweineschulter nach 1½ Stunden Bratzeit dick mit der Kräuterpaste bestreichen und noch ½ Stunde weiterbraten. Damit die Kräuterkruste nicht trocken wird, das Fleisch häufig begießen.

Den Saucenfond auf dem Herd mit etwas Wasser aufkochen, abschmecken und zum Fleisch servieren.
Als Beilagen Kartoffelknödel oder Kartoffelpüree, Salate nach Saison.

Schweinerollbraten mit Kräuterfüllung

ca. 800 g Schweinerollbraten

Für die Füllung:
1 wachsweich gekochtes Ei, abgeschreckt, geschält und zerdrückt
1 feingewiegte Zwiebel
1 TL scharfer Senf
Salz
Pfeffer aus der Mühle
3 EL Sonnenblumenöl
2 Handvoll frische Kräuter, grob geschnitten: Petersilie, Kerbel, Dill, Liebstöckel, etwas Thymian, einige feingewiegte Rosmarinnadeln

2 EL Sonnenblumenöl zum Anbraten
1 gewürfelte Zwiebel
einige leicht zerdrückte Wacholderbeeren
1 Tasse Fleischbrühe
$\frac{1}{8}$—$\frac{1}{4}$ l trockener Rotwein

Den Rollbraten außen mit Salz einreiben und ausbreiten. Für die Füllung die genannten Zutaten zu einer Paste verarbeiten. Das Fleisch damit bestreichen und zusammenrollen. Dann den Rollbraten mit Küchengarn umwickeln und festschnüren.
In einem Bräter in heißem Öl den Rollbraten rundum anbraten. Die Zwiebel und die Wacholderbeeren dazugeben und mit Fleischbrühe und etwas Rotwein aufgießen. Das Fleisch dann zugedeckt im Bratrohr bei 200 °C 1½—2 Stunden schmoren lassen. Den Braten dabei immer wieder mit Saucenfond begießen und gegen Ende der Garzeit Rotwein nachgießen.

Den Rollbraten dann im Rohr warm stellen. Die Sauce mit Wasser aufkochen, durch ein Sieb gießen und entfetten. Etwas einkochen lassen und mit Salz und Rotwein abschmecken.
Als Beilagen Spätzle oder andere Teigwaren, oder Kartoffelpüree, und Salate nach Saison.

Schweineschnitzel mit Kräuterfüllung

4 dicke Schweineschnitzel, jeweils 1 tiefe Tasche eingeschnitten
Salz
Pfeffer aus der Mühle
2 EL Butterschmalz zum Braten

Für die Kräuterfüllung:
150 g Kalbsbrät
1 Ei
Salz
Pfeffer aus der Mühle
1 kleine feingewiegte Zwiebel, in etwas Butter kurz angedünstet
1 Bund frischer Kräuter nach Jahreszeit, grob geschnitten, wie Petersilie, Kerbel, Majoran, Basilikum, Schnittlauch, etwas Estragon, Thymian und Rosmarin

Das Kalbsbrät mit Ei und Zwiebel vermengen, mit Salz und Pfeffer würzen und die Kräuter untermischen.
Die Schweineschnitzel füllen und mit Küchengarn zunähen. Die Schnitzel dann mit Salz und Pfeffer einreiben und in einer Pfanne in heißem Butterschmalz langsam bei mittlerer Hitze auf beiden Seiten goldbraun braten.

Osterschinken mit Kräutern im Brotteig

(Für 4—6 Personen)

1,5—2 kg gepökelter und geräucherter Schinken, die Schwarte abgeschnitten
einige im Mörser zerstoßene Pfefferkörner
etwas Salzwasser zum Bestreichen der Brotkruste
etwas krause Petersilie zum Garnieren

Für den Brotteig:
1 kg Brotsauerteig (vom Bäcker)

3 verquirlte Eier
1 großes Bund Garten- und Wildkräuter, grob geschnitten, wie Petersilie, Kerbel, Sauerampfer, Basilikum, etwas Liebstöckel, Thymian, Rosmarin, Salbei, Bärlauch, Brunnenkresse, Löwenzahn, etwas Dost und Schafgarbe

Den Schinken mit Pfeffer einreiben. Den Brotteig auf einem bemehlten Brett fingerdick ausrollen und mit den verquirlten Eiern bestreichen. Die Kräuter darauf verteilen und den Schinken darauflegen. Den Schinken dann im Teig einrollen und die Teigkanten fest zusammendrücken. Den Teigmantel mehrere Male einstechen, damit der sich bildende Dampf entweichen kann.
Den Schinken im Brotteig im vorgeheizten Backofen bei mittlerer Hitze etwa 3 Stunden lang backen. Gegen Ende der Backzeit das Brot mit Salzwasser bestreichen, damit es eine schöne Kruste bekommt.
Den Schinken im Brotteig dann in dicke Scheiben schneiden, anrichten und mit krauser Petersilie garnieren.
Als Beilage eine Frühlings-Salatplatte.

Kalbfleischröllchen

8 dünne Kalbsschnitzel aus der Keule, mit den Händen flachgedrückt
etwas Mehl zum Wenden
3 EL Sonnenblumenöl zum Anbraten
¼—½ l Sahne
1 Glas Cognac

Für die Füllung:
ca. 150 g Kalbfleisch, durch den Fleischwolf gedreht
150 g feingewiegte Champignons
2 Scheiben Butter zum Andünsten
1 feingewiegte Zwiebel
1 Scheibe gewürfelter Schinkenspeck
1 großes Bund frische Kräuter: glatte Petersilie und Basilikumblätter, grob geschnitten, einige Estragonblätter, Thymianblättchen und Rosmarinnadeln, feingewiegt
1 EL Semmelbrösel
1 Eigelb
Salz
Pfeffer aus der Mühle

Für die Füllung in einer Pfanne in zerlassener Butter Zwiebel, Pilze und Speckwürfel andünsten. Die Kräuter dazugeben und unter Rühren kurz mitdünsten. Das Ganze dann in eine Schüssel geben und mit Kalbfleisch, Semmelbröseln und 1 Eigelb vermischen. Mit Salz und Pfeffer kräftig würzen.
Die 8 Kalbsschnitzel mit der Füllung bestreichen, zusammenrollen und mit Spießchen feststecken oder mit Küchengarn zusammenbinden. Die Kalbfleischröllchen salzen und pfeffern und in Mehl wenden.
Dann die Röllchen in einem Bräter in heißem Öl rundum hell anbraten. Die Sahne dazugießen und die Röllchen im vorgeheizten Rohr etwa ½ Stunde lang schmoren lassen.
Die Kalbfleischröllchen im Rohr warm stellen. Die Sahne im Bräter auf dem Herd etwas einkochen lassen. 1 Glas

Cognac dazugießen und die Sauce mit Salz und Pfeffer abschmecken. Die Röllchen anrichten und die Sauce darübergießen.

Kräuterfrikadellen

750 g gemischtes Hackfleisch
2 altbackene eingeweichte und ausgedrückte Brötchen
2 Eier
1 feingewiegte Zwiebel
Salz
Pfeffer aus der Mühle
1 großes Bund frische Kräuter, grob geschnitten: Petersilie, Basilikum, Majoran, einige feingewiegte Thymianblättchen und Rosmarinnadeln
2 EL Schweine- oder Butterschmalz zum Anbraten

Das Hackfleisch mit den Brötchen, Eiern und der Zwiebel vermengen und mit Salz und Pfeffer würzen. Die Kräuter untermischen und kleine flache Frikadellen formen. In einer Pfanne in heißem Schmalz dann nacheinander die Kräuterfrikadellen langsam knusprig herausbacken. Einmal wenden.
Als Beilagen Kartoffelsalat und Grüner Salat nach Saison.

Osso Bucco

(Italienische Kalbshaxe)

1 große Kalbshaxe, vom Metzger in 4 etwa 4 cm dicke Scheiben gesägt

Für die Kräutermarinade:
$^1/_8$ l kaltgepreßtes Olivenöl
einige Knoblauchzehen, mit etwas Salz zerdrückt
1 Bund frische Kräuter: Basilikum, krause Minze, Oregano, Thymian, Rosmarin, Salbei

Salz
Pfeffer aus der Mühle
2 feingewiegte Zwiebeln
500 g Tomaten, blanchiert, geschält und in Scheiben geschnitten
$^1/_8$—$^1/_4$ l trockener Weißwein
250 g Champignons oder andere Zuchtpilze, halbiert oder geviertelt
$^1/_8$ l Sahne
4 EL geriebener Parmesankäse
2 EL Semmelbrösel

Die Marinade anrühren. Die Fleischscheiben damit bestreichen und einige Stunden durchziehen lassen.
Die Fleischscheiben dann salzen und pfeffern und in einem Bräter im Öl aus der Marinade auf beiden Seiten scharf anbraten. Die Tomaten dazugeben und kurz dünsten. Mit Weißwein ablöschen.
Die Kalbshaxe dann im vorgeheizten Bratrohr bei 220°C $1^1/_4$ Stunden lang schmoren lassen. Anschließend Pilze und Sahne dazugeben und alles noch $^1/_4$ Stunde lang schmoren lassen. Zum Schluß Parmesan und Semmelbrösel darüberstreuen und das Ganze noch 10 Minuten überbacken.
Als Beilagen Nudeln oder Reis, Salat nach Saison.

Kalbsleber mit Kräuterfüllung

(Für 4—6 Personen)

ca. 1 kg Kalbsleber am Stück, beim Metzger vorbestellt
einige EL Butterschmalz zum Braten
$\frac{1}{8}$—$\frac{1}{4}$ l Madeira zum Aufgießen

Für die Füllung:
100 g Pinienkerne, ohne Fettzugabe in einer Pfanne unter Rühren goldbraun geröstet
1 Handvoll Basilikumblätter, grob geschnitten
einige Thymianzweige, die Blättchen abgezupft und feingewiegt
1 großes Bund glatte Petersilie, grob geschnitten
1 Bund Schnittlauch, in Röllchen geschnitten
einige Korianderkörner, im Mörser zerstoßen
Salz
Pfeffer aus der Mühle
1 Ei

Pinienkerne, Kräuter und Ei vermengen und mit Koriander, Salz und Pfeffer würzen.
In die Leber von der linken Seite her eine tiefe Tasche schneiden. Die Leber innen mit Salz und Pfeffer einreiben. Die Füllung hineindrücken und die Leber in einen Bräter mit zerlassenem Butterschmalz legen. Im vorgeheizten Bratrohr die Leber dann bei 200°C etwa 20 Minuten garen. Dabei einmal wenden.
Vor dem Anschneiden die Kalbsleber auf einer vorgewärmten Platte zugedeckt noch etwas ruhen lassen. Die Leber dann in dicke Scheiben schneiden und anrichten.
Für die Sauce auf dem Herd den Bratenfond im Bräter mit Madeira ablöschen und leicht einkochen lassen. Abschmecken und zu den Leberscheiben gießen.
Als Beilagen Pellkartoffeln, Spargel oder Salate nach Saison.

Rohes gebeiztes Rinderfilet

500 g Rinderfilet (Mittelstück)

Für die Kräuterbeize:
1 EL Salz
1 EL Zucker
2 Rosmarinzweige, die Nadeln abgestreift und fein gewiegt
einige junge Thymianzweige, fein gewiegt
einige Pfeffer-, Piment- und Korianderkörner, im Mörser grob zerstoßen
einige zerdrückte Wacholderbeeren
ca. 10 Lorbeerblätter
2 Handvoll Basilikumblätter

Salz und Zucker mit den Kräutern, zerstoßenen Gewürzkörnern und den Wacholderbeeren vermischen. Ein Stück Alufolie in doppelter Fleischgröße ausbreiten. Die Hälfte der Lorbeer- und Basilikumblätter dicht nebeneinander darauflegen und die Hälfte der Würzmischung darüberstreuen. Das Rinderfilet darauflegen, mit der restlichen Würzmischung bestreuen und mit den verbliebenen Lorbeer- und Basilikumblättern bedecken. Die Alufolie über das Fleisch schlagen, gut festdrücken und verschließen.
Das Rinderfilet im Kühlschrank 2 Tage durchziehen lassen und dabei gelegentlich wenden. Vor dem Servieren das Fleisch 1—2 Stunden in das Tiefkühlfach des Kühlschranks legen, damit es sich leichter schneiden läßt. Das Filet dann auswickeln und die Lorbeerblätter entfernen. Das Fleisch in sehr dünne Scheiben schneiden und zu Salatplatten servieren. Dazu pikante Saucen reichen.

Gefüllte Kräuterhähnchen

(In der Bratfolie gegart)

1 großes Hähnchen
Salz
Pfeffer aus der Mühle
einige sehr dünn geschnittene Speckscheiben zum Belegen des Hähnchens

Für die Schinken-Kräuter-Füllung:
1 altbackenes Brötchen, eingeweicht und ausgedrückt
2 Eier
100 g gekochter Schinken, klein gewürfelt
abgeriebene Schale von ½ Zitrone
1 feingewiegte Zwiebel oder einige feingewiegte Schalotten
1 Prise Salz
Pfeffer aus der Mühle
1 großes Bund frischer Kräuter nach Jahreszeit, grob geschnitten, wie Petersilie, Kerbel, etwas Estragon, Salbei und Liebstöckel

Das Hähnchen innen und außen salzen und pfeffern. Die Füllung mit den genannten Zutaten gut durchmischen und in das Hähnchen stopfen. Mit Küchengarn zunähen. Das Hähnchen mit Speckscheiben belegen und in eine Bratfolie setzen. Die Folie zubinden und mehrmals einstechen. Das Folien-Hähnchen auf den herausgenommenen kalten Bratrost des Backofens setzen. Dann das Hähnchen im vorgeheizten Rohr bei 220°C 45—60 Minuten garen.
Die Folie dann aufschneiden und die Speckscheiben entfernen. Unter dem Grill das Hähnchen auf jeder Seite noch etwa 5 Minuten bräunen lassen.

Marinierte Hähnchenbrust mit Kräuter-Vinaigrette

(Kalt serviert)

4 Hähnchenbrüste à ca. 300 g, enthäutet, entbeint und in große Stücke geschnitten

Für die Kräutermarinade:
⅛ l trockener Weißwein
Saft von 2 Zitronen
3 EL kaltgepreßtes Olivenöl
2 Zwiebeln, in Ringe geschnitten
1 Zweig Estragon
einige Salbeiblätter
einige schwarze oder getrocknete grüne Pfefferkörner, im Mörser grob zerstoßen
1 Prise Salz
2 EL Sonnenblumenöl zum Anbraten
Salz
1 Tasse Hühnerbrühe

Für die Kräuter-Vinaigrette:
entfetteter kalter Hähnchenfond
3 hartgekochte Eigelb, zerdrückt
1 TL scharfer Senf
1 Prise Salz
einige Spritzer Tabasco
1 großes Bund frischer Kräuter, grob geschnitten, wie Petersilie, Basilikum, etwas Estragon und Salbei, wenig Liebstöckel
einige eingelegte Perlzwiebelchen
verbliebenes hartgekochtes Eiweiß, gehackt

Die Marinade anrühren und die Hähnchenbrüste einige Stunden darin ziehen lassen. Gelegentlich wenden.
Die Hähnchenbrüste dann trockentupfen, salzen und in heißem Öl rundum sehr kurz anbraten, dabei aber nicht bräunen lassen. Die gesamte Marinade dazugeben und mit einer Tasse Fleischbrühe aufgießen. Die Hähnchenbrüste zugedeckt bei sehr schwacher Hitze etwa ¼ Stunde schmoren lassen.
Die Hähnchenbrüste dann aus dem Topf nehmen. Den Schmorfond mit etwas Wasser aufgießen, aufkochen

und durch ein Sieb passieren. Den Fond entfetten, auf die Hälfte einkochen und abkühlen lassen.
Für die Kräuter-Vinaigrette den kalten Hähnchenfond mit den zerdrückten Eigelb vermengen und mit den anderen Zutaten vermischen. Die Sauce zu den Hähnchenbrüsten servieren und mit einigen zurückbehaltenen zerpflückten Kräutern garnieren.
Als Beilagen Kartoffelsalat oder Toastbrote, mit Knoblauchzehen eingerieben.

Marinierte geschmorte Hähnchenkeulen

4 Hähnchenkeulen
Salz

Für die Kräutermarinade:
Saft von 2 Zitronen
4 EL kaltgepreßtes Olivenöl
einige Pfefferkörner, im Mörser grob zerstoßen
1 Stück frische Ingwerwurzel, gerieben
1 Bund Kerbel und Petersilie, grob geschnitten
1 Prise Zucker

Die Hähnchenkeulen mit der Marinade übergießen. 1 Stunde oder länger in der Marinade ziehen lassen, dabei gelegentlich wenden.
Dann die Hähnchenkeulen salzen und mit der gesamten Marinade in einen Schmortopf geben. Zugedeckt bei schwacher Hitze etwa 30 Minuten lang schmoren lassen.
Die Hähnchenkeulen anrichten und mit einigen zurückbehaltenen Kräutern garnieren. Den Schmorfond mit etwas Wasser aufgießen, aufkochen und durch ein Sieb passieren. Die Sauce entfetten, wieder erhitzen, mit Salz und Pfeffer abschmecken und zu den Hähnchenkeulen gießen.
Als Beilagen Pellkartoffeln, mit Butterflöckchen belegt, Tomatensalat und Grüner Salat.

Fisch mit Kräutern

Aal grün

1 Aal, ca. 1,2 kg, ausgenommen, gewaschen und in fingerlange Stücke geschnitten
1 l Wasser
einige EL Weinessig
ca. 8 Salbeiblätter
1 Stück Karotte, Sellerie, Porree, Petersilienwurzel
1 Zwiebel, in Ringe geschnitten
1 Lorbeerblatt

2 Scheiben Butter
50 g Mehl
¾ l durchgeseihte Aalbrühe
2 Eigelb mit ¼ l Sahne verquirlt
einige Spritzer Zitronensaft
1 Prise Zucker
Salz
Pfeffer aus der Mühle
1 großes Bund Dill, grob geschnitten
1 großes Bund glatte Petersilie, grob geschnitten

Für den Sud das Wasser mit den genannten Zutaten einmal aufkochen lassen. Die Aalstücke dazugeben und bei schwacher Hitze in 15—20 Minuten gar ziehen lassen.
In einem Topf aus Butter und Mehl eine helle Schwitze bereiten. Mit ¾ l Aalbrühe aufgießen. Die Sauce mit einem Schneebesen glattrühren und noch etwas köcheln lassen. Die Eiersahne unter die nicht mehr kochende Sauce ziehen und mit Zitronensaft, Zucker, Salz und Pfeffer abschmecken. Erst zum Schluß die Kräuter untermischen.
Die Aalstücke enthäuten, anrichten und reichlich mit der Sauce übergießen. Nach Belieben Zwiebelringe und Wurzelwerk dazu servieren.

Als Beilagen Petersilienkartoffeln, in Butter geschwenkt, Salat nach Saison.

Kräuter-Fischterrine

ca. 800 g Schollenfilets oder andere Fischfilets, gesalzen, gepfeffert, mit dem Saft von 2 Zitronen beträufelt
2 Porreestangen, weißer Teil, in feine Ringe geschnitten
1 Scheibe Butter
2 Handvoll frische Kräuter, grob geschnitten: Petersilie, Kerbel, Dill, Sauerampfer, Bohnenkraut
etwas Butter zum Ausfetten einer Form

Für die Tomatensauce:
ca. 1 kg Tomaten, blanchiert, geschält, die Kerne entfernt
Salz
Pfeffer aus der Mühle
einige Spritzer Zitronensaft
1 EL kaltgepreßtes Olivenöl

Die Porreeringe in zerlassener Butter andünsten und dann in eine ausgebutterte Form geben. Die Fischfilets hineinschichten und die Kräuter dazwischen verteilen. Die Form mit Alufolie abdecken und fest verschließen. Die Fischterrine im vorgeheizten Rohr bei 250°C 20—30 Minuten garen. Für die Sauce die Tomaten im Mixer oder in einem Rührbecher mit dem Schnellmixstab eines Handrührers pürieren. Olivenöl unterrühren und mit Salz, Pfeffer und Zitronensaft abschmecken. Die Sauce dann zur Fischterrine servieren.

Grüner Zander

1 Zander, ca. 1,2 kg, ausgenommen, geschuppt und gewaschen

Für den Fischsud:
½ l trockener Weißwein
¼ l Wasser
1 EL Weinessig
1 Zwiebel, in Ringe geschnitten
1 EL Pfefferkörner
Salz

Für die Kräutersauce:
durchgeseihter Fischsud
1 Scheibe Butter
2 EL Mehl
1 Scheibe Butter zum Andünsten der Kräuter
1 Zwiebel oder einige Schalotten, fein gewiegt
1 kleine Schüssel frische Kräuter, grob geschnitten: Sauerampfer, Petersilie, Kerbel, Dill, etwas Estragon
2 Eigelb mit ⅛ l Sahne verquirlt
Salz
Pfeffer aus der Mühle

In einem Fischkochtopf den Fischsud aufkochen lassen. Den Zander hineinlegen und bei schwacher Hitze zugedeckt in 20—30 Minuten gar ziehen lassen. Den Fisch dann auf einer vorgewärmten Platte mit Alufolie bedeckt warm stellen.
Für die Kräutersauce zuerst in einem Topf mit zerlassener Butter das Mehl anschwitzen. Mit durchgeseihtem Fischsud aufgießen. Glattrühren und etwas einkochen lassen.
In einer Pfanne in Butter die Zwiebel und die Kräuter andünsten und dann zur Sauce in den Topf geben. Durchrühren und mit Salz und Pfeffer abschmecken. Zum Schluß die Eiersahne unter die nicht mehr kochende Sauce rühren.
Den Zander außer Kopf und Schwanz dick mit der Kräutersauce überziehen und die restliche Sauce in einer Sauciere servieren.

Als Beilagen Salzkartoffeln und knackig gegartes Gemüse nach Saison.

Forelle mit Kräuterfüllung

(In der Bratfolie gegart)

4 Forellen à ca. 250 g
1 Bund frische Kräuter, grob geschnitten: Petersilie, Kerbel, Dill, Brunnenkresse
1 Handvoll frische Salbeiblätter
4 Scheiben Butter
1 Glas Anisschnaps (Pernod o. a.) zum Beträufeln

Die Forellen ausnehmen und waschen, mit Salz und Pfeffer würzen und mit dem Saft von 2 Zitronen beträufeln. Die Forellen mit den Kräutern und jeweils 1 Salbeiblatt und 1 Stück Butter füllen. Die restlichen Salbeiblätter und etwas Butter über den Fischen verteilen. Den Anisschnaps darüberträufeln und jede Forelle in eine Bratfolie legen. Zubinden und einige Male einstechen.
Die Forellen auf den kalten Bratrost legen und im vorgeheizten Rohr bei 220°C etwa 20 Minuten lang garen.
Als Beilagen Petersilienkartoffeln oder Kartoffelsalat und Grünen Salat nach Saison reichen.

Schollenfilets mit Sauerampfer-Hollandaise

600 g Schollen- oder Goldbarschfilets
Saft von 1 Zitrone
Salz
etwas Mehl zum Wenden
1 Ei mit 1 Prise Pfeffer verquirlt
Butter zum Ausbacken der Filets
einige Zitronenachtel

Für die Sauerampfer-Hollandaise:
2 Tassen Fleischbrühe
Saft von ½ Zitrone
5 Eigelb
200 g Butter, in Stückchen geteilt
2 Handvoll Sauerampferblätter, ohne Stiele
Salz
Pfeffer aus der Mühle

Die Fischfilets mit Zitronensaft säuern und durchziehen lassen. Dann die Filets trockentupfen, salzen, in Mehl wenden und durch das verquirlte Ei ziehen. In zerlassener Butter nacheinander die Filets in jeweils etwa 3 Minuten pro Seite goldbraun ausbacken und dann warm stellen.
Fleischbrühe und Zitronensaft kurz zum Kochen bringen. Dann bei sehr schwacher Hitze, um ein Stocken der Eigelb zu verhindern, diese mit dem Schneebesen unterarbeiten. Stückchenweise die Butter unterrühren. Dann die Sauerampferblätter untermengen und die Sauce mit Salz und Pfeffer abschmecken.
Die Schollenfilets mit Zitronenachteln servieren und die Sauce dazugeben.

Matjes mit Kümmelkartoffeln und Kräutercreme

8 Matjesfilets

Für die Kräutercreme:
300 g Joghurt
100 g Crème fraîche
Salz
Pfeffer aus der Mühle
einige Spritzer Tabasco
1 großes Bund frische Kräuter, grob geschnitten: Petersilie, Schnittlauch, in Röllchen geschnitten, Zitronenmelisse, Löffelkraut, Bitterkresse, Kapuzinerkresse

Für die Kümmelkartoffeln:
ca. 1 kg neue Kartoffeln, gewaschen und abgebürstet, längs halbiert
etwas Öl für das Backblech
2—3 EL Kümmel
Salz

Die halbierten Kartoffeln mit der Schnittseite nach unten auf ein geöltes Backblech setzen und mehrfach parallel tief einschneiden. Mit Salz und Kümmel bestreuen und im vorgeheizten Rohr etwa ½ Stunde bei 200°C backen.
Für die Kräutercreme Joghurt und Crème fraîche verrühren und mit Salz, Pfeffer und Tabasco würzen. Dann die Kräuter untermischen.
Matjes und Kümmelkartoffeln anrichten und die Kräutercreme dazugeben. Mit einigen zurückbehaltenen Kräutern garnieren.

Beilagen und kleine Gerichte mit Kräutern

Kräuterbutter

150 g weiche Butter
1—2 Knoblauchzehen, in einem Mörser mit etwas Salz zerstoßen
Salz
Pfeffer aus der Mühle
1 Spritzer Zitronensaft
1 Spritzer Worcestersauce
1 Bund frische Kräuter, Einzelkräuter oder Mischungen, fein gewiegt: Petersilie, Kerbel, Dill, Basilikum o. a.

Unter die weiche Butter die Knoblauchzehen rühren. Mit Salz, Pfeffer, Zitronensaft und Worcestersauce würzen und die Kräuter untermischen.

Kräutertomaten vom Grill

(Beilage zu Fleisch und Geflügel)

8 Tomaten, kreuzweise tief eingeschnitten
Salz
Pfeffer aus der Mühle
einige Spritzer Zitronensaft
1 Handvoll Kräuter, grob geschnitten: Basilikum oder Estragon oder Salbei
3 EL kaltgepreßtes Olivenöl zum Beträufeln und Bestreichen der Tomaten

Die eingeschnittenen Tomaten mit Salz, Pfeffer und Zitronensaft würzen und die Kräuter in die Tomaten drükken. Dann die Tomaten mit Öl beträufeln und außen mit

Öl bestreichen und unter dem Grill oder im vorgeheizten Backofen bei 220°C etwa 20 Minuten lang backen.

Kräuterpfannkuchen

Für den Pfannkuchenteig:
200 g Mehl
4 Eier
¼ l Milch
¼ l Mineralwasser
Salz
Butterschmalz zum Ausbacken

1 sehr großes Bund frische Kräuter, grob geschnitten: Petersilie, Kerbel, Brunnenkresse, ohne grobe Stiele, Bärlauch, Schnittlauch, Sauerampfer oder andere Kräuter nach Jahreszeit
1 Scheibe Butter zum Ausfetten einer Reine
⅛ l Sahne, mit ⅛ l Milch verrührt

Mit den genannten Zutaten einen lockeren Pfannkuchenteig anrühren. Nacheinander in einer Pfanne in heißem Butterschmalz helle Pfannkuchen herausbacken.
Die Pfannkuchen ausbreiten, mit den gemischten Kräutern belegen und zusammenrollen. Eine Reine ausbuttern und die Pfannkuchenrollen hineinlegen. Im vorgeheizten Backofen die Kräuterpfannkuchen bei 200°C 10 Minuten überbacken. Dann die mit Milch verrührte Sahne darübergießen und die Pfannkuchen noch weitere 15 Minuten backen.

Gefüllte Kräutereier

8 hartgekochte Eier, samt der Schale längs halbiert

Für die Kräuterfüllung:
8 ausgelöste Eigelb von den hartgekochten Eiern
Salz
Pfeffer aus der Mühle
2 EL scharfer Senf
1 Bund frische Kräuter, grob geschnitten: Brunnen-, Bitter- oder Gartenkresse, Petersilie, Dill, Kerbel, Schnittlauch, Bärlauch o. a.
2 Scheiben weiche Butter
2 EL Semmelbrösel
1 Scheibe Butter zum Braten

Die Eigelb mit den genannten Zutaten gut vermengen, abschmecken und in die mit der Schale halbierten Eier füllen. Die Eihälften mit der Schnittseite in die Semmelbrösel drücken und bei milder Hitze in zerlassener Butter goldgelb braten.

Pellkartoffeln mit Kräuter-Käsesauce

200 g Doppelrahmfrischkäse
1 Becher Joghurt
100 g Magerquark
½ Tasse Milch
einige Spritzer Tabasco
Salz
Pfeffer aus der Mühle
1 Bund frische Kräuter, grob geschnitten: Dill, Petersilie, Kerbel, Majoran, Schnittlauch o. a.

Käse, Joghurt und Quark mit etwas Milch cremig rühren und mit Tabasco, Salz und Pfeffer abschmecken.
Die Kräuter untermischen und die Sauce zu heißen Pellkartoffeln servieren.

Getränke mit Kräutern

Tomaten-Kräuter-Drink

1 l Tomatensaft
Saft von ½ Zitrone
1 Prise Zucker
Salz
Pfeffer aus der Mühle
1 Spritzer Tabasco
1 Spritzer Worcestersauce
1 großes Bund frische Kräuter, grob geschnitten: Petersilie, Kerbel, Dill, Basilikum, Borretsch, Bitterkresse o. a. nach Jahreszeit
⅛ l Sahne, steif geschlagen

Den Tomatensaft mit den Gewürzen abschmecken und die Kräuter untermischen. Den Drink auf 4 Gläser verteilen und auf jedes Glas einen Klecks geschlagene Sahne setzen.

Frühlingskräuter-Drink

1 kleine Schüssel junge Brennesseltriebe
1 großes Bund frische Kräuter, klein geschnitten: Sauerampfer, Bärlauch, Bitter- und Brunnenkresse, Geißfuß (Giersch), Scharbockskraut, Kerbel o. a.
Saft von 1 Zitrone
1—2 TL Zucker
Salz
Pfeffer aus der Mühle
einige Spritzer Tabasco
¼—½ l Mineralwasser
⅛ l Sahne, steif geschlagen

Die Brennesseltriebe in kochendem Wasser kurz blanchieren, dann in einem Sieb abgießen und unter kaltem Wasser abschrecken.
In einem Rührbecher in etwas Mineralwasser die blan-

chierten Brennesseln und die Kräuter mit dem Schnellmixstab eines Handrührers pürieren. Nach Belieben das Ganze noch durch ein Sieb passieren.
Den Zitronensaft dazugießen und mit Zucker, Salz, Pfeffer und Tabasco pikant abschmecken. Den Drink auf 4 Gläser verteilen und mit Mineralwasser aufgießen. Auf jeden Drink eine Haube geschlagene Sahne setzen.

Joghurt-Kräuter-Drink

4 Becher Joghurt
½ l Mineralwasser
Saft von ½ Zitrone
Salz
Pfeffer aus der Mühle
1 Spritzer Tabasco
1 großes Bund frische Kräuter, fein gewiegt: Brunnen- oder Gartenkresse, Senfsprossen, Borretsch, Zitronenmelisse, Dill, Petersilie

Mit einem Schneebesen Joghurt, Mineralwasser und Zitronensaft verrühren. Die Kräuter untermischen und mit Salz, Pfeffer und Tabasco abschmecken. Den Kräuterdrink sofort servieren.

Kräutermilch

½ l Milch
1 Handvoll Melissenblätter
1 Bund Dill, grob geschnitten
⅛ l saure Sahne
Saft von 1 Zitrone
1 Prise Zucker
Salz
Pfeffer aus der Mühle
einige Eiswürfel

In einem Rührbecher die Kräuter in der Milch mit dem Schnellmixstab eines Handrührers pürieren. Dann die saure Sahne und den Zitronensaft unterrühren und das Ganze mit Zucker, Salz und Pfeffer abschmecken. Mit Eiswürfeln sofort servieren.

Kräuter-Buttermilch

1 l Buttermilch
Salz
Pfeffer aus der Mühle
einige Spritzer Tabasco
Saft von ½ Zitrone
1 Prise Zucker
1 Bund frische Kräuter, grob geschnitten: Zitronenmelissen-Blätter, Dill, Basilikum, Borretsch o. a.

Die Buttermilch würzen und mit den genannten Zutaten im Mixer oder mit dem Schnellmixstab eines Handrührers pürieren. Mit Eiswürfeln sofort servieren.

Kräuter-Kefir

4 Becher Kefir
Saft von 1 Zitrone
Salz
Pfeffer aus der Mühle
einige Spritzer Tabasco
1 Bund frische Kräuter, fein gewiegt: Zitronenmelisse, Dill, Borretsch, Schnittlauch o. a.

In einem Rührbecher Kefir mit Zitronensaft anrühren und mit Salz, Pfeffer und Tabasco abschmecken. Die Kräuter unterziehen und den Kefir in Gläser gießen. Mit etwas zurückbehaltener Zitronenmelisse garnieren.

Alphabetisches Register

Aal grün 352
Aillade 337
Allgäuer Käse-Kerbel-Suppe 142
Angemachter Fenchelkäse 134
Anisbrot 105
Anislikör 106
Anisplätzchen 106
Apfel-Gurken-Rohkost mit Borretsch 294
Apfel-Gurken-Salat 111
Apfelsaft-Drink mit Borretschblüten 295
Ausgebackene Petersilie 179
Austernseitlinge gebraten, mit Petersilie 177
Austernseitlinge mit Kerbel 147
Avocados heiß, mit Petersiliencreme 165
Avocadosalat mit Schnittlauch-Joghurt-Sauce 277
Avocado-Tomaten-Salat 98

Bärlauch-Cremesuppe kalt 262
Bärlaucheier 266
Bärlauch-Fisch-Suppe 263
Bärlauch-Forellen gefüllt 268
Bärlauch-Kartoffel-Gratin 266
Bärlauch-Kartoffelpuffer 265
Bärlauch-Kräuter-Quark 264
Bananen-Gartenkressen-Salat 246
Barbarakraut-Eier-Salat mit Radieschen 230
Barbarakraut-Kartoffel-Salat 232
Barbarakraut-Orangen-Salat 231
Barbarakraut-Rapunzel-Salat 228
Barbarakrautsalat 229
Barbarakrautsalat mit Quarkmayonnaise 230
Basilikumcreme 24
Basilikum-Knoblauch-Sauce 25
Basilikum-Mayonnaise, scharfe 24
Basilikumsauce italienisch 22
Basilikumsuppe 28
Basilikum-Weinsauce, warme 26
Basilikum-Würzkäse hausgemacht 31
Bayerische Fleischpflanzl mit Majoran 64
Bayerische Kräutlsuppe 137
Beeren-Melissen-Aperitif 102
Bibernellengemüse 108
Bibernellensuppe 107
Birnen-Tripmadam-Salat 318
Bitterkressen-Mayonnaise 248
Bitterkressenquark 249
Bitterkressensalat bunt 244
Bitterkressensuppe 238
Blechkartoffeln 152
Bohnencremesuppe, grüne 52
Bohnen, dicke, mit Speck 52
Bohnen, dicke, mit Tomaten 53
Bohnen-Petersilien-Salat 167
Bohnensalat, grüner 48
Bohnensalat mit Hähnchenleber, italienischer 86
Bohnensalat mit Oregano, weißer 75
Bohnensuppe süß-sauer 51
Borretsch-Gurken-Drink 296
Brennessel-Brunnenkressen-Suppe 235
Brennesselcreme mit Schinken-Petersilien-Nocken 170

Brennesselsalat mit Gundelrebe 55
Brunnenkressen-Brennessel-Suppe 235
Brunnenkressensalat 238
Brunnenkressensalat mit Frühlingszwiebeln 239
Brunnenkressensalat mit Radieschen und Champignons 239
Brunnenkressensalat mit Wachteleiern 240
Brunnenkressenschaum 249
Brunnenkressensauce zu Hähnchen-, Truthahn- oder Entenbrust 248
Brunnenkressen-Frühlingssalat 241
Brunnenkressen-Kartoffelpüree mit Speck 252
Brunnenkressen-Kartoffel-Suppe 234
Brunnenkressen-Spargel-Salat 240
Brunnenkressensuppe 234
Brunnenkressensuppe mit Forellenklößchen 236
Brunnenkressen-Truthahn-Salat 243
Bunter Bitterkressensalat 244
Bunter Salat mit Kräuterquark 328
Buttermilch-Erbsen-Kaltschale 72
Buttermilch-Melissen-Drink 102

Champignonsalat mit Gartenkresse 245
Champignons mit Fenchel 134
Champignons mit Gundelrebe 56
Chinakohltopf mit Würstchen 181
Chrysanthemen-Reis 208
Chrysanthemen-Salat 208
Chrysanthemen-Suppe 206

Dänischer marinierter Schinken 118
Dicke Bohnen mit Speck 52
Dicke Bohnen mit Tomaten 53
Dicke-Bohnen-Suppe mit Speck 50
Dill-Gurken-Salat 110
Dillhähnchen geschmort, mit Pilzen 116
Dillsauce zu Gravlax, Räucherfisch und anderen Fischgerichten 120

Eier-Barbarakraut-Salat mit Radieschen 230
Eier gefüllt mit Kapuzinerkressen-Kapern 302
Eier-Gurken-Salat 111
Eier im Glas mit Schnittlauch 279
Eier mit Pesto 32
Eier pochiert, mit Brunnenkressenpüree 251
Eier pochiert, mit Petersiliencreme 175
Eiersalat mit Basilikum 32
Eiersalat mit Dill 112
Eier-Schnittlauch-Sauce 275
Eier wachsweich, in Sahnesauce mit Senfsprossen 260
Eingelegte Paprikaschoten 35
Engelwurz-Obst-Salat 128
Engelwurzpunsch 129
Engelwurzsalat 128
Engelwurzsalat mit Käse 129
Engelwurzwein 130
Ente in Weinsud gekocht, mit Dill-Wein-Sauce 117

Erbsen-Buttermilch-Kaltschale 72
Erbsencremesuppe 63
Erbsen-Minz-Püree 72
Erbsensuppe mit Würstchen 96
Estragonhähnchen 216
Estragon-Kräuter-Suppe 213
Estragon-Poularde 215

Fenchelgemüse griechisch 133
Fenchelkäse angemacht 134
Fenchelsalat mit Speck 132
Fenchelsauce 132
Fenchelstengel fritiert 136
Fenchelsuppe mit Kräuterklößchen 131
Fisch-Bärlauch-Suppe 263
Fischfilets mit Joghurt auf bulgarische Art 124
Fleischbrühe mit Liebstöckel 156
Fleischpflanzl mit Majoran, bayerische 64
Forelle mit Kräuterfüllung 355
Fränkische Krensuppe 255
Frankfurter Grüne Sauce 336
Französische Knoblauch-Basilikum-Sauce 25
Frischkäse angemacht, mit Erdbeer-Basilikum-Sauce 33
Fritierte Fenchelstengel 136
Früchtecurry mit Bärenschote 290
Früchte-Gurken-Salat mit Zitronenmelisse 100
Frühlingskräuter-Drink 361
Frühlingskräutersalat 326
Frühlingssalat mit Speck 327

Gänseklein in Petersiliensauce 196
Gans gefüllt 210
Gans gefüllt mit Äpfeln und Backpflaumen 66
Gans gekocht im Kräutersud mit Meerrettichsauce 257
Gans geschmort, mit Hackfleischfüllung 65
Gartenkressen-Bananen-Salat 246
Gartenkressen-Remoulade 247
Gartenkressen-Sellerie-Salat 246
Gartenkressen-Spargel-Salat 244
Gartenkressensuppe 237
Gebackene Kalbsniere mit Kräuterfüllung 59
Gebackene Lammkeule 80
Gebratene Austernseitlinge mit Petersilie 177
Gedünstete Kartoffeln mit Pimpinelle 306
Geeiste Gurkensuppe 112
Gefüllte Bärlauch-Forellen 268
Gefüllte Eier mit Kapuzinerkressen-Kapern 302
Gefüllte Gans 210
Gefüllte Gans mit Äpfeln und Backpflaumen 66
Gefüllte Hähnchenkeulen 45
Gefüllte Hähnchenkeulen mit Pesto 46
Gefüllte heiße Tomaten mit Eiern und Parmaschinken 34
Gefüllte heiße Tomaten mit Eiern und Parmesan 34
Gefüllte Kalbsbrust mit Lammhack und Sauerampfer 315
Gefüllte Kräutereier 360
Gefüllte Kräuterhähnchen 349
Gefüllte Spinatblätter 183
Gefüllte Tomaten mit Krabben und Dill 114
Gekochte Gans im Kräutersud mit Meerrettichsauce 257

Gekochte Rinderbrust mit Pesto 41
Gekochtes Schweinefleisch mit Bärenschote 289
Gemüse-Petersilien-Kuchen 174
Gemüsesalat mit Kerbel 144
Gemüse-Schnittlauch-Sauce 276
Gemüsesuppe mit frischem Majoran 62
Geschmorte Dillhähnchen mit Pilzen 116
Geschmorte Gans mit Hackfleischfüllung 65
Geschmortes Kaninchen mit Rosmarin 82
Gravad Skinke 118
Graved Makrel 120
Gravlax mit Dill skandinavisch 119
Green Leaves 73
Griechisches Fenchelgemüse 133
Gründonnerstagssuppe 137
Gründonnerstagssuppe mit Wild- und Gartenkräutern 330
Grüne Bohnencremesuppe 52
Grüne Bohnensuppe mit Kerbel 142
Grüne Knöpfle, schwäbische 169
Grüner Bohnensalat 48
Grüner Bohnensalat mit Kresse 242
Grüner Spargel mit Petersiliencreme 166
Grüner Spargel mit Räucherlachs 144
Grüner Zander 354
Grüne Rühreier 173
Grüne Sauce, Frankfurter 336
Grüne Sauce italienisch 108, 337
Gundelrebensalat 54
Gurken-Apfel-Rohkost mit Borretsch 294
Gurken-Apfel-Salat 111
Gurken-Borretsch-Drink 296
Gurken-Dill-Salat 110
Gurken-Dill-Suppe kalt 113
Gurken-Eier-Salat 111
Gurken-Früchte-Salat mit Zitronenmelisse 100
Gurken-Kartoffel-Salat mit Anisgrün 104
Gurkenmilch 295
Gurkensuppe geeist 112
Gurkensuppe kalt 292
Gurkensuppe kalt, mit Schnittsellerie 200
Gurken-Tomaten-Salat mit Basilikum 29

Hackfleischbällchen italienisch 185
Hackfleischbällchen mit Koriander 148
Hähnchenbrust mariniert, mit Kräuter-Vinaigrette 350
Hähnchenkeulen gefüllt 45
Hähnchenkeulen gefüllt mit Pesto 46
Hähnchenkeulen mariniert, geschmort 351
Hähnchenröllchen mit Thymian 92
Hausgemachter Basilikum-Würzkäse 31
Heiße Avocados mit Petersiliencreme 165
Heiße Tomaten gefüllt mit Eiern und Parmaschinken 34
Heiße Tomaten gefüllt mit Eiern und Parmesan 34
Heringe mariniert 93
Hirn mit Ei 195

Hühnersuppe mit Marienblatt 223
Huhn in Meerrettichsauce 256

Italienische Basilikumsauce 22
Italienische Grüne Sauce 108, 337
Italienische Hackfleischbällchen 185
Italienische Kalbsshaxe 346
Italienische Salbei-Kalbsschnitzel 87
Italienische Schweinefleischrollen 187
Italienischer Bohnensalat mit Hähnchenleber 86

Joghurt-Kräuter-Drink 362
Joghurt-Schnittlauch-Mayonnaise 274

Kabeljau mit Petersilienfülle 197
Käsecreme-Kerbel-Suppe 140
Käse-Kerbel-Suppe, Allgäuer 142
Käse-Schnittlauch-Brote 278
Käse-Wildkräuter-Salat 329
Kalbfleischröllchen 344
Kalbfleisch-Salbeiröllchen 88
Kalbsbries mit Erbsen-Kerbel-Sauce 146
Kalbsbrust gefüllt mit Lammhack und Sauerampfer 315
Kalbsbrust mit Sauerampferfüllung 314
Kalbsfilet mit Basilikumsauce 42
Kalbshaxe italienisch 346
Kalbshaxe portugiesisch, mit Koriander 150
Kalbsleber mit Kräuterfüllung 347
Kalbsniere gebacken, mit Kräuterfüllung 59
Kalbsnieren-Rouladen 190
Kalbsragout mit Petersilienwurzeln 189
Kalbsröllchen in Aspik 214
Kalte Bärlauch-Cremesuppe 262
Kalte Gurken-Dill-Suppe 113
Kalte Gurkensuppe mit Schnittsellerie 200
Kalte Tomatensuppe mit Kräutern 334
Kalte russische Gurkensuppe 292
Kaltschale mit Kapuzinerkressenblüten 302
Kaninchen geschmort mit Rosmarin 82
Kaninchen mit Pilzen 60
Kapuzinerkressen-Kapern 300
Kapuzinerkressensalat 300
Kapuzinerkressensalat mit ausgebackenen Blüten 303
Kapuzinerkressensuppe 299
Karottensalat mit Kerbel 145
Kartoffel-Bärlauch-Gratin 266
Kartoffel-Barbarakraut-Salat 232
Kartoffelgratin mit Thymian 91
Kartoffel-Gurken-Salat mit Anisgrün 104
Kartoffelknödel mit Petersilie und Schinken 171
Kartoffel-Liebstöckel-Gratin 157
Kartoffel-Liebstöckel-Suppe 158
Kartoffeln gedünstet, mit Pimpinelle 306
Kartoffelpüree mit Kapuzinerkresse 299
Kartoffelpuffer mit Dillsahne 114
Kartoffel-Sauerampfer-Salat 313
Kartoffel-Sauerampfer-Suppe 312
Kartoffelsuppe, kölsche 61
Kasseler Salat mit Borretsch 293

Kerbelcremesuppe mit Bananen 143
Kerbel-Käsecreme-Suppe 140
Kerbel-Käse-Suppe, Allgäuer 142
Kerbel-Porree-Suppe 140
Kerbel-Schinken-Suppe 141
Kerbelsuppe mit Crème fraîche 138
Kerbelsuppe mit Karotten 139
Kerbelsuppe mit Weißwein 138
Knoblauch-Basilikum-Sauce, französische 25
Knoblauchbrot überbacken 271
Knoblauchhähnchen in Tomatensauce 272
Knoblauchknollen vom Grill 270
Knoblauchsuppe mit Kräutern 270
Kölsche Kartoffelsuppe 61
Kohlrabi in Petersiliensauce 172
Kopfsalat mit Eiern und Pimpinellensauce 304
Krabben-Tripmadam-Salat 318
Kräuter-Bärlauch-Quark 264
Kräuterbuletten mit Ysop 97
Kräuterbutter 358
Kräuter-Buttermilch 363
Kräuter-Dressing 338
Kräutereier gefüllt 360
Kräuter-Fischterrine 353
Kräuterfladen 94
Kräuterfrikadellen 345
Kräuterhähnchen gefüllt 349
Kräuterjoghurt 338
Kräuter-Joghurt-Drink 362
Kräuter-Kefir 363
Kräuter-Knoblauch-Sauce provençalisch 337
Kräutermilch 362
Kräuterpfannkuchen 359
Kräuter-Quark-Creme 339
Kräuterschaum 339
Kräutersuppe mit Eierflädle 332
Kräutertaler 335
Kräuter-Tomaten-Drink 361
Kräutertomaten überbacken 58
Kräutertomaten vom Grill 358
Kräutersuppe bayerisch 137
Krensuppe fränkisch 255
Kresse-Mayonnaise 247
Kümmel-Bierhähnchen 153
Kümmelbrötchen 154
Kümmelkartoffeln 152
Kümmelkroketten 152
Kutteln mit Kümmel 151

Lachs mit Dillsauce 122
Lammcurry mit Marienblatt 224
Lammfleisch mit Petersilienkruste 193
Lammkeule gebacken 80
Lammkoteletts mariniert, vom Grill mit Minzsauce 71
Lammkoteletts mit Marienblatt-Kiwi-Sauce 225
Lamm in Petersiliensauce 191
Lammrouladen mit Petersilienfülle 192
Lammtopf mit Auberginen 79
Laubfrösche 183
Leberknödelsuppe 164
Liebstöckel-Kartoffel-Gratin 157
Liebstöckel-Kartoffel-Suppe 158
Liebstöckelsauce 157
Löffelkrautsuppe 253
Löwenzahnhonig 222
Löwenzahn-Knospensalat 220
Löwenzahnsalat mit Kalbsleber 221
Löwenzahnsalat mit Pilzen und Wachteleiern 220
Löwenzahn-Tomaten-Salat 218
Löwenzahn-Wildkräuter-Salat 219

Maiwein 321
Majorankartoffeln aus der Alufolie 64
Makkaroni in Grüner Sauce 37
Marinierte geschmorte Hähnchenkeulen 351
Marinierte Hähnchenbrust mit Kräuter-Vinaigrette 350
Marinierte Heringe 93
Marinierte Lammkoteletts vom Grill mit Minzsauce 71
Marinierte Matjesfilets mit Dillrahm 125
Marinierte süß-saure Matjesfilets mit Dill 126
Matjesfilets mariniert, mit Dillrahm 125
Matjesfilets mit Dillrahm 125
Matjes mit Kümmelkartoffeln und Kräutercreme 357
Matjesfilets mit Pellkartoffeln und Petersilienbutter 198
Matjesfilets süß-sauer, mariniert, mit Dill 126
Melissen-Aperitif 101
Melissen-Beeren-Aperitif 102
Melissen-Buttermilch-Drink 102
Meerrettichsuppe 255
Minz-Erbsen-Püree 72
Minz-Orangen-Salat 70
Minzsauce 70
Minz-Tomaten-Drink 73

Neopoletanische Pizza 76
Nudeln mit Basilikumsauce 38

Ochsenbrust mit Pimpinellensauce 305
Ochsenschwanz mit Bärenschote 288
Oliven-Tomaten-Salat mit Basilikumsauce 30
Orangen-Barbarakraut-Salat 231
Orangen-Minz-Salat 70
Osso Bucco 346
Osterschinken mit Kräutern im Brotteig 343

Paprikaschoten eingelegt 35
Pastinaksalat 160
Pastinaksuppe 159
Pastinaksuppe auf italienische Art 160
Pellkartoffeln mit Kräuter-Käsesauce 360
Pellkartoffeln mit warmer Schnittlauchsauce 283
Pesto I 22
Pesto II 23
Petersilie ausgebacken 179
Petersilien-Bohnen-Salat 167
Petersilien-Gemüse-Kuchen 174
Petersilien-Hamburger 186
Petersilienklößchen 167
Petersilien-Sahnesuppe 162
Petersilienschinken in Aspik 180
Petersilien-Schinken-Sülze mit Senfsahne 182
Petersilienspätzle mit Paprikasahne 168
Petersilien-Wildkräuter-Suppe 163
Petersilienwurzelsalat 166
Pfefferminztee auf tunesische Art 74
Pilze mit Schinkenspeck und Basilikum 38
Pilze sauer eingelegt 94
Pilzragout mit Speckknödel 176
Pilz-Terrine 178
Pistou 25

Pistou-Suppe, provençalische 27
Pizza alla Napoletana 76
Pizza, neapoletanische 76
Pizza, römische 78
Pizza Romana 78
Pochierte Eier mit Brunnenkressenpüree 251
Pochierte Eier mit Petersiliencreme 175
Porree-Kerbel-Suppe 140
Portugiesische Kalbshaxe mit Koriander 150
Portulak-Quark-Remoulade 309
Portulaksalat 306
Portulak-Spargel-Salat 308
Portulak-Tomaten-Salat 308
Poularde mit Basilikum-Farce 43
Poularde mit Kapuzinerkressen-Kapern 301
Provençalische Kräuter-Knoblauch-Sauce 337
Provençalische Pistou-Suppe 27

Quark-Kräuter-Creme 339
Quark-Portulak-Remoulade 309

Radieschensalat mit Kerbel 143
Radieschen-Schnittlauch-Salat 279
Räucherfisch-Eierkuchen 122
Räucherfischsalat mit grünen Bohnen und Pilzen 49
Rapunzel-Barbarakraut-Salat 228
Reisfrikadellen mit Koriander 148
Rinderbrust gekocht mit Pesto 41
Rinderfilet roh gebeizt 348
Rindfleisch gekocht, mit Schnittlauch-Mayonnaise 282
Rindfleisch mit Koriander 149
Rindsrouladen mit Tomaten-Oliven-Farce 40
Ringelblumen-Kaltschale 226
Römische Pizza 78
Rohe Tomatensauce mit Oregano 77
Rohes gebeiztes Rinderfilet 348
Rohkost mit Borretsch 294
Rollmops in Aspik mit Senf-Dill-Sauce 126
Rote-Bete-Salat mit Meerrettich 256
Rühreier, grüne 173
Rühreier mit Gundelrebe 56

Safranhähnchen mit Schnittlauchsauce 285
Safran-Quark-Törtchen mit Gartenkressensauce 250
Salat mit Kräuterquark 328
Salat mit Löffelkraut und Speck 254
Salbei-Kalbsschnitzel, italienische 87
Salbeisauce 85
Salbeiwurst vom Grill 89
Salsa Verde 337
Salsa Verde mit Bibernelle 108
Saltimbocca 87
Sauerampfer-Kartoffel-Salat 313
Sauerampfer-Kartoffel-Suppe 312
Sauerampfersalat 312
Sauerampfersauce 316
Sauerampfersuppe 311
Sauer eingelegte Pilze 94
Schinken-Kartoffelpuffer 184
Schinken-Kerbel-Suppe 141
Schinken mariniert 118
Schinken mit jungen Bärlauchtrieben 267
Schinken-Petersilien-Sülze mit Senfsahne 182
Schnittlauch-Bloody-Mary 287

Schnittlauchbrote 278
Schnittlauch-Dip 275
Schnittlauch-Dressing 274
Schnittlauch-Eierröllchen 276
Schnittlauch-Eier-Sauce 275
Schnittlauch-Gemüse-Sauce 276
Schnittlauch-Joghurt-Mayonnaise 274
Schnittlauch-Käse-Brote 278
Schnittlauch-Kartoffelpuffer mit Quarkfüllung 281
Schnittlauch-Radieschen-Salat 279
Schnittlauch-Rühreier 280
Schollenfilets mit Sauerampfer-Hollandaise 356
Schwäbische Grüne Knöpfle 169
Schweinebraten mit Gurken-Kürbis-Gemüse und Dill 115
Schweinefleisch gekocht, mit Bärenschote 289
Schweinefleischrollen italienisch 187
Schweinekeule mit Fenchel 135
Schweinekoteletts mit Pilzfüllung 39
Schweinekoteletts mit Schnitt-lauch-Käse-Sauce 284
Schweineleber mit Kräuterfülle 188
Schweinerollbraten mit Kräuter-füllung 341
Schweineschnitzel mit Kräuter-füllung 342
Schweineschulter mit Kräuter-kruste 340
Schweinesteaks mit Schnitt-sellerie-Bier-Sauce 201
Seezungenfilet mit Lachsfülle 123
Seezungenfilet mit Estragon-Paprika-Creme 217
Sellerie-Gartenkressen-Salat 246
Semmelknödel 172
Senfsauce mit Dill 121
Senfsprossensauce 261
Senfsprossensuppe mit Eierstich 259
Skandinavischer Gravlax mit Dill 119
Spaghetti mit Gundelreben-Tomaten-Sauce 57
Spargel-Brunnenkressen-Salat 240
Spargel grün, mit Petersilien-creme 166
Spargel grün mit Räucherlachs 144
Spargel-Gartenkressen-Salat 244
Spargel in Petersiliensahne 164
Spargel-Portulak-Salat 308
Spinatblätter gefüllt 183
Spinatsalat mit Minze 69
Steinbutt in Schnittlauchsahne 286
Süßdolde mit Tomaten 203
Süßdolden-Cremesuppe mit Räucherlachs 202
Süßdoldensalat 204
Süß-saure Bohnensuppe 51

Täubchen mit Kräuterfülle und Rosmarinkartoffeln 83
Tafelspitz mit Schnittlauch-Mayonnaise 282
Tatar mit Kaviar und Dill 118
Tintenfischsalat 100
Tomaten-Avocado-Salat 98
Tomaten gefüllt mit Eiern und Parmaschinken 34
Tomaten gefüllt mit Eiern und Parmesan 34

Tomaten-Gurken-Salat mit Basilikum 29
Tomaten-Kräuter-Drink 361
Tomaten-Löwenzahn-Salat 218
Tomaten-Minz-Drink 73
Tomaten mit Krabben und Dill, gefüllte 114
Tomaten mit Mozzarella und Basilikum 30
Tomaten mit Schnittlauchsahne 280
Tomaten-Oliven-Salat mit Basilikumsauce 30
Tomaten-Portulak-Salat 308
Tomatenrahmsuppe mit Kräutern 333
Tomatensalat mit Basilikum 29
Tomatensauce mit Basilikum 26
Tomatensauce mit Oregano, rohe 77
Tomatensauce mit Ysop 98
Tomatensuppe kalt mit Kräutern 334
Tripmadam-Birnen-Salat 318
Tripmadam-Krabben-Salat 318
Tripmadamsalat 317
Truthahn-Brunnenkressen-Salat 243
Truthahnfilets mit Thunfisch-Basilikum-Sauce 47
Truthahn-Pilz-Klößchen 194
Tsatsiki 110
Thymiansauce 90
Thymian-Steaks 92
Thymianzwiebeln in Wein 90

Überbackenes Knoblauchbrot 271
Überbackene Kräutertomaten 58
Überbackener Zander 198

Wachsweiche Eier in Sahnesauce mit Senfsprossen 260
Waldmeister-Aperitif 322
Waldmeisterbowle 321
Waldmeister-Kaltschale 320
Waldmeister-Pfirsich-Aperitif 322
Warme Basilikum-Weinsauce 26
Weißer Bohnensalat mit Oregano 75
Wildkräuter-Käse-Salat 329
Wildkräuter-Löwenzahn-Salat 219
Wildkräuter-Petersilien-Suppe 163
Wurstsalat mit Kräutern 200

Zander grün 354
Zander überbacken 198
Zitronenhähnchen in Weißwein geschmort 44
Zucchinicreme mit Anis 104
Zwiebelauflauf mit Oliven und Basilikum 36
Zwölfkräutersuppe 331

Register nach Sachgruppen

BEILAGEN UND KLEINE GERICHTE

Ausgebackene Petersilie 179
Austernseitlinge gebraten, mit Petersilie 177
Austernseitlinge mit Kerbel 147
Avocados heiß, mit Petersiliencreme 165
Bärlauch-Kartoffel-Gratin 266
Bärlauch-Kartoffelpuffer 265
Bärlauch-Kräuter-Quark 264
Basilikum-Würzkäse hausgemacht 31
Blechkartoffeln 152
Bibernellengemüse 108
Bohnen, dicke, mit Speck 52
Bohnen, dicke, mit Tomaten 53
Brennesselcreme mit Schinken-Petersilien-Nocken 170
Brunnenkresse-Kartoffelpüree mit Speck 252
Champignons mit Fenchel 134
Champignons mit Gundelrebe 56
Chinakohltopf mit Würstchen 181
Chrysanthemen-Reis 208
Dicke Bohnen mit Speck 52
Dicke Bohnen mit Tomaten 53
Eingelegte Paprikaschoten 34
Erbsen-Minz-Püree 72
Fenchelgemüse griechisch 133
Fenchelkäse angemacht 134
Fenchelstengel fritiert 136
Frischkäse angemacht, mit Erdbeer-Basilikum-Sauce 33
Fritierte Fenchelstengel 136
Früchtecurry mit Bärenschote 290
Gebratene Austernseitlinge mit Petersilie 177
Gedünstete Kartoffeln mit Pimpinelle 306
Gefüllte Tomaten mit Krabben und Dill 114
Griechisches Fenchelgemüse 133
Grüne Knöpfle, schwäbische 169
Grüner Spargel mit Petersiliencreme 166
Grüner Spargel mit Räucherlachs 144
Hausgemachter Basilikum-Würzkäse 31
Heiße Avocados mit Petersiliencreme 165
Käse-Schnittlauch-Brote 278
Kartoffel-Bärlauch-Gratin 266
Kartoffelgratin mit Thymian 91
Kartoffelknödel mit Petersilie und Schinken 171
Kartoffel-Liebstöckel-Gratin 157
Kartoffel gedünstet mit Pimpinelle 306
Kartoffelpüree mit Kapuzinerkresse 299
Kartoffelpuffer mit Dillsahne 114
Knoblauchbrot überbacken 271
Knoblauchknollen vom Grill 270
Kohlrabi in Petersiliensauce 172
Kräuter-Bärlauch-Quark 264
Kräuterbutter 358
Kräuterfladen 94
Kräuterpfannkuchen 359
Kräutertomaten vom Grill 358

Kräutertomaten überbacken 58
Kümmelkartoffeln 152
Kümmelkroketten 152
Liebstöckel-Kartoffel-Gratin 157
Löwenzahnhonig 222
Majorankartoffeln aus der Alufolie 64
Makkaroni in Grüner Sauce 37
Minz-Erbsen-Püree 72
Neapolitanische Pizza 76
Nudeln mit Basilikumsauce 38
Paprikaschoten eingelegt 35
Pellkartoffeln mit Kräuter-Käsesahne 360
Pellkartoffeln mit warmer Schnittlauchsauce 283
Petersilie ausgebacken 179
Petersilien-Hamburger 186
Petersilienklößchen 167
Petersilienspätzle mit Paprikasahne 168
Pilze mit Schinkenspeck und Basilikum 38
Pilze sauer eingelegt 94
Pilzragout mit Speckknödeln 176
Pilz-Terrine 178
Pizza alla Napoletana 76
Pizza neapolitanisch 76
Pizza römisch 78
Pizza Romana 78
Römische Pizza 78
Safran-Quark-Törtchen mit Gartenkressensauce 250
Salbeiwurst vom Grill 89
Sauer eingelegte Pilze 94
Schinken-Kartoffelpuffer mit Petersilien-Pesto 184
Schnittlauchbrote 278
Schnittlauch-Käse-Brote 278
Schnittlauch-Kartoffelpuffer mit Quarkfüllung 281
Schwäbische Grüne Knöpfle 169
Semmelknödel 172
Spaghetti mit Gundelreben-Tomaten-Sauce 57
Spargel grün, mit Petersiliencreme 166
Spargel grün, mit Räucherlachs 144
Spargel in Petersiliensahne 164
Süßdolde mit Tomaten 203
Tatar mit Kaviar und Dill 118
Thymianzwiebeln in Wein 90
Tomaten mit Schnittlauchsahne 280
Überbackene Kräutertomaten 58
Überbackenes Knoblauchbrot 271
Wurstsalat mit Kräutern 200
Zucchinicreme mit Anis 104
Zwiebelauflauf mit Oliven und Basilikum 36

FISCH

Aal grün 352
Bärlauch-Forellen gefüllt 268
Fischfilets mit Joghurt auf bulgarische Art 124
Forelle mit Kräuterfüllung 355
Gefüllte Bärlauch-Forellen 268
Graved Makrel 120
Gravlax mit Dill skandinavisch 119
Grüner Zander 354
Heringe mariniert 93
Kabeljau mit Petersilienfülle 197
Kräuter-Fischterrine 353
Lachs mit Dillsauce 122
Marinierte Heringe 93
Marinierte Matjesfilets mit Dillrahm 125
Marinierte süß-saure Matjesfilets mit Dill 126

Matjesfilets in Dillrahm 125
Matjesfilets mariniert mit Dillrahm 125
Matjesfilets mit Pellkartoffeln und Petersilienbutter 198
Matjesfilets süß-sauer mariniert, mit Dill 126
Matjes mit Kümmelkartoffeln und Kräutercreme 357
Räucherfisch-Eierkuchen 122
Rollmops in Aspik mit Senf-Dill-Sauce 126
Seezungenfilet mit Lachsfülle 123
Seezungenfilets mit Estragon-Paprika-Creme 217
Schollenfilets mit Sauerampfer-Hollandaise 356
Steinbutt in Schnittlauchsahne 286
Süß-saure Matjesfilets mit Dill 126
Überbackener Zander 198
Zander grün 354
Zander überbacken 198

EIERSPEISEN

Bärlaucheier 266
Eier gefüllt mit Kapuzinerkressen-Kapern 302
Eier im Glas mit Schnittlauch 279
Eier mit Pesto 32
Eier pochiert, mit Brunnenkressenpüree 251
Eier pochiert, mit Petersiliencreme 175
Eiersalat mit Basilikum 32
Eier wachsweich, in Sahnesauce mit Senfsprossen 260
Gefüllte Eier mit Kapuzinerkressen-Kapern 302
Gefüllte heiße Tomaten mit Eiern und Parmaschinken 34
Gefüllte heiße Tomaten mit Eiern und Parmesan 34
Gefüllte Kräutereier 360
Grüne Rühreier 173
Kräutereier gefüllt 360
Pochierte Eier mit Brunnenkressenpüree 251
Pochierte Eier mit Petersiliencreme 175
Rühreier, grüne 173
Rühreier mit Gundelrebe 56
Schnittlauch-Eierröllchen 276
Schnittlauch-Rühreier 280
Tomaten, gefüllt mit Eiern und Parmaschinken, heiß 34
Tomaten, gefüllt mit Eiern und Parmesan, heiß 34
Wachsweiche Eier in Sahnesauce mit Senfsprossen 260

FLEISCH

Bayerische Fleischpflanzl mit Majoran 64
Chrysanthemen-Rouladen 207
Gebackene Kalbsniere mit Kräuterfüllung 59
Gebackene Lammkeule 80
Gefüllte Kalbsbrust mit Lammhack und Sauerampfer 315
Gefüllte Spinatblätter 183
Gekochte Rinderbrust mit Pesto 41
Gekochtes Schweinefleisch mit Bärenschote 289
Geschmortes Kaninchen mit Rosmarin 82
Graved Skinke 118
Hackfleischbällchen italienisch 185

Hackfleischbällchen mit Koriander 148
Hirn mit Ei 195
Italienische Hackfleischbällchen 185
Italienische Salbei-Kalbsschnitzel 87
Italienische Schweinefleischrollen 187
Kalbfleischröllchen 344
Kalbfleisch-Salbeiröllchen 88
Kalbsbries mit Erbsen-Kerbel-Sauce 146
Kalbsbrust gefüllt mit Lammhack und Sauerampfer 315
Kalbsbrust mit Sauerampferfüllung 314
Kalbsfilet mit Basilikumsauce 42
Kalbshaxe italienisch 346
Kalbshaxe portugiesisch, mit Koriander 150
Kalbsleber mit Kräuterfüllung 347
Kalbsniere gebacken, mit Kräuterfüllung 59
Kalbsnieren-Rouladen 190
Kalbsragout mit Petersilienwurzeln 189
Kalbsröllchen in Aspik 214
Kaninchen geschmort, mit Rosmarin 82
Kaninchen mit Pilzen 60
Kräuterbuletten mit Ysop 97
Kräuterfrikadellen 345
Kutteln mit Koriander 151
Lammcurry mit Marienblatt 224
Lammfleisch mit Petersilienkruste 193
Lammkeule gebacken 80
Lammkoteletts mariniert, vom Grill mit Minzsauce 71
Lammkoteletts mit Marienblatt-Kiwi-Sauce 225
Lamm in Petersiliensauce 191
Lammrouladen mit Petersilienfülle 192
Lammtopf mit Auberginen 79
Laubfrösche 183
Marinierte Lammkoteletts vom Grill mit Minzsauce 71
Marinierter Schinken dänisch 118
Ochsenbrust mit Pimpinellensauce 305
Ochsenschwanz mit Bärenschote 288
Osso Bucco 346
Osterschinken mit Kräutern im Brotteig 343
Petersilienschinken in Aspik 180
Petersilien-Schinken-Sülze mit Senfsahne 182
Portugiesische Kalbshaxe mit Koriander 150
Reisfrikadellen mit Koriander 148
Rinderbrust gekocht mit Pesto 41
Rinderfilet roh gebeizt 348
Rindfleisch gekocht, mit Schnittlauch-Mayonnaise 282
Rindfleisch mit Koriander 149
Rindsrouladen mit Tomaten-Oliven-Farce 40
Rohes gebeiztes Rinderfilet 348
Salbei-Kalbsschnitzel italienisch 87
Saltimbocca 87
Schweinebraten mit Gurken-Kürbis-Gemüse und Dill 115
Schweinefleisch gekocht, mit Bärenschote 289
Schweinefleischrollen italienisch 187
Schweinekeule mit Fenchel 135
Schweinekoteletts mit Pilzfüllung 39
Schweinekoteletts mit Schnittlauch-Käse-Sauce 284

Schweineleber mit Kräuterfülle 188
Schweinerollbraten mit Kräuterfüllung 341
Schweineschnitzel mit Kräuterfüllung 342
Schweineschulter mit Kräuterkruste 340
Schweinesteaks mit Schnittsellerie-Bier-Sauce 201
Schinken mariniert 118
Schinken mit jungen Bärlauchtrieben gefüllt 267
Schinken-Petersilien-Sülze 182
Spinatblätter gefüllt 183
Tafelspitz mit Schnittlauch-Mayonnaise 282
Thymian-Steaks 92

GEBÄCK

Anisbrot 105
Anisplätzchen 106
Gemüse-Petersilien-Kuchen 174
Kümmelbrötchen 154
Petersilien-Gemüse-Kuchen 174

GEFLÜGEL

Dillhähnchen geschmort, mit Pilzen 116
Ente in Weinsud gekocht, mit Dill-Wein-Sauce 117
Estragonhähnchen 216
Estragon-Poularde 215
Gänseklein in Petersiliensauce 196
Gans gefüllt 210
Gans gefüllt mit Äpfeln und Backpflaumen 66
Gans gekocht im Kräutersud, mit Meerrettichsauce 257
Gans geschmort, mit Hackfleischfüllung 65
Gefüllte Gans 210
Gefüllte Gans mit Äpfeln und Backpflaumen 66
Gefüllte Hähnchenkeulen 45
Gefüllte Hähnchenkeulen mit Pesto 46
Gefüllte Kräuterhähnchen 349
Gekochte Gans im Kräutersud mit Meerrettichsauce 257
Geschmorte Gans mit Hackfleischfüllung 65
Geschmortes Dillhähnchen mit Pilzen 116
Hähnchenbrust mariniert, mit Kräuter-Vinaigrette 350
Hähnchenkeulen gefüllt 45
Hähnchenkeulen gefüllt, mit Pesto 46
Hähnchenkeulen mariniert, geschmort 351
Hähnchenröllchen mit Thymian 92
Huhn in Meerrettichsauce 256
Knoblauchhähnchen in Tomatensauce 272
Kräuterhähnchen gefüllt 349
Kümmel-Bierhähnchen 153
Marinierte geschmorte Hähnchenkeulen 351
Marinierte Hähnchenbrust mit Kräuter-Vinaigrette 350
Poularde mit Basilikum-Farce 43
Poularde mit Kapuzinerkressen-Kapern 301
Safranhähnchen mit Schnittlauchsauce 285
Täubchen mit Kräuterfülle und Rosmarinkartoffeln 83
Truthahnfilets mit Thunfisch-Basilikum-Sauce 47

Truthahn-Pilz-Klößchen 194
Zitronenhähnchen in Weißwein geschmort 44

GETRÄNKE

Anislikör 106
Apfelsaft-Drink mit Borretschblüten 295
Beeren-Melissen-Apertif 102
Borretsch-Gurken-Drink 296
Buttermilch-Melissen-Drink 102
Engelwurzpunsch 129
Engelwurzwein 130
Frühlingskräuter-Drink 361
Green Leaves 73
Gurken-Borretsch-Drink 296
Gurkenmilch 295
Joghurt-Kräuter-Drink 362
Kräuter-Buttermilch 363
Kräuter-Joghurt-Drink 362
Kräuter-Kefir 363
Kräutermilch 362
Kräuter-Tomaten-Drink 361
Maiwain 321
Melissen-Aperitif 101
Melissen-Beeren-Aperitif 102
Melissen-Buttermilch-Drink 102
Pfefferminztee auf tunesische Art 74
Schnittlauch-Bloody-Mary 287
Tomaten-Kräuter-Drink 361
Tomaten-Minz-Drink 73
Waldmeister-Aperitif 322
Waldmeisterbowle 321
Waldmeister-Pfirsich-Aperitif 322

SALATE

Apfel-Gurken-Rohkost mit Borretsch 294
Apfel-Gurken-Salat 111
Avocadosalat mit Schnittlauch-Joghurt-Sauce 277
Avocado-Tomaten-Salat 98
Bananen-Gartenkressen-Salat 246
Barbarakraut-Eier-Salat mit Radieschen 230
Barbarakraut-Kartoffel-Salat 232
Barbarakraut mit Quarkmayonnaise 230
Barbarakraut-Orangen-Salat 231
Barbarakraut-Rapunzel-Salat 228
Barbarakrautsalat 229
Birnen-Tripmadam-Salat 318
Bitterkressensalat 244
Bohnen-Petersilien-Salat 167
Bohnensalat, grüner 48
Bohnensalat italienisch, mit Hähnchenleber 86
Brennesselsalat mit Gundelrebe 55
Brunnenkressen-Frühlingssalat 241
Brunnenkressensalat 238
Brunnenkressensalat mit Frühlingszwiebeln 239
Brunnenkressensalat mit Radieschen und Champignons 239
Brunnenkressensalat mit Wachteleiern 240
Brunnenkressen-Spargel-Salat 240
Brunnenkressen-Truthahn-Salat 243
Bunter Salat mit Kräuterquark 328
Bunter Salat mit Löffelkraut und Speck 254
Champignonsalat mit Gartenkresse 245
Chrysanthemen-Salat 208

Dill-Gurken-Salat 110
Eier-Barbarakraut-Salat mit Radieschen 230
Eier-Gurken-Salat 111
Eiersalat mit Dill 112
Engelwurz-Obst-Salat 128
Engelwurzsalat 128
Engelwurzsalat mit Käse 129
Fenchelsalat mit Speck 132
Frühlingskräutersalat 326
Frühlingssalat mit Speck 327
Gartenkressen-Bananen-Salat 246
Gartenkressen-Sellerie-Salat 246
Gartenkressen-Spargel-Salat 244
Gemüsesalat mit Kerbel 144
Gundelrebensalat 54
Gurken-Apfel-Rohkost mit Borretsch 294
Gurken-Apfel-Salat 111
Gurken-Dill-Salat 110
Gurken-Eier-Salat 111
Gurken-Früchte-Salat mit Zitronenmelisse 100
Gurken-Tomaten-Salat mit Basilikum 29
Grüner Bohnensalat 48
Grüner Bohnensalat mit Kresse 242
Italienischer Bohnensalat mit Hähnchenleber 86
Käse-Wildkräuter-Salat 329
Kapuzinerkressen-Kapern 300
Kapuzinerkressensalat 300
Kapuzinerkressensalat mit ausgebackenen Blüten 303
Karottensalat mit Kerbel 145
Kartoffel-Barbarakraut-Salat 232
Kartoffel-Gurken-Salat mit Anisgrün 104
Kartoffel-Sauerampfer-Salat 313
Kasseler Salat mit Borretsch 293
Kopfsalat mit Eiern und Pimpinellensauce 304
Krabben-Tripmadam-Salat 318
Löwenzahn-Knospensalat 220
Löwenzahnsalat mit Kalbsleber 221
Löwenzahnsalat mit Pilzen und Wachteleiern 220
Löwenzahn-Tomaten-Salat 218
Löwenzahn-Wildkräuter-Salat 219
Minz-Orangen-Salat 70
Obst-Engelwurz-Salat 128
Oliven-Tomaten-Salat mit Basilikumsauce 30
Orangen-Barbarakraut-Salat 231
Orangen-Minz-Salat 70
Pastinaksalat 160
Petersilien-Bohnen-Salat 167
Petersilienwurzelsalat 166
Portulaksalat 307
Portulak-Spargel-Salat 308
Portulak-Tomaten-Salat 308
Radieschensalat mit Kerbel 143
Radieschen-Schnittlauch-Salat 279
Räucherfischsalat mit grünen Bohnen und Pilzen 49
Rapunzel-Barbarakraut-Salat 228
Rohkost mit Borretsch 294
Rote-Bete-Salat mit Meerrettich 256
Sauerampfer-Kartoffel-Salat 313
Sauerampfersalat 312
Schnittlauch-Radieschen-Salat 279
Sellerie-Gartenkressen-Salat 246
Spargel-Brunnenkressen-Salat 240
Spargel-Gartenkressen-Salat 244
Spargel-Portulak-Salat 308
Spinatsalat mit Minze 69

Süßdoldensalat 204
Tintenfischsalat 100
Tomaten-Avocado-Salat 98
Tomaten-Gurken-Salat mit Basilikum 29
Tomaten-Löwenzahn-Salat 218
Tomaten mit Mozzarella und Basilikum 30
Tomaten-Oliven-Salat mit Basilikum 30
Tomaten-Portulak-Salat 308
Tomatensalat mit Basilikum 29
Tripmadam-Birnen-Salat 318
Tripmadam-Krabben-Salat 318
Tripmadamsalat 317
Truthahn-Brunnenkressen-Salat 243
Tsatsiki 110
Weißer Bohnensalat mit Oregano 75
Wildkräuter-Käse-Salat 329
Wildkräuter-Löwenzahn-Salat 219

SAUCEN

Aillade 337
Basilikumcreme 24
Basilikum-Knoblauch-Sauce 25
Basilikum-Mayonnaise scharf 24
Basilikumsauce italienisch 22
Basilikum-Weinsauce warm 26
Bitterkressen-Mayonnaise 248
Bitterkressenschaum 249
Brunnenkressensauce zu Hähnchen-, Truthahn- oder Entenbrust 248
Brunnenkressenschaum 249
Dillsauce zu Garvlax, Räucherfisch und anderen Fischgerichten 120
Eier-Schnittlauch-Sauce 275
Fenchelsauce 132
Frankfurter Grüne Sauce 336
Französische Knoblauch-Basilikum-Sauce 26
Gartenkressen-Remoulade 247
Gemüse-Schnittlauch-Sauce 276
Grüne Sauce, Frankfurter 336
Grüne Sauce italienisch 108, 337
Italienische Basilikumsauce 22
Italienische Grüne Sauce 108, 337
Joghurt-Schnittlauch-Mayonnaise 274
Knoblauch-Basilikum-Sauce französisch 25
Kräuter-Dressing 338
Kräuterjoghurt 338
Kräuter-Knoblauch-Sauce provençalisch 337
Kräuter-Quark-Creme 339
Kräuterschaum 339
Kresse-Mayonnaise 247
Liebstöckelsauce 157
Minzsauce 70
Pesto I 22
Pesto II 23
Pistou 25
Portulak-Quark-Remoulade 309
Provençalische Kräuter-Knoblauch-Sauce 337
Rohe Tomatensauce mit Oregano 77
Salbeisauce 85
Salsa Verde 337
Salsa Verde mit Bibernelle 108
Sauerampfersauce 316
Scharfe Basilikum-Mayonnaise 24
Schnittlauch-Dip 275
Schnittlauch-Dressing 274
Schnittlauch-Eier-Sauce 275
Schnittlauch-Gemüse-Sauce 276

Schnittlauch-Joghurt-Mayonnaise 274
Senfsauce mit Dill 121
Senfsprossensauce 261
Tomatensauce mit Ysop 98
Tomatensauce roh, mit Oregano 77
Thymiansauce 90
Warme Basilikum-Weinsauce 26

SUPPEN

Allgäuer Käse-Kerbel-Suppe 142
Bärlauch-Cremesuppe kalt 262
Bärlauch-Fisch-Suppe 263
Basilikumsuppe 28
Bayerische Kräutlsuppe 137
Bibernellensuppe 107
Bitterkressensuppe 238
Bohnencremesuppe, grüne 52
Bohnensuppe süß-sauer 51
Brennessel-Brunnenkressen-Suppe 235
Brunnenkressen-Brennessel-Suppe 235
Brunnenkressen-Kartoffel-Suppe 234
Brunnenkressensuppe 234
Brunnenkressensuppe mit Forellenklößchen 236
Buttermilch-Erbsen-Kaltschale 72
Chrysanthemen-Suppe 206
Dicke-Bohnen-Suppe mit Speck 50
Erbsen-Buttermilch-Kaltschale 72
Erbsencremesuppe 63
Erbsensuppe mit Würstchen 96
Estragon-Kräuter-Suppe 213
Fenchelsuppe mit Kräuterklößchen 131
Fisch-Bärlauch-Suppe 263
Fleischbrühe mit Liebstöckel 156
Fränkische Krensuppe 255
Gartenkressensuppe 237
Geeiste Gurkensuppe 112
Gemüsesuppe mit frischem Majoran 62
Gründonnerstagssuppe 137
Gründonnerstagssuppe mit Wild- und Gartenkräutern 330
Grüne Bohnencremesuppe 52
Grüne Bohnensuppe mit Kerbel 142
Gurken-Dill-Suppe kalt 113
Gurkensuppe geeist 112
Gurkensuppe kalt 292
Gurkensuppe kalt, mit Schnittsellerie 200
Hühnersuppe mit Marienblatt 223
Käsecreme-Kerbel-Suppe 140
Käse-Kerbel-Suppe, Allgäuer 142
Kalte Bärlauch-Cremesuppe 262
Kalte Gurken-Dill-Suppe 113
Kalte Gurkensuppe mit Schnittsellerie 200
Kalte russische Gurkensuppe 292
Kalte Tomatensuppe mit Kräutern Kräutern 334
Kaltschale mit Kapuzinerkressenblüten 302
Kapuzinerkressensuppe 299
Kartoffel-Brunnenkressen-Suppe 234
Kartoffel-Liebstöckel-Suppe 158
Kartoffel-Sauerampfer-Suppe 312
Kartoffelsuppe, Kölsche 61
Kerbelcremesuppe mit Bananen 143
Kerbel-Käsecreme-Suppe 140
Kerbel-Käse-Suppe, Allgäuer 142
Kerbel-Porree-Suppe 140
Kerbel-Schinken-Suppe 141

Kerbelsuppe mit Crème fraîche 138
Kerbelsuppe mit Karotten 139
Kerbelsuppe mit Weißwein 138
Knoblauchsuppe mit Kräutern 270
Kräuter-Estragon-Suppe 213
Kräutersuppe mit Eierflädle 332
Kräutertaler 335
Kräutlsuppe bayerisch 137
Krensuppe fränkisch 255
Leberknödelsuppe 164
Liebstöckel-Kartoffel-Suppe 158
Löffelkrautsuppe 253
Meerrettichsuppe 255
Pastinaksuppe 159
Pastinaksuppe auf italienische Art 160
Petersilien-Sahnesuppe 162
Petersilien-Wildkräuter-Suppe 163
Pistou-Suppe provençalisch 27
Porree-Kerbel-Suppe 140
Provençalische Pistou-Suppe 27
Ringelblumen-Kaltschale 226
Sauerampfer-Kartoffel-Suppe 312
Sauerampfersuppe 311
Schinken-Kerbel-Suppe 141
Senfsprossensuppe mit Eierstich 259
Süßdolden-Cremesuppe mit Räucherlachs 202
Süß-saure Bohnensuppe 51
Tomatenrahmsuppe mit Kräutern 333
Tomatensuppe kalt mit Kräutern 334
Waldmeister-Kaltschale 320
Wildkräuter-Petersilien-Suppe 163
Zwölfkräutersuppe 331